Beltz Taschenbuch 812

Über dieses Buch:
»Was hab ich dir gesagt?« – »Du machst mich noch wahnsinnig!« – Diese und ähnliche Äußerungen gehören zum üblichen Sprachgebrauch von Eltern, die sich über das Verhalten ihrer Kinder ärgern oder die einfach nur ratlos sind. Doch wie jede Mutter und wie jeder Vater weiß, sind solche Bemerkungen notorisch unwirksam. Warum das so ist – und wie Eltern sich bewusst werden können, was sie eigentlich sagen, wenn sie zu ihren Kindern sprechen –, ist das Thema dieses praktischen Ratgebers, der viele nützliche Einsichten parat hält. Auf der Basis langjähriger klinischer Erfahrung und innovativer Forschung zur Kindesentwicklung zeigen die Autoren, wie konventionelle Kommunikationsstile Eltern daran hindern, das zu sagen, was sie wirklich meinen, und wie Kinder dadurch etwas vollkommen anderes verstehen, als beabsichtigt war. Und sie erklären, wie das Verstehen der sprachlichen Logik und des kindlichen Denkens die Eltern-Kind-Kommunikation dramatisch verbessern kann. Auf diese Weise lernen Eltern viel über die komplexe Erfahrungswelt ihrer kleinen Kinder, wie man dem kindlichen Leben Struktur, Regeln und Grenzen gibt, wie man Emotionalität und Sensibilität fördert und wie man bekannten kindlichen Verhaltensmustern wie »Abwesenheit« und »Vergesslichkeit« entgegenwirken kann. Indem das Buch Eltern hilft, die sehr komplizierte Sprach- und Erfahrungswelt von Kindern zu verstehen, bietet es die Chance, eine Eltern-Kind-Kommunikation zu begründen, die ein Leben lang trägt.

Die Autoren:
Dr. Denis Donovan, Kinder- und Jugendpsychiater, ist medizinischer Direktor des Zentrums für die gesunde Entwicklung von Kindern in St. Petersburg, Florida.
Deborah McIntyre ist Kindertherapeutin.
Die Autoren sind verheiratet und arbeiten seit über 15 Jahren im psychotherapeutischen Bereich und in der Spieltherapie für Kinder zusammen.

Denis Donovan
Deborah McIntyre

Alles klar?!

Wie Eltern-Kind-Gespräche besser gelingen

Aus dem Amerikanischen
von Andreas Nohl

BELTZ
Taschenbuch

Titel der Originalausgabe: What Did I Just Say!?!

First published by Henry Holt and Company, New York, New York 1999

Besuchen Sie uns im Internet:
www.beltz.de

Beltz Taschenbuch 812

1 2 3 4 5   08 07 06 05 04

Umschlaggestaltung: Federico Luci, Odenthal
Umschlagfoto: Mauritius, Mittenwald
Satz: WMTP, Birkenau
Druck und Bindung: Druckhaus Beltz, Hemsbach
Printed in Germany

ISBN 3 407 22812 0

Für
Anne Sullivan
die immer verstanden hat, was wir sagten,
und die nie die Hoffnung aufgab,
dass Denis es besser sagen würde

Inhalt

1
»Was habe ich gerade gesagt!?!«

In einem Spielwarenladen wohnen wir folgender Szene mit einer Mutter und ihrem vierjährigen Sohn bei, der in einem Regal Schachteln mit Spielzeugautos hin und her schiebt, weil er wissen will, was sich dahinter befindet. Die Mutter mustert ihren Sohn streng, unmissverständlich will sie, dass er die Schachteln in Ruhe lässt. Da er nicht aufhört, sagt sie: »Du fängst dir gleich eine.«[1] Ihr Sohn, der kurz zu ihr aufschaut, setzt seine Suche in dem Regal fort.

»Gleich setzt es was«, wiederholt die Mutter, diesmal mit noch strengerer Stimme und jedes einzelne Wort betonend. Als der Junge nicht aufhört, die Spielwaren anzufassen, geht die Mutter zu ihm und versetzt ihm einen Schlag auf den Hintern. Aber kaum hat er sich wieder gefangen, kehrt er zum Regal zurück und wühlt weiter darin. Als wir uns außer Hörweite begeben, hören wir die Mutter schreien: »WAS HABE ICH GERADE GESAGT!?!«

Viele Eltern heutzutage sagen uns, dass sie von ihren Kindern nicht bekommen, was sie wollen. Eltern müssen kämpfen, um sich Respekt zu verschaffen, um Kooperationsbereitschaft, Zuneigung, akzeptables Benehmen, erledigte Aufgaben und schulische Leistungen zu bekommen, wie sie sie für selbstverständlich halten. Nicht wenige Eltern haben sogar schon das Handtuch geworfen. Diese Probleme scheinen sich zu einer regelrechten Epidemie auszuwachsen. Und es gibt nur wenig Anzeichen dafür, dass sich die Dinge bessern werden. So gut wie niemand ist zufrieden oder sieht der Zukunft mit Zuversicht entgegen: weder Eltern, Pädagogen, Psychologen noch die Medien.

Im Gegensatz dazu entwirft unser Buch einen überraschend optimistischen Ausblick. Das liegt an unserer Überzeugung, dass Eltern bei sich zu Hause das Gleiche entdecken können, was wir in vielen Jahren klinischer Arbeit mit Kindern und Familien entdeckt haben – nämlich dass viele frustrierende und scheinbar unüberwindliche Probleme eigentlich einfache, leicht zu verstehende Ursachen haben und dass es für sie ebenso einfache, leicht zu verstehende Lösungen gibt.

Meist bestehen die Probleme aus einfachen – aber grundlegenden – Missverständnissen. Die Lösungen speisen sich aus zwei grundlegenden Quellen: Wir müssen uns bewusst werden, was wir tatsächlich sagen, wenn wir zu unseren Kindern sprechen, und wir müssen unsere Kinder mehr in ihren eigenen Denkkategorien verstehen, so wie diese wirklich sind.

Zu schön, um wahr zu sein? Unsere langjährige Erfahrung kommt hier zu einem anderen Ergebnis. Wenn Sie weiterlesen, werden Sie sehen, wie Probleme, die als oppositionell-verweigerndes Verhalten diagnostiziert wurden, als Weigerung, Verantwortung für das eigene Handeln zu übernehmen, als schulisches Versagen, wie sogar psychologisch definierte Störungen wie das Aufmerksamkeitsdefizit-Hyperaktivitätssyndrom (ADHS oder ADS), Lernschwächen (LS), Trennungsangst-Störung (TAS), Depressionen und Angststörungen wenig mehr brauchen als ein bisschen Geduld und die Bereitschaft, alte Dinge auf neue Weise zu sehen.

Betrachten wir unsere Geschichte aus dem Spielwarenladen.

Wenn Eltern wie diese überforderte Mutter eines Vierjährigen mit einem Verhalten konfrontiert werden, das sie für aufsässig halten, fürchten sie das Allerschlimmste. Manche verlieren vor Frustration die Kontrolle. Andere suchen nach Etiketten, diagnostischen Schubfächern, die von Psychologen nur allzu gern aufgezogen werden. Ist dieses Kind *trotzig* und *widerspenstig* oder handelt es sich bei ihm um eine *rezeptive Sprachstörung*?

Doch was geschah in dem Spielwarenladen wirklich?

Was tatsächlich stattfindet, ist ein gewaltiges kommunikatives Missverständnis und ein absolut unnötiges dazu. Als die Mutter ihrem kleinen Sohn eine Ohrfeige androhte, wollte sie vermutlich sagen: »Fass das nicht an« oder »Lass die Spielsachen in Ruhe«. Aber das hat sie keineswegs gesagt. Vielmehr sagt sie ihrem Sohn: »Du fängst dir gleich eine.« Also selbst, wenn sie vorgehabt hatte, dass ihr Sohn an »artig sein« oder »folgsam sein« denken solle oder vermutlich daran, »die Spielsachen nicht zu berühren«, änderte die Mutter in Wirklichkeit das Thema dahingehend, dass ihr Sohn eine Ohrfeige zu gewärtigen habe. Als wir uns abwendeten, hörten wir immer noch keinen klaren und unmissverständlichen Befehl, dass ihr Sohn die Spielsachen nicht anfassen solle. Stattdessen sagte sie mit lauter, aufgebrachter Stimme: »Was habe ich gerade gesagt?«

Calvin and Hobbes © 1998 Watterson. Abgedruckt mit Erlaubnis des Universal Press Syndicate. Alle Rechte vorbehalten.*

Diese Frage hat natürlich nicht das Geringste damit zu tun, ob ihr Sohn Gegenstände in einem Laden berühren durfte oder nicht. Die Frage war also völlig sinnlos. Wenn man eine Antwort haben möchte, muss man eine Frage stellen. Wenn man eine Handlung möchte, muss man einen Befehl äußern – in diesem Fall: »Fass die Spielsachen nicht an.«

Wir tun es alle

Es sind nicht nur Mütter, die häufig nicht hören, was sie zu ihren Kindern sagen. Ärzte, Lehrer, Therapeuten – es sei denn, sie sind sensibel auf diesem Gebiet – haben alle die Neigung, Dinge zu sagen, die etwas anderes bedeuten, als was sie meinen und ei-

* Eine deutsche Übersetzung der Texte in den Comics finden Sie im Anhang, Seite 255.

gentlich mitteilen wollen. Doch Kinder, wie wir später erklären werden, besitzen »logische Antennen« – sie klinken sich in das ein, was Eltern und andere Erwachsene wörtlich und der Wortlogik nach sagen.

Wenn Calvin seine Mutter fragt: »Hast du denn auch nicht zugehört?«, klingt er wie ein respektloser kleiner Besserwisser – was er möglicherweise die meiste Zeit auch ist. Doch hier hat er durchaus Recht. Hinter seiner respektlosen Haltung verbirgt sich sehr viel mehr als bloße Wortklauberei. Selten hören Eltern oder überhaupt Erwachsene das, was sie selbst sagen.

Kurz nachdem wir dieser Mutter und ihrem Vierjährigen im Spielzeuggeschäft begegnet sind, erleben wir eine ähnliche Szene im Lebensmittelladen. In einem großen Supermarkt stoßen wir auf eine Traube großmütterlicher Frauen, die ihre Bewunderung für einen extrem hübschen und kompakten kleinen Robert Redford in ärmellosem Overall kaum im Zaum zu halten vermögen.

»Was für ein *süßer* Junge!«, ruft eine der Frauen aus.

»Und er ist so *artig*«, sagt eine andere.

»Ganz der Papa«, sagte eine dritte. »Wie alt ist er denn?« Der offensichtlich stolze junge Vater in Jogging-Shorts und Designer-T-Shirt, der ebenfalls wie Robert Redford aussieht, spielt seine Rolle als erfahrener Erfolgsvater.

»Zweieinhalb«, sagt er und fügt hinzu, »er ist ein braver kleiner Kerl.«

An der Kasse sehen wir die beiden wieder. Der Vater strebt einem Kühlschrank mit Getränken neben dem Ausgang zu, während der Sohn, der diesen Umweg seines Vaters nicht mitbekommen hat, zur sich drehenden Ausgangstür geht.

»Wenn du da weitergehst, kriegst du Probleme!«, sagt der Vater streng. Von plötzlicher Taubheit gegenüber der Stimme seines Vaters geschlagen, nimmt der Junge Fahrt auf, sein watschelnder Gang führt ihn bis wenige Schritte vor den hektisch befahrenen Parkplatz, wo sein Vater ihn schließlich noch aufgreift und am Arm zurückzieht.

»WAS HABE ICH GERADE GESAGT?«, hören wir wieder einmal, als die beiden im Laden verschwinden.

Es ist überall

Wenn Sie sich einmal die Mühe machen, genau hinzuhören und hinzusehen, werden Sie entdecken, dass solche Szenen keineswegs selten sind. Vielmehr stoßen Sie immer wieder darauf, wenn Sie Eltern mit Kindern begegnen. Je mehr Sie auf diese Dinge achten, desto mehr wird sich der Schleier der Selbstverständlichkeit heben und überraschende Details freigeben, Details, die Sie immer schon gesehen, aber nie wirklich wahrgenommen haben.

Wenn Sie beobachten und hören, was um Sie her geschieht, dann stellen Sie sich eine einfache Frage! Bekommen diese Mütter oder dieser Väter – oder Schülerlotsen, Turnlehrer, Freizeitleiter – das, was sie möchten? Zumeist lautet die Antwort *nein*. Dann fragen Sie sich, was all die wirkungslosen Worte mit »Was habe ich gerade gesagt!?!« gemein haben. Sie werden entdecken, dass solche Äußerungen *leer* sind, weil sie nichts von dem mitteilen, was dem Sprecher wirklich am Herzen liegt. Je mehr Sie zuhören, desto öfter werden Sie sinnlose Aussagen hören, die nirgendwohin führen.

- Kannst du dich nicht benehmen?
- Hörst du wohl auf damit?
- Billy, was ist denn los? (Nachdem Billy wie verrückt schreit.)
- Du machst mich wahnsinnig.
- Das ist aber nicht schön, Papi zu schlagen.
- Bei uns wird nicht geschlagen.
- So etwas tun wir nicht.
- Das ist unhöflich.

Lassen Sie uns diese recht üblichen Äußerungen im Einzelnen anschauen.

»Kannst du dich nicht benehmen?« ist zunächst und vor allem eine Frage. Also wissen wir bereits, welche Antwort dem Kind unmittelbar in den Sinn kommt: »Klar kann ich das, wenn ich will. Aber ich will jetzt nicht.«

»Kannst du dich nicht benehmen?« ist auch eine suggestive Aussage. Um festzustellen, ob eine Frage suggestiv oder befehlend ist, verwandeln Sie sie einfach in eine Feststellung. In diesem Fall kommt dabei heraus: »Du kannst dich nicht benehmen.« Die bloße Form der Frage also suggeriert dem Kind, dass es sich *nicht* benehmen kann. Das ist exakt das Gegenteil von dem, was der Erwachsene sich wünscht oder vermitteln will! Aber es steckt ein noch subtilerer und durchsichtigerer Sinn dahinter. Die Frage »Kannst du dich nicht benehmen?« scheint vorauszusetzen, dass Kinder, und auch sehr kleine Kinder, einfach *wissen*, was gutes Benehmen ist und wie man es anstellt, sich gut zu benehmen. Viele Äußerungen von Eltern ihren kleinen Kindern gegenüber klingen wie Testfragen, die sich auf etwas beziehen, was das Kind offenbar schon lange vor seiner Geburt gelernt haben muss. Solche Fragen müssen in den Kindern große Verwirrung stiften. Doch die Erwachsenen hören gewöhnlich nur den konventionellen Sinn heraus und nehmen nicht im Geringsten wahr, welche Wirkung ihre Worte vielleicht haben. Es fehlt jeder Sinn für den Prozesscharakter, jedes Verständnis dafür, dass *Benehmen* etwas ist, das Erwachsene definieren, veranschaulichen und kultivieren müssen, damit es sich als Verhaltensform bei den Kindern entwickeln kann. Und Prozesse brauchen Zeit.

Wie die meisten dieser Ausrufe ist »Kannst du dich nicht benehmen?« Ausdruck von Ärger. Er suggeriert dem Kind nicht nur, dass es sich nicht benehmen könne, er ist vielmehr Teil eines endlosen Stroms negativer Aussagen, die Eltern niemals treffen würden, wenn sie wüssten, wie sie verstanden werden und was sie anrichten können, vor allem auf lange Sicht.

»Hörst du auf damit?« ist eine weitere Frage, auf die die reflexhafte Antwort »Nein« lautet. Aber es ist zugleich die Äußerung erwachsener Kraft- und Machtlosigkeit. Warum stellt ein Erwachsener, der das Verhalten eines Kindes lenken will, eben diesem Kind die Frage, ob es »damit aufhören« kann?

»Billy, was ist los?«, fragte die Mutter sachlich, nachdem er markerschütternd in unserer örtlichen Buchhandlung schrie.

Die Frage von Billys Mutter kommt etwa beim fünften oder sechsten seiner schmerzhaft grellen Schreie, wie sie nur kleine Kinder hervorbringen können. Während es vielleicht sinnvoll wäre, herauszufinden, was in Billys Kopf vorging, war die Frage belanglos, weil die Mutter eigentlich nur wollte, dass er zu schreien aufhörte.

»Du machst mich wahnsinnig!« sagt einem Kind, dass der Erwachsene nicht weiterweiß, dass er »es nicht mehr erträgt«. Dieses Kind muss unglaublich mächtig sein! Solche Ausrufe konstituieren eine *negative Machtausstattung*. Kinder lieben Macht. Sie sind geradezu süchtig danach. Sie raffen alle Macht an sich, die Erwachsene ihnen zu geben bereit sind. Und wenn sie erst einmal verstehen, dass sie auf ihre Knöpfe drücken können, werden sie genau das tun – und zwar wieder und wieder.

»Das ist aber nicht schön, Papi zu schlagen« ist eine weitere leere, wirkungslose Aussage. Wenn Sie sich fragen, was dem Kind durch den Kopf gehen mag, wenn es so etwas hört, dann lautet die Antwort wahrscheinlich: »Na und?!« oder »Es ist auch nicht schön von Papi, mich anzuschreien!«. Doch diese Aussage wird vor allem interessant durch das, was sie nicht ist. Sie ist kein Befehl, mit dem Schlagen des Vaters aufzuhören. Und weil sie kein Befehl ist, ist die Aussage ein impliziter, wenn auch unabsichtlicher Schwindel. Sie sagt im Grunde: »Es ist vielleicht nicht schön, aber es ist schon okay«, eine Bedeutung, die noch verstärkt wird, weil keine Aktion folgt. Da selbst kleine Kinder Meister der Spitzfindigkeiten sind, kann man davon ausgehen, dass sie etwa denken: »Aber du hast mir nie gesagt, dass ich ihn nicht schlagen soll … du hast nur gesagt, dass es nicht schön ist.«

»In unserer Familie wird nicht geschlagen« und **»Wir tun so etwas nicht«** sind besonders faszinierend, weil es sich um offensichtlich falsche Aussagen handelt. Da das Kind ja in Wahrheit schlägt und da es unbestreitbar zur Familie gehört, wird in der Familie geschlagen. Dies ist eine schlichte schlussfolgernde Logik, in der sogar sehr kleine Kinder bereits Spitzenleistungen vollbringen.

»**Das ist unhöflich**« ist eine weitere jener kategorischen Aussagen, die für Erwachsene eine allgemein anerkannte Bedeutung haben; in diesem Fall: »Das ist unhöflich, also tu's nicht.« Leider schaffen es die Erwachsenen nie, zur allgemein anerkannten Bedeutung von »Tu's nicht!« vorzudringen – und dann fragen sie sich, warum ihre Kinder nicht folgsam sind.

Wenn wir unsere alltägliche Lebensumwelt mit der gleichen Aufmerksamkeit betrachten, als gehörte sie einer fremden Kultur an, kann uns das rasch zu wichtigen Aufschlüssen verhelfen. An den alltäglichen Aussagen und Ausrufen, die wir ausgewählt haben, ist absolut nichts Neues. Wir alle haben sie wohl Hunderte von Malen gehört, doch die meisten von uns achten nicht sonderlich darauf. Tagtägliche Ereignisse und Erfahrungen sind in der Regel *durchsichtig*. Tatsächlich ist das meiste, was um uns her geschieht, für uns in dem Sinne transparent, dass wir durch es hindurchsehen, obwohl es unmittelbar vor unseren Augen stattfindet.

Doch wenn wir genauer hinsehen, dann werden wir feststellen, dass die fünf kleinen Wörter »Was habe ich gerade gesagt!?!« mehr über die Grenzen der Elternbelastbarkeit und Kindererziehung aussagen als alles andere, was Erwachsene täglich von sich geben.

Wenn wir diese so oft gehörten Wörter ernst nehmen, dann enthalten sie den Schlüssel für viele der Probleme, mit denen sich Eltern heute konfrontiert sehen. Was steckt wirklich hinter diesem Ausdruck?

- Ein Eingeständnis, dass Erwachsenen die Kontrolle über oft noch kleine Kinder verloren haben;
- ein Eingeständnis, dass die Worte der Eltern nichts bewirken;
- ein verzweifeltes Verlangen der Erwachsenen nach Bestätigung und Anerkennung;
- die Annahme, dass auf irgendeine Weise die (häufig öffent-

liche) Anerkennung elterlicher oder erwachsener Autorität zu dem erwünschten Benehmen führen wird;

- der Glaube, man müsse jemanden, ob Kind oder Erwachsenen, das eben Gesagte nur wiederholen lassen, dann würde er die Worte auch verstehen und/oder akzeptieren.

Was auf den ersten Blick wie ein kompliziertes Kuddelmuddel erschienen sein mag – die Eltern-Kind-Dynamik –, wird umso klarer, je sorgfältiger man hinsieht und zuhört. Das ist außerordentlich wichtig, denn es gibt zwar eine gewaltige Menge an Expertenwissen, das für Eltern nützlich sein kann – aber was Sie wissen, verstehen und anwenden können müssen, liegt in Ihrem Alltag direkt vor Ihrer Nase. Kein akademischer Abschluss oder traditionelles Expertenwissen, keine Spezialausbildung ersetzen Ihnen, was Sie sehen, hören und selbst verstehen können.

Wenn wir unseren Blick vom Supermarkt und dem Spielwarenladen weg auf Orte richten, wo man erwarten würde, dass Erwachsene und Kinder sich besser verstehen und sich mehr in Einklang befinden – in Klassenzimmern, bei Therapeuten etc. –, hört man leider dieselbe Art von verbalem Schlagabtausch. Die einzelnen Worte mögen anders sein, doch das, was gesagt und getan wird, ist im Wesentlichen das Gleiche. Dies ist wahrscheinlich der entscheidende Grund, warum das zunehmende Wissen und die vertieften Fachkenntnisse keine proportionale Zunahme an Lösungen für die Probleme von Erwachsenen und Kindern gebracht haben.

Wo es uns hilfreich erscheint, werden wir Forschungsergebnisse aus verschiedenen wissenschaftlichen Bereichen in den Text einfließen lassen. Doch solche Informationen können nicht ersetzen, was Sie durch Ihre eigene Wahrnehmung darüber lernen, wie Menschen miteinander kommunizieren und umgehen. Sie können uns nur helfen, unsere Beobachtungsgabe und unser kritisches Denkvermögen zu schärfen und die Problemlösungskompetenz unseres gesunden Menschenverstands zu verbessern.

Einfache, allzu einfache Herangehensweisen

Weil wir für den Umgang mit Kommunikation und Verhalten viele »einfache« Lösungen anbieten, ist es wichtig, genau zu erklären, was wir mit diesem verbreiteten Begriff meinen. Wenn wir davon sprechen, an das Verhalten von Kindern oder an Lernprobleme oder an die Eltern-Kind-Kommunikation einfach heranzugehen, meinen wir damit, *dass das, was getan werden muss, in klaren Worten erklärt und verstanden werden kann und dass das, was getan werden muss, in seinen Komponenten genauso einfach ist, wie diese einfach beschrieben und verstanden werden können.*

»Einfach« heißt *nicht*, dass der Prozess mühelos sein wird oder auch nur kurz dauert. Es heißt, dass wir mit Geduld und Beharrlichkeit sinnvolle Ziele erreichen können, und zwar ohne komplizierte Techniken oder teure therapeutische Hilfe oder sonstige Behandlungen. »Allzu einfach« hingegen bezieht sich auf die Annahme, die so manchem alltäglichen Verhaltensmuster der Erwachsenen zugrunde liegt, dass komplexe menschliche Probleme sich mit einem Schlag, mit wenig Mühe und häufig mit Medikamenten lösen ließen. Solche simplifizierenden Herangehensweisen entlassen jedermann aus seiner persönlichen Verantwortung, während unsere einfache Herangehensweise Geduld, Konsequenz und Kontinuität über einen längeren Zeitraum beinhaltet. Das soll nicht heißen, dass Elternsein harte Arbeit sein muss. Es kostet keineswegs mehr Energie, auf eine vernünftige und problemlösende Weise zu handeln, als Eltern ohnehin schon in diesen Prozess stecken. Es ist nur eine andere Art, die Dinge anzusehen, eine andere Art der Beziehung und Kommunizierens.

Die Welt anders sehen

Wie schwierig ist es, die Welt anders zu sehen? Es ist überhaupt nicht schwierig, einmal die notwendige Veränderung der Perspektive vorzunehmen. Doch schwieriger zu lernen ist, *wie man Hör-, Denk- und Verhaltensmuster erkennt und ändert.* Denk- und Kommunikationsstile sind *Verhaltensgewohnheiten.* Glücklicherweise können selbst tief eingefahrene Gewohnheiten verändert werden, auch wenn es Mühe kostet. Alles, was man dazu braucht, ist ein bisschen Selbstbeobachtung, Neugier auf das, was direkt vor einem abläuft, und die Bereitschaft, das in die Tat umzusetzen, was wir in diesem Buch auf vielfältige Weise erklären werden.

Wenn Eltern erst einmal anfangen, zu hören, was sie selbst sagen, und wenn sie erst einmal zu verstehen beginnen, wie Kinder denken und kommunizieren, dann können sie sagen, was sie wirklich meinen, und meinen, was sie wirklich sagen.

2
Sagen, was man meint, und meinen, was man sagt

Eine der einfachsten Methoden, um die Komplexität des menschlichen Handelns, der menschlichen Interaktion und Kommunikation zu verstehen, ist, die Situationen auf ihre Grundkomponenten zurückzuführen. Mit anderen Worten, stellen Sie sich einfache Fragen wie z.B.: »Was hat die Mutter oder der Vater – oder was habe ich – wirklich gefragt?« Und: »Was bekommt das Kind tatsächlich zu hören?«

Sagen, was man meint

Wir saßen eines Tages im Café, als sich eine Mutter mit ihrem kleinen Kind an den Tisch neben uns setzte. Oder vielmehr die Mutter setzte sich und versuchte dann, ihr Kind dazu zu bewegen, das Gleiche zu tun. »Magst du dich nicht zu mir setzen?«, fragte sie und hob ihre Augenbrauen, wie es Mütter tun, die ihrem Kind etwas Verführerisches anzubieten haben. »Wie wäre es, wenn du dich hier gleich neben Mami setzt?«, fuhr sie fort und klopfte mit der flachen Hand neben sich auf die Bank.

Calvin and Hobbes © 1988 Watterson. Abgedruckt mit Erlaubnis des Universal Press Syndicate. Alle Rechte vorbehalten.

»*Magst* du nicht neben deiner Mami sitzen?«, fragte sie, nun schon fast ein bisschen flehend, als hätte sie das Gefühl, sie sei ihrem Kind gleichgültig.

Da das Kind anscheinend die Wünsche seiner Mutter nicht zur Kenntnis nehmen wollte und da unsere Tischnachbarin allmählich frustriert wurde, lehnte sich Denis hinüber und sagte mit einem verschwörerischen Lächeln: »Fragen Sie nicht, *sagen* Sie's ihm.« Die Mutter lächelte verstehend.

»Mark«, sagte sie nun freundlich, aber bestimmt und klopfte auf die Bank neben sich, »komm, setz dich zu mir her.« Mark kletterte hinauf und setzte sich.

Diese kleine Szene fand zufällig in einem Café statt, aber sie wiederholte sich buchstäblich Hunderte von Malen in unserer Praxis. Wenn Sie das nächste Mal an einem öffentlichen Ort voller Erwachsener mit ihren Kindern sind, achten Sie doch einmal darauf, wie viele Fragen die Eltern stellen, auf die es keine vernünftige Antwort gibt. Es gibt ebenso viele klassische Nichtbefehle in Frageform, wie es Gelegenheiten gibt, sie auszusprechen. Hier sind ein paar typische Beispiele mit einer Übersetzung in das eigentlich von den Erwachsenen Gemeinte:

Mutter/Vater sagt	**Kind denkt**	**Mutter/Vater meint**	**Kind tut**
»Was habe ich gerade gesagt!?!«	»Du hast gesagt: ›Fass es nicht noch mal an.‹«	»Fass es nicht noch mal an!«	Fasst es trotzdem an.
»Wie oft habe ich dir gesagt, du sollst damit aufhören!«	»Fünf, zehn, zwanzig Mal … wer weiß!«	»Lass deine Füße vom Stuhl deines Bruders!«	Tritt wieder gegen den Stuhl seines Bruders.
»Wie wäre es, wenn du deine Schwester mal zur Abwechslung in Ruhe ließest!«	»Ja, wie wäre es damit?«	»Störe deine Schwester nicht beim Lesen. Lass sie in Ruhe!«	Ärgert seine Schwester weiter.

»Magst du nicht dein Kürbismus aufessen?«	»Nein, ich hasse Kürbis!«	»Iss dein Essen auf!«	Starrt weiter auf seinen Teller.
»Du wolltest doch, dass ich mit dir ins Kino gehe!«	»Ja, stimmt.«	»Sei still und gehe nicht allen Leuten um uns herum auf die Nerven.«	Redet weiter und nervt die Umsitzenden.
»Kannst du ›Danke schön‹ sagen?«	»Ja, kann ich.«	»Sag ›Danke schön‹ zu der netten Dame.«	Sagt nichts.

Das haben sich die Eltern nicht gerade vorgestellt, oder? Doch Kinder nehmen alles wörtlich und hören in der Regel *genau* das, was gesagt wird.

Wir haben festgestellt, dass Mütter sich häufig sehr unwohl fühlen, wenn sie Befehle geben sollen, als ob sie sich damit unsensibel und grausam wie Feldwebel verhielten. »Ich mag meine Kinder nicht herumkommandieren«, haben wir immer wieder gehört. Aber es gibt eine einfache Lösung. *Jeder Befehl kann höflich ausgedrückt werden.* Stellen Sie einfach ein »bitte« voran. Wenn Mütter (und Lehrer und Psychologen) einmal verstanden haben, welche Informationen ankommen und welche nicht, wird es, so haben wir festgestellt, sehr viel einfacher, eine wohlwollende Autorität im Leben ihrer Kinder zu werden. Und sie sind mit den Ergebnissen zufrieden. Im Folgenden zeigen wir, wie die obigen Beispiele aussehen, wenn Eltern sagen, was sie meinen.

Eltern meinen und sagen	Das Kinder hört und denkt	Das Kind tut
»Bitte, fass das nicht wieder an!«	»Fass das nicht wieder an.«	Fasst es nicht wieder an.
»Höre auf, gegen den Stuhl deines Bruders zu treten.«	»Höre auf, gegen den Stuhl deines Bruders zu treten!«	Hört auf, gegen den Stuhl seines Bruders zu treten.
»Höre auf, deine Schwester zu ärgern!«	»Höre auf, deine Schwester zu ärgern!«	Hört auf, seine Schwester zu ärgern.
»Bitte, iss deinen Teller leer.«	»Iss deinen Teller leer!« Denkt: »Bäh, ich hasse Kürbis!«	Sagt: »Von Kürbis wird's mir schlecht. Muss ich ihn aufessen, wenn ich alles andere esse?«

Es ist wichtig, zu erkennen, dass es nicht die Höflichkeit an und für sich oder der Zusatz des Wörtchens »Bitte« ist, der das Kind folgsam sein lässt. In diesem Fall ist es vielmehr der Umstand, dass die Mutter oder der Vater einen Befehl ausspricht, statt eine Frage zu stellen.

Führen Befehle immer zum Ziel?

Fragen zu stellen, statt Befehle auszusprechen ist nur ein Beispiel aus dem großen Bereich der Fehlkommunikation zwischen Eltern und Kindern, doch Eltern können sich sehr viel Kummer ersparen, wenn sie sich dieses Details inne werden und ihr Kommunikationsverhalten entsprechend ändern.

Gleichwohl ist es wichtig, zu wissen, dass keine Art der Kommunikation *garantieren* kann, dass Ihr Kind immer genau das hört, was Sie meinen, und immer Ihren Anweisungen folgt.

Wenn Kinder sich immer noch weigern, zu gehorchen, oder wenn sie ihre Ohren verschließen, dann liegt es wenigstens nicht daran, dass Sie ihnen durch einen verwirrenden Kommunikationsstil die Gelegenheit dazu gegeben hätten. Und die Tür für vernünftige Gegenargumente bleibt geöffnet wie in dem Beispiel, wo das Kind protestiert, weil es Kürbismus nicht mag. Dann haben Sie die Freiheit, entweder auf dem Gesagten zu beharren oder flexibel zu reagieren und dem Kind eine Reihe von Optionen zu geben wie zum Beispiel: »Okay, du brauchst den Kürbis nicht zu essen. Iss einfach alles andere auf.« Auf diese Weise erreichen Sie mit sehr viel größerer Wahrscheinlichkeit, was Sie möchten – dass das Kind Sie versteht und in angemessener Weise folgt –, während Ihr Kind die Möglichkeit gewinnt, Ihnen einen Gefallen zu tun, ohne seinen Willen dabei zu opfern.

Meinen, was man sagt

Wir haben bereits darauf hingewiesen, dass Eltern meinen, sie könnten sich auf die *konventionelle Bedeutung* von etwas verlassen, um ihre Botschaft rüberzubringen. Doch die konventionelle Bedeutung geht ebenso oft nach hinten los, wie sie funktioniert.

Max ist der Hauptschläger in der Schule und hat Calvin auf dem Kieker, weil der ein penetranter Besserwisser ist und immer noch mit seinem Schmusetiger herumläuft. In dieser Szene gleicht Calvin allerdings eher einem Erwachsenen, der glaubt, etwas Überzeugendes zu sagen – nämlich dass Max nicht immer und ewig wird raufen können –, und der davon ausgeht, dass Max die beabsichtigte Botschaft verstehen und eher früher als später sein Verhalten ändern wird. Calvin zählt darauf, dass Max hören wird, was er meint, und nicht danach handeln, was er tatsächlich sagt. Doch stattdessen reagiert Max wie ein Kind. Er tut exakt das, was Calvin ihm sagt.

Calvin and Hobbes © 1988 Watterson. Abgedruckt mit Erlaubnis des Universal Press Syndicate. Alle Rechte vorbehalten.

Nur zu oft sagen Eltern genau das Gegenteil von dem, was sie meinen:

- »Sag das noch einmal!«
- »Mach nur weiter so. Fass das Spielzeug noch einmal an, und du wirst sehen, was passiert!«
- »Schlage deine Schwester noch einmal, und du wirst sehen, was mit dir passiert!«
- »Okay, räume dein Zimmer nicht auf, und du wirst sehen, was dein Vater tun wird, wenn er nach Hause kommt.«

Wir alle glauben, dass eine Botschaft umso klarer und intensiver rüberkommt, je intensiver wir sie meinen. Doch schauen wir uns einmal an, was in den gebräuchlichen Aussagen oben tatsächlich gesagt wird. Jede ist ein Befehl, genau das Gegenteil von dem zu tun, was gewünscht und beabsichtigt wird. Das vierte Beispiel könnte in einem ruhigen sachlichen Ton gesagt sein. Doch in der Mehrzahl der Fälle platzen widersprüchliche Befehle in Situationen heraus, in denen Wut und intensive Frustration vorherrschen, oft in Momenten, wenn eine Mutter oder ein Vater sich unterlegen und machtlos fühlt. Das heißt, dass sowohl Eltern wie Kinder sich in den Fängen unbedachter Reflexreaktionen befinden, und dies erhöht die Wahrscheinlichkeit extrem, dass Kinder auf den buchstäblichen Sinn der Rede reagieren anstatt auf das, was die Eltern eigentlich meinten.

Emotion als Kommunikation

Gefühle sind Verhaltenszustände, die eine andere Person erkennen kann – Freude, Überraschung, Furcht, Sorge, Wut, Traurigkeit und Mitgefühl. Jede aufmerksame Mutter und jeder Vater hat beobachtet, wie die beiden universellen emotionalen Indikatoren, Lächeln und Weinen, sich zu immer differenzierteren und unterschiedlicheren Gefühlsäußerungen entwickeln, während das Kind in seiner Bindung zu seinen Bezugspersonen heranwächst. Mitempfinden (Empathie) ist geeignet, die Kommunikation zu fördern – oder wenigstens verstärkt es das Empfinden der Verbundenheit und das Gefühl, verstanden zu werden. Die Emotion aber, welche die Kommunikation zwischen Eltern und Kindern am meisten vergiftet und oft verunglücken lässt, ist Ärger.

Wenn Sie im Ärger strafen – oder schlimmer noch: in Wut –, steht Ihr Gefühl im Zentrum der Aufmerksamkeit Ihres Kindes. Die negative Emotion *ist* die Kommunikation, und zwar in jeder Hinsicht. Wenn diese Veränderung der Aufmerksamkeitsrichtung eintritt, werden *Sie* zum Fokus im Erleben Ihres Kindes, nicht das jeweilige Verhalten, das Sie ändern möchten. Dies gibt dem Kind die Gelegenheit, das Thema zu wechseln und zu protestieren: »Du bist gemein zu mir!« Wenn dieser Themenwechsel einmal stattgefunden hat, werden Sie wahrscheinlich in einem Kleinkrieg darüber enden, wer zu wem böse ist. Das eigentliche Thema ist verloren gegangen.

Man kann mit ziemlicher Sicherheit davon ausgehen, dass das Kind vergisst, was es gerade getan hat, wenn eine intensive negative Emotion bei ihm entsprechende Emotionen auslöst. *Emotionen können den Inhalt unmittelbar aus dem Bewusstsein verdrängen.* An diesem Punkt wird Ihr Kind wahrscheinlich alles abstreiten, was in Ihnen möglicherweise den Eindruck erweckt, dass das Kind lügt, was wiederum zu weiterem Leugnen führt – alles das heizt den Teufelskreis gegenseitiger Wut an.

Wenn ein Kind auf die Straße rennt, wollen wir einfach erreichen, dass es stehen bleibt und nach links und rechts schaut, um nicht von einem Auto überfahren zu werden. Aber es ist schwierig, auf ruhige, nichtemotionale Weise zu reagieren, wenn unser Kind vom Verkehr bedroht ist. Wir schreien, doch die intensive elterliche Emotion führt möglicherweise nur dazu, dass das Kind erstarrt. Oder es dreht sich um, weil es seinen Namen mit so zorniger Stimme gerufen hört, und wird gerade deshalb von einem Auto erwischt. Wir wollen, dass die Emotion unsere verbale Kommunikation effektiver macht, und nicht, dass sie sich an deren Stelle setzt.

Die Gefahren emotionaler Reaktionen scheinen offensichtlich, warum also verhalten sich Eltern dann häufig so? Ein Grund hat mit unserer eigenen Kindheit zu tun. Sofern wir als kleine Kinder nicht eiskalte, teilnahmslose Eltern hatten, haben wir alle gelernt, dass wir mit Schreien und Weinen unsere Wünsche besser durchsetzen konnten. Selbst wenn unsere Eltern klug genug waren, sich auch von Wutausbrüchen nicht manipulieren zu lassen, gingen doch nur die gefühllosesten Eltern auf echte Trauer nicht ein und gaben infolgedessen oft genug nach, um ein Erfahrungsmuster zu schaffen, das die Äußerung von Traurigkeit oder Enttäuschung mit der Erwartung verband, dass man bekam, was man wollte. Weinen und Ärger werden früh in der Entwicklung vermischt. Kleine Kinder weinen aus Frustration und Wut, nicht nur aus Kummer. Alles in allem wachsen wir mit dem primitiven Verdacht auf, dass Wut »funktioniert«.

Sofern Sie aber Ihren Kindern nicht beibringen wollen, dass Wut und andere intensive negative Emotionen die Essenz der Kommunikation sind, sollten Sie mit solchen Emotionen sparsam umgehen. Und wenn Sie nach einer längeren Zeit, in der Sie ohne Wut reagierten und kommunizierten, plötzlich einmal überraschend explodieren und Ihr Kind blitzartig gehorcht, dann sollten Sie nicht dem Fehlschluss erliegen, dies sei die Folge Ihrer Wut. Der momentane »Erfolg« hat mit der Überraschung und der Neuheit des Geschehens zu tun, nicht mit der kommunikativen Effektivität Ihrer Wut.

Autorität und Tradition helfen einem nicht zu sagen, was man meint

Viele Eltern benutzen Kinderreime, Märchen oder religiöse Geschichten, um ihre Kinder zu unterhalten und um ihnen Werte zu vermitteln. Doch ebenso wie bestimmte Ausdrücke eine konventionelle und eine wörtliche Bedeutung haben, gibt es auch bei beliebten Reimen, Gedichten, Geschichten und Gebeten zwei mögliche Verständnisebenen. Erwachsene neigen dazu, die *allgemeine Erfahrung* mit Kommunikation zu verwechseln. Schließlich war der Lebenskontext, in dem wir all diese Dinge rezitiert, erzählt und vorgelesen bekamen, gewöhnlich warmherzig, unterstützend und uns zugewandt. Die Erfahrung dieser Reime und Geschichten war wohltuend. Also erinnern wir uns mit Freude an die Erfahrung, nicht an den buchstäblichen Inhalt.

Um zu erkennen, wie Eltern mit den besten Absichten Probleme für sich und ihre Kinder schaffen, müssen wir nur aufmerksam anhören, was tatsächlich gesagt wird. Kennen Sie dieses Gebet?

O Herr, jetzt leg mein Haupt ich schlafen,
Nimm mich in deinen lieben Hafen.
Und sollt ich sterben vor dem Morgen,
So bin ich, Herr, bei dir geborgen.

Welche liebevollen Eltern wollen ihr drei- oder vierjähriges Kind mit der Vorstellung konfrontieren, dass es in der Nacht *sterben* könnte! Während sie alles Mögliche unternehmen, um ihre Kinder vom Fernsehen und von Schreckensnachrichten aus aller Welt fern zu halten, sind Eltern sich doch selten bewusst, welch verstörende wörtliche Bedeutung die Texte haben, die sie Abend für Abend ihren Kindern vorsingen und vorsagen. Und so erklären sie ihren Kindern allabendlich, dass sie die nächsten zehn Stunden vielleicht nicht überleben werden.

Oder dieser Kinderreim, der Säuglingen und Kleinkindern vorgetragen wird, mit dem Mütter ihre Kinder sogar in Schlaf wiegen:

Maikäfer flieg,
dein Vater ist im Krieg
deine Mutter ist in Pommerland
Pommerland ist abgebrannt …

Vergleichen Sie dies mit dem Gutenachtlied:

Guten Abend, gut Nacht,
mit Rosen bedacht,
mit Näglein besteckt,
schlupf unter die Deck.
Morgen früh, wenn Gott will,
wirst du wieder geweckt.

Zwar mögen diese bekannten Verse Bilder von kleinen Kindern wachrufen, die behaglich in ihren Betten schlafen, aber die Bilder von Krieg, die »Näglein« in Verbindung mit der Bettdecke und erneut die unsichere Auskunft, ob das Kind denn überhaupt noch einmal erwachen wird, scheinen eher geeignet, im Kind Beunruhigung auszulösen, als das Gefühl der Geborgenheit zu verstärken.

Entleerte Bedeutung

Doch was Kinder solchen Versen wie »Hoppe, hoppe Reiter, wenn er fällt, dann schreit er, fällt er in den Graben, fressen ihn die Raben ...« entnehmen, sind die Reime und die Rhythmen, nicht die ursprüngliche Bedeutung. Man könnte sagen, dass sie heute keine Bedeutung mehr haben, dass sie »ohne Sinn« sind. Die Wörter könnten ebenso Ziffern oder Nonsenssilben wie Lewis Carrolls *Jabberwocky* sein. Es bedarf eines Schlüssels, um sie zu verstehen. Der Zeitabstand und der wissenschaftliche, medizinische und technologische Fortschritt wie auch die sich wandelnde Konvention drängen die ursprüngliche Bedeutung aus einem Großteil der sprachlichen Überlieferung hinaus. Diese Kindheitsrelikte machen gerade deswegen solchen Spaß, weil sie einer noch magischen Zeit angehören, nicht weil sie etwas Spezifisches mitteilen.

Aktive Bedeutung

Im Gegensatz dazu gewinnen Gebete wie »Müde bin ich, geh zur Ruh« eine aktive Bedeutung. Es bedarf keines besonderen Wissens, um zu verstehen: »Hab ich Unrecht heut getan, sieh es lieber Gott nicht an!« Kein Schlüssel ist notwendig, um »Wenn Gott will, wirst du wieder geweckt« zu entziffern. Die Bedeutung liegt auf der Hand. Sie erscheint nur so verborgen und unsichtbar, weil wir auf den Geist der Tradition reagieren und nicht auf den erstaunlich offenkundigen Inhalt. Natürlich wollen Eltern, die ihren Kindern solche Reime und Gebete vorsprechen oder Gutenachtlieder vorsingen, in ihren Kindern keine Angst erwecken, noch haben sie vor, das Vertrauen ihrer Kinder in die Geborgenheit spendende Schutzfunktion der Eltern zu unterminieren. Und gewiss wollen sie ihnen keine Angst einjagen, so dass sie die ganze Nacht wach liegen. Und doch ist dies nicht selten das Ergebnis solcher wohlmeinenden Absichten.

Die Bibel ist aber eine Ausnahme, oder?

Immer wenn etwas zu einer letzten Berufungsinstanz, zu einer höchsten Autorität wird, neigen Menschen dazu, ihren gesunden Menschenverstand über Bord zu werfen. Für viele Menschen ist die Bibel eine solche Autorität, die Quelle alles Wahren und ein Richtliniengeber für den Sinn des Lebens. Doch weil Kinder und vor allem kleine Kinder zumeist nur den genauen Wortsinn mitbekommen, verstehen sie unter Umständen die Geschichten der Bibel auf eine Weise, die von ihren Eltern keineswegs beabsichtigt war. Und Kinder können auch die Lehren der Bibel auf eine Weise zur Anwendung bringen, die sich von dem Erwünschten durchaus unterscheidet.

Eine Mutter, die sich stark in verschiedenen kirchlichen und christlichen Eltern-und-Kind-Gruppen engagierte, war nicht wenig überrascht, als ihr vierjähriger Sohn zu ihr sagte: »Du hast mir erzählt, Mama, dass ich mich nicht rächen und zurückschlagen soll, wenn mein Bruder mich haut. Aber Gott nimmt Rache. Das steht in der Bibel!«

»Wovon redest du?«, fragte sie verblüfft.

»Zum Beispiel, als er die Sintflut gemacht hat. Er war unheimlich wütend. Er hat alle bösen Menschen getötet, nur Noah nicht. Und das ist Rache. Wenn ich also wütend bin, kann ich mich auch rächen! Gott hat's ja auch getan! Und es steht in der Bibel. Das weiß ich. Das habe ich im Kindergottesdienst gelernt.« Da sie nicht wusste, was sie erwidern sollte, wechselte die Mutter einfach das Thema. Ein paar Minuten später kam ihr Sohn wieder. »Und weißt du was?«, fragte er. »Ich glaube nicht, dass die Arche Noah wirklich echt war.«

»Warum?«, fragte sie, ein wenig überfordert von der Fülle der Bibelkommentare ihres Jüngsten.

»Weil so viele Tiere nicht auf ein einziges Schiff passen!«, stellte er sachlich fest. »Das geht einfach nicht. Weil ein Schiff zu klein ist.« Dabei schüttelte er den Kopf, als ob der Fall so klar sei, dass er jedermann unmittelbar einleuchten müsse. Als sie uns diese Geschichte erzählte, meinte die Mutter, sie habe großes Glück gehabt, dass ihr Sohn seine Bibelkommentare mit einer solchen Selbstverständlichkeit geäußert hatte. »Was hätte ich getan, wenn er mich gebeten hätte, all diese Dinge zu erklären?«, fragte sie mit einem Blick des Erstaunens. »Und er ist erst vier!«

Wenn Sie sich entschließen, die Bibel oder andere heilige Schriften als Modell für persönliche Wertvorstellungen zu benutzen, dann ist es ratsam, sich darauf einzustellen, dass auch schon sehr kleine Kinder Widersprüche und Ungereimtheiten entdecken, denn das tun sie in jedem Fall. Und auch kleine Kinder wollen Erklärungen haben. Wenn Sie die Widersprüche nicht klären und eine andere Rechtfertigung für die von Ihnen vertretenen Wertvorstellungen geben können, dann kann es passieren, dass Ihre Kinder ohne Bedenken eine solche unangreifbare Autorität als Rechtfertigung für ein Benehmen benutzen, von dem sie eigentlich wissen, dass es falsch ist.

3
Das kindliche Denken und die Logik der Sprache

Der Mythos von der kindlichen Unlogik

Mit Ausnahme einer Hand voll realistischer Forschungen zur kindlichen Entwicklung ist die überwältigende Mehrheit der Kindheitsstudien in der Welt der Ansicht, dass Kinder einen langen Entwicklungsweg zurücklegen müssen, bevor sie des logischen Denkens mächtig werden. Nach dem herrschenden Modell in der Pädagogik und Psychologie sind Kinder »prälogisch« und dringen erst in einem entwicklungsmäßig »geriatrischen« Alter von elf bis fünfzehn Jahren zum logischen Denken vor. Dies ist ein sehr sonderbarer Glaube, denn zahllose Alltagserfahrungen belehren uns vom Gegenteil – dass Kinder in Tat und Wahrheit von Anfang an logische Denker sind.[1]

Lehren aus Comics

Das beständigste Thema in den nichtpolitischen Comics sind Sprache und Logik des kindlichen Denkens. Im Laufe der Jahre gelang es einigen Cartoonisten meisterhaft, sie in Szene zu setzen. Jeder muss über solche Cartoons lachen. Wie wahr, denken die Erwachsenen, genauso denken Kinder!

Und es gibt viele solcher Cartoons, Woche für Woche, Monat für Monat, Jahr für Jahr. Dies ist die andere Seite der Medaille, auf deren Vorderseite »Was habe ich gerade gesagt!?!« steht. Dennis, der Lausbub, wurde zweifellos in die Ecke gestellt, um, wie so viele Eltern sagen, »über sein Verhalten nachzudenken«. Und gewiss, »Ich geb's auf. Wie oft musst du mir denn noch sagen, dass

Dennis the Menace. Mit Erlaubnis von Hank Ketcham und © des North America Syndicate.

ich brav sein soll?« klingt ziemlich frech und respektlos. *Doch es ist die absolut logische Antwort auf die Frage seiner Mutter.* Hier ist keine Unlogik am Werk. Es ist vielmehr Logik *in nuce.* Und wie Ihr vierjähriger Sohn oder der achtjährige Junge im Nachbarhaus muss Dennis keineswegs bis zu seinem elften oder fünfzehnten Geburtstag warten, bis er logisch zu denken beginnt.

Ähnlich wie der Cartoonist Hank Ketcham versteht auch Bill Watterson, wie im Denken und in den Erfahrungen von Kindern Worte und Gedanken zusammenhängen.

Wenn Calvin sagt: »Ich beuge mich dem Buchstaben des Gesetzes«, dann spricht er über Logik, Semantik und die buchstäbliche Bedeutung von Wörtern. Calvin ist ein Meister der Spitzfindigkeit, er verschafft einem jede Menge linguistischer Aha-Erlebnisse! Calvins Mutter will ihn in der Badewanne haben, also folgt er ihr aufs Wort. Die Geschichte könnte immer so weitergehen. »Das hast du gut gemacht«, könnte die Mutter sagen. »Jetzt will ich Wasser laufen hören!« Calvin würde den Wasserhahn aufdrehen, so dass seine Mutter zu hören be-

Calvin and Hobbes © 1990 Watterson. Abgedruckt mit Erlaubnis des Universal Press Syndicate. Alle Rechte vorbehalten.

kommt, wonach sie verlangt. Schließlich könnte Calvin die ganze Badewanne mit Wasser füllen, sich ausziehen und tatsächlich hineinsteigen und ein Bad nehmen. Doch nicht bevor er jede denkbare linguistische Spitzfindigkeit ausgekostet hätte!

Meister oder Opfer der Logik?

Wir alle befinden uns nur für einen Teil der Zeit auf der Höhe unseres Sprachverstehens und Sprachgebrauchs. Kinder sind da ein Spezialfall, sie sind noch mehr als die Erwachsenen in wörtlicher Bedeutung und Logik gefangen.

Die meiste Zeit haben die Kinder – wie bewusst sie sich ihres Wortgebrauchs auch sein mögen – keine Ahnung davon, *dass ihre Bedeutung sich von unserer Bedeutung unterscheidet.* Wenn ein dreijähriger Junge ausruft: »Engel kommen aus England!«, dann versucht er nicht, der neue Otfried Fischer zu sein. Er lacht vielleicht mit, wenn wir lachen, aber er meint, was er sagt, und es ist vollkommen logisch.

Calvin and Hobbes © 1990 Watterson. Abgedruckt mit Erlaubnis des Universal Press Syndicate. Alle Rechte vorbehalten.

Vor Jahren arbeiteten wir mit einem sehr intelligenten fünfjährigen Mädchen, das sich furchtbar vor der Nacht fürchtete und insbesondere Angst davor hatte, von seinem Vater ins Bett gebracht zu werden. Aufgrund der Informationen, die die Eltern auf dem Anmeldeformular gegeben hatten, waren wir uns ziemlich sicher, wo das Problem lag. Wir mussten nur den Vater in Gegenwart seiner Tochter fragen, welchem Beruf er nachging.

»Ich arbeite im örtlichen Tierheim«, antwortete der Vater. Dann stand ihm plötzlich dieser *»Oh Gott! Jetzt weiß ich, was los ist!«*-Ausdruck im Gesicht, und er schüttelte mit dem Kopf und sagte sehr bedächtig: »Und ja, ich schläfere Tiere ein …«

Erwachsene erfinden ständig Beschönigungen, um die Härte der Erfahrung abzumildern – oder auch schlicht, um die Wirklichkeit nicht so zur Kenntnis zu nehmen, wie sie ist. Statt gestorben zu sein, ist Großvater »nicht mehr da« oder er hat »das Zeitliche gesegnet«. Obgleich es brutal klang, als wir den Vater fragten, ob er die Hunde wirklich »einschläferte« oder ob er sie nicht eigentlich *tötete*, erklärte er, es sei sein Job, den Tieren eine Spritze zu geben, so dass sie starben. Weil viele kleine Kinder Ausdrücke kennen wie »Ruhe in Frieden« oder »Schlaf bei den Engeln« erklärten wir eingehend, dass weder tote Tiere noch tote Menschen schlafen. Tod ist Tod und Schlaf ist Schlaf.

Um sicherzustellen, dass seine Tochter den Unterschied zwischen Menschen und Tieren verstand, fragten wir, ob Menschen jemals tödliche Spritzen bekämen. Zwar wussten sowohl er wie wir, dass in manchen Ländern Euthanasie erlaubt ist und in manchen Staaten der USA zum Tode Verurteilte auf diese Weise hingerichtet werden, doch er antwortete mit einem kategorischen »NEIN« und mehr brauchte es nicht. Auf dieses Gespräch hin verschwand die Nachtangst seiner Tochter ebenso wie ihre Angst davor, von ihrem Vater ins Bett gebracht zu werden. (Wir weichen hier nicht der Problematik der kategorischen »Wahrheit« aus. Wir werden uns mit Wahrheit, Ehrlichkeit und der Notwendigkeit der Aufklärung in Kapitel 9 befassen.)

Das fünfjährige Mädchen, das sich vor der Nacht fürchtete, veranschaulicht den Aspekt der kindlichen Sprachlogik. Worte bedeuten, was sie bedeuten. Und das bedeuten sie oft so lange, bis ihnen eine neue und andere Bedeutung gegeben wird. Ob etwas »gleich« ist oder ein Tier »eingeschläfert« wird oder »Engel aus England kommen«, Worte und Ausdrücke haben nur die Bedeutung, die Kinder bisher gelernt haben. Und solange sie nicht ausbuchstabiert werden, sind Wörter bloße Klänge. Wenn Bäcker Backwaren verkaufen, dann verkaufen Hausierer eben Häuser.

Kinder sind glänzende Beobachter. Sie lernen Sprache unter anderem deshalb so außerordentlich effektiv, weil sie inmitten des Sprachdurcheinanders in ihrer Lebensumwelt wichtige Muster wiedererkennen. Eines dieser Muster ist, dass auf bestimmte oder unbestimmte Artikel wie *der, die, das* oder *ein, eine, eines* unmittelbar ein Substantiv folgt. So hört also Dennis, der offenbar das Wort »einfältig« noch nicht gelernt hat, nur einen Klang, der zwei Worte bildet. Schließlich wendet er damit nur grammatische Regeln vollkommen richtig an. Es dauert lange, bis Kinder die unglaublichen Feinheiten in der Bedeutung verstehen, die je nach dem Kontext und dem, was der Sprecher intendiert, wechseln kann.

Dennis the Menace. Mit Erlaubnis von Hank Ketcham und © des North America Syndicate.

In der folgenden Abbildung sagen die Sprechblasen über Marilyn Monroe, über einem Streichholz und einem Salatkopf exakt dasselbe und doch ist die Bedeutung der drei Wörter jeweils verschieden.[2]

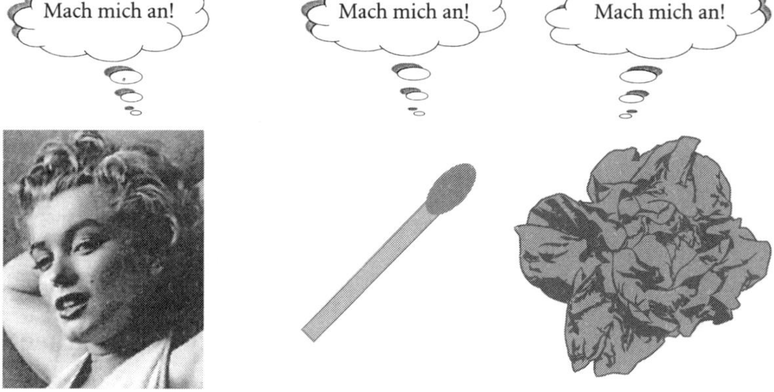

Im ersten Beispiel haben wir es mit einer Filmdiva zu tun, deren verführerische Qualitäten mittlerweile zu einem kulturellen Gemeinplatz wurde. Im zweiten Bild haben wir es mit einem Gebrauchsgegenstand zu tun, der uns verführen möchte, ihn anzuzünden. Der Salatkopf wiederum fordert uns auf, ihn mit einer Sauce zu versehen. Es ist nun wichtig, uns klar zu machen, dass wir angesichts dieser drei Bilder mit den jeweils gleichen Überschriften deshalb schmunzeln, weil wir den Worten und ihrer Beziehung zu den Bildern ein erwachsenes, in Jahrzehnten gewachsenes Verständnis entgegenbringen, das Kinder, und insbesondere kleine Kinder, erst noch erwerben müssen.

Logik funktioniert über Bedeutung und die Ergebnisse sind bedeutungsvoll. Logik »macht immer Sinn«, selbst wenn es um gar nichts geht.

Weil Kinder Meister darin sein müssen, mit Symbolen logisch umzugehen, sind sie von Beginn ihres Lebens an glänzende Rechner. Kinder können solche Operationen blitzschnell durchführen. Ihre Manipulationen führen zu logischen Ergebnissen – und ein Teil unserer menschlichen Natur verlangt nach Sinn und logischer Schlüssigkeit. So werden die Kinder durch ihre logischen Manipulationen häufig auf den Pfad von Sinn und Bedeutung geführt – doch verfehlen sie auf diesem Pfad zuweilen die Dinge, wie sie wirklich sind.

Logik und kindliches Verständnis

Wo kommen die Babys her?

Wie lautet die häufigste Antwort, die Eltern auf diese Frage geben? Wir haben sie so oft von Eltern und von Kindern gehört, mit denen wir zusammenarbeiteten, dass wir schließlich ein kleines Experiment angestellt haben. Wir baten eine Freundin, die eine vierte Klasse mit Neun- und Zehnjährigen unterrichtete, in ihrer Klasse einen kurzen Text mit dem Titel »Bevor ich auf die Welt kam« schreiben zu lassen. Die Kinder sollten beschreiben, wo sie vor ihrer Geburt waren und was da so alles geschah. Hier ist ein typisches Textbeispiel:

> Meine Mama bekam ein Rezept vom Arzt. Dann holte sie sich die Medizin. Sie nahm eine Pille und ihr Bauch wurde dick. Als die Pille wuchs, kam ich heraus. Ich sah das ganze Blut und das Essen fiel mir auf den Kopf. Ich musste ein Blutbad nehmen. Und das Blut brachte mich zum Herzen. Dann sah ich einen Keim. Ich ging zurück in den Bauch. Und dann ging ich durch den Darm und kam heraus. Blopp! Blopp! Blopp!

Aha! Dieser neunjährige Viertklässler glaubt, dass er quasi durch einen »Pups« auf die Welt kam! Aber ist es nicht vollkommen logisch, wenn er vor seiner Geburt im *Magen* seiner Mutter war? Wie sonst sollte das Baby herauskommen? Wenn Sie glauben, wir übertrieben, dann bedenken Sie, dass neunzehn von 23 Kindern in dieser vierten Klasse sich im Magen ihrer Mutter sahen, bevor sie geboren wurden.

Babys zeugen

Einmal, als uns das Thema kindlicher Logik beschäftigte, lachte ein Vater auf und sagte: »Ich muss Ihnen eine Geschichte erzählen.« Er und sein vierjähriger Sohn hatten im Park gespielt, als sein Sohn zwei Hunde kopulieren sah. Das Kind wollte wissen, was die Hunde da machten, und sein Vater antwortete überrumpelt und ein wenig verlegen: »Sie machen einen kleinen Hund«, und schlug die entgegengesetzte Richtung ein. Nicht lange nach diesem Vorfall im Park kam der Junge mitten in der Nacht ins Schlafzimmer der Eltern. Erstaunt betrachtete er seinen Vater, der auf der Mutter lag.

»Papa, was machst du mit Mama?«, fragte der Junge.

»Wir machen ein Baby«, entfuhr es dem Vater, den die Frage wieder unvorbereitet traf.

»Kannst du Mama nicht umdrehen?«, fragte der kleine Junge. »Ich hätte lieber einen kleinen Hund!«

Der Angriff der Bad Ducks (bösen Enten)

Um unseren Kindertherapeuten-Kollegen die Logik des kindlichen Denkens verständlicher zu machen, haben wir in unserem früheren Buch *Healing the Hurt Child* eine andere Anekdote erzählt. Danny, ein vierjähriger Junge, dem wir bei seinen Wutproblemen halfen, hatte zugleich eine gewaltige Angst vor *Bad Ducks*, »bösen Enten«. Er glaubte, sie lauerten überall im Haus, unter seinem Bett und selbst in der Zimmerdecke. Doch vor allem sammelten sie sich über seinem Bett. Das machte die Bettgehzeit zu einem allabendlichen Kampf voller Angst und Tränen, und immerzu mussten ihm seine Eltern versichern, dass »da oben« keine Enten seien und auch sonst nirgendwo in Dannys Zimmer.

Wir entdeckten die Gründe für die Angst des Vierjährigen eher zufällig ein Jahr später. Der Vater des Jungen berichtete, wie er und ein Freund mit den Folgen des Hurrikans Elena zu tun gehabt hätten. Der Sturm hatte ihre Häuser auf verschiedene Weise beschädigt, so dass beide Männer zufällig Experten für die Schäden des jeweils anderen waren. Dannys Vater arbeitete in einer Baufirma, während der Freund Spezialist für Klimaanlagen war. Danny spielte gerade in seinem Zimmer, als der Freund, begleitet von Dannys Eltern, hereintrat.

»Was ist los?«, fragte Danny, der ihre besorgten Gesichter sah.

»*Bad Ducts*« (schlechte Leitungen), sagte der Spezialist für Klimaanlagen. »Jede Menge.«

»Wo?«, wollte Danny wissen.

»Überall«, sagte der Freund, »aber vor allem da oben, über deinem Bett.«

Dannys *Bad Ducks* waren nichts anderes als *Bad Ducts*. Wir mussten alle lachen, als wir den Grund für seine Angst erfuhren. Doch die Tatsache, dass Danny »nur ein Wort missverstanden hatte«, machte seine Ängste, die wir dann zerstreuen konnten, nicht weniger real.

4
Kinder leben in einer vollkommen anderen Welt

»Was tust du da?«, fragt Jasper.

»Ich dünge den Rasen«, antwortet der Vater.

»Warum?«

»Weil das Gras Nahrung braucht, genauso wie du, Jasper.«

»Warum?«

»Weil das Gras ohne Nahrung braun wird. Und vielleicht stirbt.« Jaspers Vater füllt Düngemittel in den Verteiler und achtet sorgsam darauf, dass er die Marke für »voll« nicht überschreitet. »Genau hier muss man aufhören«, sagt er.

»Was passiert, wenn du zu viel nimmst?«

»Wenn ich zu viel Düngemittel hineintue, kann es das Gras verbrennen.«

»Es fängt Feuer und so?«

»Nein.« Sams Vater lächelt. »Es wird einfach braun. Oder der Rasen geht ein. Aber mit dem Gartenschlauch da wässere ich den Rasen, nachdem ich den Dünger draufgestreut habe, und verteile ihn ins Erdreich.«

»Und wenn du zu viel Wasser nimmst?«

»Dann wasche ich ja alles wieder weg.«

»Was passiert, wenn es kein Wasser gibt?«, fügt Sam hinzu, der sich daran erinnert, dass seine Familie einmal zwei Tage ohne Wasser war, als die Stadt die Hauptwasserleitung reparierte.

»Dann müssen wir aufpassen, dass wir nicht zu viel Dünger verwenden. Sonst verbrennt der Rasen.«

In diesem Gespräch zwischen Jasper und seinem Vater geht es nicht nur um Informationen. Zwar möchte Jasper Antworten auf seine Fragen haben, und insofern spielen die Informationen darin eine Rolle. Aber es steckt mehr dahinter, als wir auf den ersten Blick sehen. Erwachsene blicken auf Kinder aus einer Perspektive jahrzehntelanger Erfahrungen hinab, Erfahrungen, die ihr ganzes Wissen bereichert und verfeinert haben, und vergessen dabei, dass die Perspektive ihrer Kinder eine ganz andere ist. Eigentlich will Jasper nämlich Folgendes wissen: »Warum sind die Dinge so, wie sie sind? Papa, bitte sag es mir, dass ich darauf rechnen kann, dass die Welt verlässlich ist und zusammenhält. Bitte, versichere mir, dass alles in Ordnung sein wird. *Denn ich weiß es nicht.*«

»Warum ist da etwas und nicht nichts?«, fragte ein sechsjähriges Mädchen seinen Vater. Später am Abend staunte der Mann, als er feststellte, dass die Frage seiner Tochter als erster Satz in Heideggers *Einleitung in die Metaphysik* steht.[1] Manche Erwachsene – ob »Philosophen« oder nicht – werden von Fragen umgetrieben, die aus der Unsicherheit und Unvollkommenheit des menschlichen Wissens herrühren. Doch diese Fragen sind grundlegende Fragen der Kindheit. Viele Kinder mit vier oder fünf Jahren stellen sie täglich, wenn auch nur wenige Erwachsene sie wirklich hören oder ernst nehmen. Erwachsene vergessen allzu rasch, dass das, was die Welt ist, warum sie zusammenhält und warum sie mehr oder weniger von Tag zu Tag die Gleiche bleibt, sich nicht aus sich selbst erklärt. Das relative Gleichbleiben der Welt ist uns *vertraut*. Wir wachsen in diese Erfahrung hinein. Es ist leicht, dies für selbstverständlich zu halten. Doch immer mal kommt es vor, dass diese Vertrautheit in die Brüche geht, und *warum die Welt ist, wie sie ist*, wird ein Rätsel, das seltsam, beunruhigend oder gar erschreckend sein kann.

Warum? Was wenn …?

Jaspers Fragen sind eine gute Einführung in die Welt der Kindheitserfahrungen. Sie können zeigen, wie sie sich von der Welt der Erwachsenen und ihrer Erfahrungen unterscheidet. Alle kleinen Kinder stellen solche Fragen. Weil sie so verbreitet sind und weil sie in einer bestimmten Phase der Kindheit auftauchen, etwa zwischen vier und sechs Jahren, nennen Eltern diese Phase ihrer Kinder manchmal auch das »Warum«- oder »Fragealter«.

Manche Kinder stellen diese Frage nur dann und wann, und die Antwort ist gar nicht so entscheidend. Andere Kinder – zumeist sind es Jungen – stellen unendlich viele »Warum«- und »Was wenn«-Fragen, so dass Eltern sich manchmal regelrecht erschöpft fühlen können. Sie fragen sich, warum ihre Kinder nie mit den Antworten zufrieden sind, die sie bekommen. Wenn man sich anschaut, was Eltern tatsächlich ihren Kindern auf solche Fragen antworten, kann man eine Menge über Kindheitserfahrung und Eltern-Kind-Kommunikation lernen.

Warum ist das Gras grün?

Wenn kleine Kinder Fragen wie »Warum ist das Gras grün« stellen, geht es vermutlich nur ganz wenigen von ihnen darum, komplexe naturwissenschaftliche Antworten auf ihre Fragen zu bekommen. Die meisten hingegen wollen wissen, warum das Gras grün ist und nicht blau oder rot oder sonst eine Farbe hat. Weil man sehr kleinen Kindern keine wirklichen Antworten auf diese Fragen geben kann, scheint es uns sinnvoller, ihrem Wunsch nach Bestätigung, dass die Dinge so sind, wie sie sind, stattzugeben, also zu sagen, dass das Gras nun einmal grün ist. Wenn man stattdessen in einer enzyklopädischen Antwort über Chlorophyll und Photosynthese zu dozieren beginnt, füllt man den Kopf des Kindes nur mit leeren Worten und Phrasen und befriedigt nicht sein grundlegendes Bedürfnis nach Sicherheit und Bestätigung. In diesem Fall wird das Bedürfnis Ihres Kindes, zu wissen, warum die Welt ist, wie sie ist, umso dringlicher werden – und die Fragen werden sich multiplizieren.

Wenn Sie also etwas Eindeutiges sagen wie »Tja, so ist es nun einmal« oder, wenn Sie mehr zu dieser Art von Erklärungen neigen, »weil der liebe Gott das Gras grün gemacht hat«, werden Sie wahrscheinlich den Wunsch Ihres Kindes nach einer einfachen, Sicherheit gebenden Antwort eher erfüllen. Damit wimmeln Sie es keineswegs bloß ab. Es sind einfach Sicherheit vermittelnde und eindeutige Antworten auf Fragen nach der grundlegenden Struktur der Welt. Wenn Sie diese Strategie bei kleinen Kindern anwenden, wird die ständige Wiederholung von Fragen nachlassen. Und wenn das geschieht, dann können

Sie daraus schließen, dass die Fragen aus dem Bedürfnis nach Sicherheit entsprungen sind und nicht aus dem Bedürfnis nach detaillierter Information.

Calvin and Hobbes © 1988 Watterson. Abgedruckt mit Erlaubnis des Universal Press Syndicate. Alle Rechte vorbehalten.

Wo komme ich her?

Viele Eltern – und viele Kinderpsychologen – glauben, dass man die Fragen von Kindern nach ihrer Verständnisfähigkeit beantworten soll. Man solle ihre Fragen nach dem Entwicklungsstand des Kindes beantworten, meinen sie. Wir glauben jedoch, dass sie einem Irrtum erliegen. Es geht nicht darum, was das Kind verstehen kann, sondern darum, *was das Kind fragt.*

Wenn ein dreijähriges Kind fragt: »Wo komme ich her?«, geraten viele Eltern in voreilige Panik, weil sie befürchten, diese Frage bedeute für ihr Kind das Gleiche wie für sie. Gewöhnlich denken sie sofort an Sex und alles, was damit zu tun hat. Aber es können ganz andere komplexe Probleme damit verbunden sein. Bei adoptierten Kinder spielt zum Beispiel die gesamte Adoptionssituation eine Rolle. Seit beinahe zwei Jahrzehnten lernen wir Eltern kennen, die diese Frage ihrer Kinder mit langen Erklärungen über die menschliche Fortpflanzung beantworten oder mit mühsamen Entschuldigungen, warum Frauen ihre Babys weggeben. Doch das wollen kleine Kinder gar nicht wissen. Darüber zerbrechen sich nur Erwachsene den Kopf.

Kinder wollen keine erwachsenen Erklärungen über empfindliche und peinliche erwachsene Themen hören. Ihre Fragen spiegeln einen sehr viel engeren Kontext höchstpersönlicher Bedeutungen, der von ihrer begrenzten Erfahrung und der häufig eindimensionalen Bedeutung von Wörtern umschrieben wird. Viele erwachsene Antworten setzen einen Erfahrungsreichtum und eine Bildung voraus, die Kinder schlicht nicht haben.

Calvin and Hobbes © 1988 Watterson. Abgedruckt mit Erlaubnis des Universal Press Syndicate. Alle Rechte vorbehalten.

Selbst Calvin, der definitiv schon älter als drei Jahre ist, fragt nur eine allgemeine und grundlegende Frage. So komplex, listig, kreativ, spitzfindig und intelligent Calvin auch sein mag, er trägt immer noch seinen Kuscheltiger mit sich herum. Er ist immer noch ein kleines Kind. Er will keine – *und er braucht auch keine* – realistischen komplizierten technischen Antworten auf seine grundsätzlichen Fragen. Bill Watterson, der Cartoonist, weiß natürlich auch, dass der Kontext des »Babymachens« bei seinen Lesern andere Assoziationen auslöst als bei Calvin. Dies ermöglicht es Calvins Vater, sein Spiel mit dem Jungen zu spielen. Calvins Erfahrungshorizont ist immer noch so begrenzt, dass die »richtigen« Antworten auf seine Fragen nur die Magie seiner phantasieerfüllten Kindheit zerstören. Aus der Perspektive dieser »richtigen« Antworten würde es ihn mit Scham erfüllen, dass er immer noch mit seinem Schmusetiger herumläuft.

Aber wird mir mein Kind nicht später vorwerfen, ich hätte gelogen?

So lautet eine weitere erwachsene Sorge, die die Wirklichkeit der kindlichen Erfahrungswelt außer Acht lässt. Fragen wie »Wo komme ich her?« und »Warum ist das Gras grün?« handeln mindestens ebenso sehr von der Eltern-Kind-Beziehung wie von der Geburt und der Farbe des Grases. Die Art von allgemein gehaltenen Antworten, die wir empfehlen, sind für das kleine Kind eine Bestätigung und Versicherung. Sie bestärken in ihm den Gedanken, dass die Dinge nicht ohne Grund so sind, wie sie sind, und dass es keinen Anlass zur Besorgnis gibt. Ein Kind, das sich in seiner Beziehung zu seiner Mutter oder seinem Vater wohl fühlt, wird über sie nicht böse denken. In der Tat gehen all diese Dinge kaum merklich in den Fluss ihrer täglichen Erfahrungen ein, so dass Kinder, die sich grundsätzlich auf ihre Eltern verlassen können, sich an diese Dinge nicht in Kategorien von wahr oder unwahr erinnern werden.

Später, wenn Ihr Kind sieben oder acht ist und Ihnen sagt: »Komm mir nicht wieder mit ›Gott hat es so gemacht‹. Also sag, warum ist das Gras eigentlich grün?«, ist es natürlich sinnvoll, mit komplexen Erklärungen zu beginnen, die in kleinen Köpfen nur Verwirrung stiften. Man erkennt leicht, wenn ein Kind echte Informationsfragen stellt, weil es dann um Klärungen bittet. Kinder haben einen unstillbaren Hunger nach Wissen und forschen und fragen beständig. Wenn sich die Fragen um eine Aufgabe oder etwas drehen, das man durch Anschauen und Berühren erforschen kann, können sie den Prozess selbst vorantreiben. Es ist nicht sonderlich schwierig, zu erkennen, wenn ein Kind eine bestimmte Idee verfolgt oder aus Neugier und Wissbegier Dingen auf den Grund geht.

Eltern sagen meist sehr viel mehr, als ihnen bewusst ist

Weil auch noch sehr kleine Kinder oft die gleichen Wörter verwenden wie wir, neigen wir alle zu der Annahme, dass diese Wörter die gleiche sprachliche *und* erfahrungsmäßige Bedeutung haben.

Doch Erwachsene benutzen Wörter sehr nachlässig. Wir wissen bereits, dass Kinder – insbesondere wenn sie noch klein sind – logisch denken, sie denken in sehr engen und wörtlichen Bahnen. Das heißt, dass sie oft etwas völlig anderes hören, als wir eigentlich sagen wollen.

Fragen, die in der Kindheit auf den Nägeln brennen

Kehren wir zu Jasper und seinem Vater zurück und schauen einmal, was sonst noch in Jaspers Kopf vorgeht. Sein Vater beantwortete seine Fragen auf einfache und nüchterne Art, ohne sich seiner Vorausannahmen, seiner »Erfahrung« auch nur bewusst zu sein, dass die Worte, die er gebrauchte, für Jasper das Gleiche bedeuteten wie für ihn. Doch die Worte, mit denen Eltern zu ihren Kindern sprechen, haben viele Bedeutungen, Bedeutungen, die in einem Kontext harmlos und in einem anderen buchstäblich beängstigend sein können. Das stellt für Erwachsene in der Regel kein Problem dar, denn sie sind es seit Jahrzehnten gewohnt, von einem Kontext zum anderen zu wechseln. Also brauchen Erwachsene nicht weiter nachzudenken, wenn sie Wörter wie »verbrennen« und »sterben« benutzen, die im Zusammenhang mit Gras eher harmlos, im Zusammenhang mit Menschen aber recht bedrohlich klingen können.

Als Jasper seinen Vater fragte, warum er dieses seltsame Pulver aufs Gras streue, antwortete sein Vater: »Weil das Gras Nahrung braucht, genauso wie du, Jasper.« Also ist Dünger das Gleiche wie Nahrung. Tatsächlich sprechen wir von Nährstoffen für die Pflanzen und den Boden. Jaspers Vater blieb bei seinem Vergleich aber nicht stehen, sondern sagte, dass das Gras Nahrung zum Leben brauche, vielleicht so wie er oder Jaspers Mutter bei anderer Gelegenheit ihrem Sohn erklärt hatten, dass Menschen Nahrung zu sich nehmen, weil ihre Körper das zum Leben brauchen. Jaspers Vater ging noch einen Schritt weiter. Er fügte hinzu, dass das Gras ohne Nahrung braun wird und »vielleicht stirbt«. Dies brachte Jasper vielleicht zum ersten Mal auf den Gedanken, dass er sterben könnte, wenn er nicht esse.

Doch kaum hat sein Vater ihn über die lebenswichtige Funktion der Nahrung aufgeklärt, als er auch schon einen abenteuerlichen Bedeutungswechsel vornimmt. Er sagt, dass der Dünger – die »Grasnahrung« – das Gras »verbrennen« kann. Hier nun denkt Jasper völlig logisch dem Wortsinne nach, wenn er fragt, ob das Gras Feuer fangen wird. Jaspers Vater muss über diese Vorstellung lächeln und korrigiert seinen Sohn: Nein, das Gras fange kein Feuer, es werde einfach nur braun. Doch verkennt der Vater hier die Bedeutung der einfachen Logik seines Sohnes und übersieht, dass er selbst den Gedanken eingeführt hat, Nahrung könne zum Tod führen. Vielleicht erinnert sich Jasper in diesem Moment an das Rattengift auf dem obersten Regalfach in der Garage, das sein Vater gegen die Ratten ausstreut, damit sie es fressen …

Wir haben im Laufe der Jahre viele ansonsten vollkommen normale Kinder erlebt, die Angst vor bestimmten Nahrungsmitteln entwickelt hatten, weil sie logische Schlussfolgerungen aus zufälligen Bemerkungen ihrer Eltern gezogen hatten.[2]

Warum Erwachsene nicht hören, was sie tatsächlich sagen

Die Aktienkurse *gehen* nicht wirklich *nach oben* und die Opposition *schmettert* ein neues Programm der Regierung *nicht wirklich ab*. Wir *haben* nicht wirklich Zeit und nichts *kostet* uns Zeit. Wir *feuern* nicht wirklich Leute und *befördern* tun wir sie auch nicht (oder nur manchmal). Wir fassen sie auch nicht mit Samthandschuhen an. Wir sind nicht erschossen vor Müdigkeit und schlafen auch nicht wie Tote.

Weil wir in solche metaphorischen Ausdrucksweisen genauso hineinwachsen wie in die Sprache und ins Leben, sind wir später, in einem Alter, in dem wir über diese Dinge ernsthaft nachdenken können, schon so tief darin verwurzelt, dass die meisten von uns sich der metaphorischen Redeweise gar nicht mehr bewusst werden.

Wenn es aber schon Erwachsenen schwer fällt, sich der Metaphern bewusst zu werden, können wir uns leicht vorstellen, wie schwer es dann erst für kleine, logisch denkende Kinder sein muss!

Machen Sie sich solche Augenblicke zunutze

Manche Kinder reagieren ungewöhnlich sensibel auf die Logik der Sprache und können durch wörtliche Bedeutungen oder logische Verbindungen, die nicht unmittelbar auf der Hand liegen, in echte Verwirrung geraten. Diese Kinder sehen manchmal wie hypnotisiert aus, häufig starren sie einen direkt an, während sie ihre Fragen stellen, oder sie starren ins Leere. Oft, doch nicht immer, kann man sehen, dass sie sich die Folgen ihrer logischen Verbindungen vor dem inneren Auge ausmalen – wie das Gras, das Feuer fängt –, weil ihre Augen sich bewegen, als folgten sie einer Szene, auch wenn sie einen direkt anschauen. Wenn dieser Fall eintritt, dann ist es am besten, zu unterbrechen, was man gerade tut, und sich ein wenig Zeit zu nehmen, um die Gedankengänge des Kindes gleich zu erforschen.

Wenn Sie nicht vom Thema ablenken, solange Ihr Kind mit starken Bedeutungen und logischen Verbindungen beschäftigt ist, können Sie Angst erregende Missverständnisse vermeiden. Solche Momente ermöglichen Ihnen nicht nur, Verwirrung und Missverständnisse zu bereinigen, sie können auch die Beziehung zu Ihrem Kind stärken, da sie die Welt verständlicher und weniger unheimlicher machen.

Sie müssen nicht Ihr Vokabular von Worten wie »Feuer«, »brennen« und »sterben« reinigen. Das ist nicht notwendig und auch nicht möglich: Sprache ist ein ständiger Strom von Metaphern und Bildern. Und viele Kinder folgen diesem Strom der Alltagssprache ebenso selbstverständlich wie Erwachsene. Wenn Sie allerdings einen beunruhigten oder ängstlichen Ton heraushören, wenn Ihr Kind Sie mit »Warum/Was wenn?«-Fragen bombardiert, um zu einer beruhigenden Schlussantwort zu kommen, dann erklären Sie einfach den gängigen Sinn der Worte. »Wir nennen Dünger ›Nahrung‹, weil Pflanzen die Stoffe darin brauchen, um wachsen zu können. Aber die gute Nahrung, die wir zu uns nehmen, kann uns nicht umbringen.« Wenn in unserer Praxis Eltern Begriffe wie »todmüde« oder »erschossen« gebrauchen, unterbrechen wir sie und sagen: »Menschen sind nicht wirklich tot, wenn sie müde sind, oder?« Nachdem der Vater oder die Mutter lacht und Nein sagt, erklären wir auch dreieinhalb- und vierjährigen Kindern: »Das ist nur ein Ausdruck – so wie: ›pudelnass oder hundemüde‹.« Viele Kinder steuern dann eigene »lustige« Ausdrücke bei.

Manchmal deutet nur das Auftreten von Trennungsängsten und Schlafstörungen darauf hin, dass ein Kind von etwas, was es gehört hat, tief verunsichert wurde. Gehen Sie dann die Geschehnisse und Gespräche der letzten Tage noch einmal durch und überlegen Sie, wie diese Dinge aus der Sicht eines kleinen Kindes aussehen und sich anfühlen mögen. Und, natürlich, fragen Sie Ihr Kind, was es so mit Besorgnis erfüllt. (Achten Sie darauf, dass Sie mit einer Aufforderung »fragen«: »Sag mir, was dich beunruhigt«, nicht: »Gibt es irgendetwas, das dich beunruhigt?«)

Doch zu anderen Zeiten können diese anscheinend endlosen Fragen schlicht *Kommunikationsverlängerer* sein, eine Methode, den Erwachsenen weiter am Gespräch zu beteiligen. In diesem Fall können Sie das Gespräch ohne negative Folgen für die Beziehung beenden, indem Sie das Kind zu einer neuen Beschäftigung animieren. Wenn das Kind beziehungshungrig ist, weil es im Grunde nicht genug von Ihnen bekommt, wird es für Sie schwieriger, sich dem Ansturm leerer Fragen zu entziehen. Abhilfe schafft hier, dass Sie sich im Alltag mehr auf Ihr Kind einlassen und mehr Belangvolles mit ihm unternehmen. Spezifische Vorschläge hierzu finden Sie im nächsten Kapitel und in Kapitel 13.

Kinder haben gern die Kontrolle, sie bestimmen gern, was passiert. Manche Kinder können eine Unzahl solcher »Warum?«- und »Was wenn?«-Fragen stellen, einfach nur, um diese Macht auszuspielen. Das ist nicht allzu schwer zu durchschauen, denn irgendwann in diesem Prozess – gewöhnlich wenn das Kind acht oder älter ist – kann es nicht länger verbergen, welchen Spaß es dabei empfindet, Sie einzuwickeln. In diesem Fall sollten Sie nicht böse werden oder sich an der Nase herumgeführt fühlen. Sagen Sie einfach etwas wie: »Junge, hast du mich drangekriegt!« Dies gibt dem Kind (oder frühen Jugendlichen) das Gefühl, dass zumindest seine Gerissenheit Anerkennung findet, ohne dass das Ganze in einen Machtkampf ausartet. Und dann gehen Sie zur Tagesordnung über. Reagieren Sie auf ein solches Sprach- und Beziehungsspiel *nicht*, als ob Ihre Autorität dadurch herausgefordert sei. Wenn Sie das tun, werden Sie Ihrem Kind unweigerlich zeigen, wie es Sie auf die Palme bringen und Ihr Verhalten kontrollieren kann.

Es gibt keinen Unterschied zwischen Schein und Sein

Vor einigen Jahren erhielten wir den verzweifelten Anruf einer überforderten Mutter, der es nicht gelang, ihr Kind zu beruhigen. Ihr zweieinhalbjähriges Kind hatte eine extrem negative Reaktion auf die Einnahme eines antiallergischen Mittels gezeigt, das ihm von einem Arzt in einer örtlichen ambulanten Klinik verschrieben worden war. Das Antihistamin hatte bei dem Kind eine akut halluzinatorische Krise ausgelöst, in der die Schmetterlinge auf seiner Bettdecke und auf den Vorhängen in seinem Zimmer lebendig wurden und es zu verfolgen begannen. Zuerst half ihm noch nicht einmal, die Augen zu schließen, um sie loszuwerden. Als die Mutter uns anrief, waren schon zwei Tage vergangen und die »bösen Schmetterlinge« trieben immer noch ihr Unwesen. Die Mutter war so enerviert und wütend, dass sie den Arzt und die Klinik verklagen wollte. Sie konnte ihr Kind kaum mehr ins Haus, geschweige denn in sein Zimmer und ins Bett bringen.

Deborah empfahl der Mutter, im nächsten Haushaltswarenladen eine Sprayflasche zu kaufen, sie halb mit Wasser zu füllen und mit einem Hauch Parfum anzureichern. Dann sollte sie die Bettdecke wieder auf das Bett legen und die Vorhänge wieder anbringen. Sie sollte nun ihrem Sohn erklären, sie habe »ein Zauberspray« gekauft, das »böse Schmetterlinge in liebe Schmetterlinge verwandelt«. In Gegenwart des Kindes sollte sie nun mit großem Brimborium die Tür und Türschwelle zum Zimmer ihre Sohnes einsprühen, ebenso natürlich die Vorhänge und die Bettdecke und dann das Zimmer für vollkommen normal und sicher erklären. Die Angst ihres Sohnes nahm im Laufe des Tages ab, die »bösen Schmetterlinge« verschwanden und er schlief in dieser Nacht tief und fest in seinem eigenen Bett.

Es fällt selbst Erwachsenen schwer, nach toxisch-halluzinatorischen Zuständen wieder ein Gefühl der Sicherheit zu entwickeln, denn die Ängste fühlen sich in jedem Alter sehr real an. Doch können Erwachsene auf die Erfahrung ihres ganzen Lebens zurückgreifen, um durch Vergleiche zu beurteilen, ob der Inhalt der halluzinatorischen Erfahrung *wirklich* real war. Für Kinder, und natürlich besonders für kleine Kinder, *sind* solche chemisch induzierten Erlebnisse schlicht und einfach real. Kinder verfügen nicht über das umfangreiche psychologische Archiv, das den Erwachsenen erlaubt, die Dinge in die richtige Perspektive zu rücken. Daher sind Erklärungen Zeitverschwendung.

Natürlich sprechen wir mit kleinen Kindern in Stresssituationen, aber besser ist es noch, die Botschaft, die wir unseren Kindern vermitteln wollen, durch Handlungen auszudrücken. So hat Deborah der Mutter des zweieinhalbjährigen Jungen nicht einfach beruhigende Worte mit auf den Weg gegeben, die sie ihrem Kind sagen sollte. Die einzigen Worte, die die Mutter benutzen sollte, beschrieben die Wirkung des »Zaubersprays, das böse Schmetterlinge in liebe Schmetterlinge verwandelt«. Ohne das Zauberspray wären die Worte der Mutter bedeutungslos geblieben. (Wir hatten schon Hunderte von »Spukvertreibern« ausgegeben, bevor noch irgendjemand an Ghostbusters auch nur dachte!) Die Halluzinationen, mit denen der kleine Junge auf das Antihistamin reagierte, stellten seine sichere und vertrauenswürdige Welt auf den Kopf. Für kleine Kinder ist das einzig wirksame Gegenmittel gegen eine Erfahrung eine andere Erfahrung.

5
Logik, Erfahrung und Kindheitsängste

Was Eltern über Kinder wissen müssen, über ihr Denken und ihre Erfahrungen, sollte auch die Grundlage des Expertenwissens über Kinder darstellen – nicht etwa umgekehrt! Nirgendwo springt diese Tatsache deutlicher ins Auge als in den Mythen, die über die Entwicklungsstufen von Kindern im Schwange sind und die immer noch den Grundstock dessen bilden, was jedem Studenten der Pädagogik und Psychologie beigebracht wird – und was die meisten ausgebildeten Pädagogen und Psychologen glauben. Da das in diesen Wissenschaften vorherrschende Entwicklungsmodell kategorisch definiert, was Kinder auf jeder gegebenen »Entwicklungsstufe« angeblich können und was nicht, sind Studenten, Lehrer, Forscher und Kliniker immer recht zufrieden mit den spontanen Antworten der Kinder bei Testaufgaben, die ihren Entwicklungsstand prüfen. Doch was Kinder sagen und was sie tatsächlich denken und glauben, ist nicht notwendig das Gleiche.

Eine der berühmtesten Testfragen zur Kindesentwicklung will ermitteln, wie Kinder über die unbelebte Natur denken. Wenn man beispielsweise in der kinderpsychologischen Standardliteratur nachliest, erfährt man, dass Kinder Animisten sind, das heißt, dass sie wirklich glauben, Dinge wie Steine oder der Mond seien lebendige Wesen. Oder wie Bruno Bettelheim es in seinem berühmten Buch *Kinder brauchen Märchen* formuliert: Für ein achtjähriges Kind (um Piagets Beispiele zu zitieren) ist die Sonne lebendig, weil sie Licht schenkt (und, so könnte man hinzufügen, sie tut das, weil sie es will). Für das animistische Bewusstsein des Kindes ist der Stein lebendig, weil er sich bewegt, wenn er den Berg hinunterrollt. Selbst ein Kind von zwölfeinhalb Jahren hält einen Fluss für lebendig, weil sein Wasser fließt. Die Sonne, der Stein und das Wasser sind ganz ähnlich von einem Geist beseelt wie Menschen, also fühlen und handeln sie auch wie Menschen.[1]

Wir wünschen uns Eltern, die, was ihre Kinder anbetrifft, unendlich viel neugieriger sind als Bruno Bettelheim oder Jean Piaget, deren Psychologie der Entwicklungsstufen immer noch den größten Teil dessen ausmacht, was amerikanische Pädagogen und Psychologen über Kinder zu wissen meinen. Bettelheim und Piaget verbrachten sehr viel mehr Zeit damit, Kinder zu beschreiben, als mit ihnen zu sprechen. Und in all den berühmten Studien, die Piaget und seine ebenso berühmten Studenten und Mitarbeiter an seinem Zentrum für Genetische Epistemologie in Genf durchführten, *wurde kein Kind jemals mehr als einmal interviewt.*[2] Warum? Weil es nicht nötig war. Kinder geben typischerweise die »richtige« Antwort sehr schnell, ebenso wie die »falsche« Antwort. In beiden Fällen ist der Prozess rasch vorbei.

Hier folgt ein klassisches piagetsches Interview[3], das an einem vier- oder fünfjährigen Kind scheinbar demonstriert, was Bettelheim oben behauptet hat:

Interviewer:	Ist der Mond lebendig?
Kind:	Ja, das ist er.
Interviewer:	Woher weißt du das?
Kind:	Weil er mir folgt, wenn ich gehe.
Interviewer:	Woher weißt du, dass er dir folgt.
Kind:	Weil, wenn ich mich bewege, bewegt er sich auch.

Sowie ein Kind die Antwort gibt, die von Piagets Stufenspsychologie prognostiziert wurde, kommt das Interview zu einem abrupten Ende. Der Interviewer ist erfreut, erneut zeigen zu können, dass Kinder exakt so denken, wie es in den acht Jahrzehnten piagetscher Forschung beschrieben wurde.

Das erinnert stark an das Gespräch zwischen Jasper und seinem Vater. Jaspers Vater ging davon aus, dass er und sein Sohn über dieselben Dinge in genau der gleichen Art und Weise sprachen. Nicht nur waren, nach allgemeiner Ansicht, ihre Worte die gleichen, sondern ebenso die Bedeutung der Worte und die Erfahrungen, die dahinter steckten. Wäre Jaspers Vater erstaunt gewesen über den vollkommen logischen Schluss seines Sohnes, dass das Gras Feuer fangen könnte, weil der Dünger »das Gras verbrennen kann«, dann hätte er vielleicht entdeckt, dass die innere Welt seines Sohnes sehr viel reicher – und zuweilen auch bedrohlicher – war, als er sich je hatte vorstellen können. Das Gleiche gilt gut und gerne für über ein halbes Jahrhundert der Kinderpsychologie in unserem Land. Forscher, Pädagogen und Kliniker setzten selbstverständlich voraus, dass die spontanen Antworten von Kindern wiedergeben, was das Kind zu denken fähig ist und was es auch tatsächlich denkt und glaubt. Was aber, wenn die Forscher sich ebenso für die tatsächliche Erfahrungswelt der Kinder interessieren würden, wie wir es uns von den Eltern wünschen? Würden sie mehr entdecken, als sie erwartet haben?

Interviewer:	Ist der Mond lebendig?
Kind:	Ja, das ist er.
Interviewer:	Woher weißt du das?
Kind:	Weil er mir folgt, wenn ich gehe.
Interviewer:	Woher weißt du, dass er dir folgt?
Kind:	Weil, wenn ich mich bewege, bewegt er sich auch.
Interviewer:	Wenn du also nach Hause kommst, dann geht er mit dir durch die Tür hinein?
Kind:	Nein, er kommt nicht mit hinein.
Interviewer:	Tut er das nicht? Warum nicht?
Kind:	Weil er das nicht *kann*. Wirklich nicht, so'n Quatsch.

Dieser Interviewer hat wirklich Interesse an Kindern. Es macht ihm sogar Spaß, mit ihnen zu reden. Er nimmt die kategorische Antwort des Kindes auch nicht gleich für bare Münze. Stattdessen forscht er weiter. Und, wie so oft, muss er nicht lange weiterfragen. Er bekommt schnell heraus, dass das kleine Kind niemals auch nur annähernd so naiv und leichtgläubig war, wie die traditionellen Fachleute glauben.

Realistische Entwicklungsforschung bei Kindern

Gut ein halbes Jahrhundert realistischer Entwicklungsforschung bei Kindern hat gezeigt, dass unter der Oberfläche dessen, was wir »spontane kindliche Verhaltensweisen« nennen, sehr viel komplexere und intelligentere Vorgänge stattfinden, als das Entwicklungsmodell vermuten lässt, das heute die amerikanische Pädagogik und Psychologie beherrscht. Vor über fünfzig Jahren, 1945, wiesen die Psychologen I. Huang und H. W. Lee[4] nach, dass die Behauptung eines kindlichen Animismus das Ergebnis einer übermäßigen Verallgemeinerung ist. Kinder können zwar sagen, ein Objekt sei »lebendig«, doch gleichzeitig sprechen sie ihm alle Attribute des Lebens ab. Wenn es darauf ankommt, wissen Kinder sehr wohl zu unterscheiden.

Zeitgenössische Erforscher der Kindesentwicklung wie Margaret Donaldson[5] von der University of Edinburgh und Rachel Gelman[6] von der University of California in Los Angeles haben nachgewiesen, dass, wenn man Piagets Entwicklungsaufgaben in für Kinder verständliche Zusammenhänge einbettet – d. h., wenn Kinder im Mittelpunkt des Interesses stehen und nicht das Modell und die Aufgaben –, dann selbst Vorschulkinder unendlich viel kompetenter sind, als das verbreitete Kindheitsmodell in Pädagogik und Psychologie uns weismacht. Andere Entwicklungsforscher wie Henry M. Wellman von der University of Michigan, Janet Astington vom Institute for Studies in Education an der University of Toronto und Paul L. Harris von der University of Oxford haben in zahlreichen bestechenden Experimenten gezeigt, dass Kinder bereits im frühen Alter von zweieinhalb Jahren eine komplexe »*Theorie des Denkens*«[7] entwickeln, die es ihnen erlaubt, die Blickwinkel, Motive, Absichten und Gedanken anderer zu verstehen. Die Psychologinnen Esther Thelen und Linda B. Smith[8] von der Indiana University haben herausgefunden, dass selbst Kleinkinder Erfahrungen benutzen, um Fertigkeiten zu erlernen, welche die traditionelle Theorie von Piaget als unmöglich beschreibt und die auch heutige entwicklungsbezogene Hirnfunktionsmodelle auf einen späteren Zeitpunkt festsetzen. Und schließlich haben Forscher wie Barry Parsonson und Kathleen Naughton von der Waikoto University in Neuseeland gezeigt, dass einige kognitive Fähigkeiten, deren Entwicklung man bisher im Alter zwischen elf und fünfzehn ansiedelte, fünfjährigen Kindern in wenigen Minuten beigebracht werden konnten[9] und dass die »feste Ordnung«, in der diese kognitiven Fähigkeiten angeblich erlernt werden müssen, sehr wohl umgekehrt werden konnte. Nach alledem wird klar, dass Kinder komplex, intelligent und realistisch sind, und zwar *zu genau der gleichen Zeit, da sie noch empfänglich sind für den buchstäblichen Sinn von Wörtern und für die Folgen logischen Denkens, ohne allerdings dabei auf die schützende Perspektive langer Erfahrung zurückgreifen zu können.*

Böse Schmetterlinge kann es geben, aber Kinder wissen, dass der Mond nicht lebendig ist

Kann ein und dasselbe Kind, das seinem Interviewer – nach kindgemäß freundlicher und eingehender Befragung – erklärt, dass der Mond nicht wirklich lebendig sei, gleichwohl Angst vor »bösen Schmetterlingen« haben? Aber natürlich. Im Alter von vier oder fünf Jahren hat die Erfahrung ihm gezeigt, dass der Mond zwar scheinbar mitgeht, wenn es selbst läuft, dass er aber nie in Räumen auftaucht, wo es sich aufhält. Vier- bis Sechsjährige verstehen bereits, dass sie und der Mond sich in vollkommen verschiedenen Sphären befinden. Die bösen Schmetterlinge sind dagegen eine vollkommen andere Sache. Auch ältere Kinder sind dagegen nicht gefeit. Die realistische Intensität solcher Erfahrungen wischt alles beiseite, was die Kinder an Weltperspektive bisher entwickelt haben mögen. Wie wir gesehen haben, bedarf es einer neuen Erfahrung, um die alte Erfahrung abzulösen.

Kinder können nur voraussagen, was ihre Erfahrung erlaubt

»Eine Grundannahme« (der Kinder), so formuliert es der Psychologe David Elkind von der Tuft University, »ist, dass die Welt sinnvoll ist, dass alles einen Zweck oder eine Ursache hat und dass es keine nur auf Zufall beruhenden Ereignisse gibt.«[10] Elkind steht mit dieser Ansicht nicht allein, sie ist vielmehr die immer noch vorherrschende Meinung der Kinderexperten in der ganzen Welt. In der Tat, das gleiche piagetsche Entwicklungsmodell, das uns versichert, Kinder sähen die Welt mit animistischen Augen, erklärt uns, dass sie glauben, lebendige Dinge wie Bäume hätten einen Willen und seien absichtlicher Handlungen fähig. Natürlich sprechen und verhalten sich kleine Kinder so, als ob sie diese Dinge glaubten! Aus diesem Grund, sagen jene Experten, behauptet der vierjährige Johannes, dass der Baum, auf den er geklettert ist, ihn »abgeworfen« hat. Der Ast, auf dem Johannes saß, brach nicht zufällig. Nein, der Baum warf ihn mit Absicht ab. Johannes, so sagen die Experten, kann auf dieser Stufe seines Lebens schlicht nicht verstehen, was ein Unfall ist.

Wir wollen uns diese Sache noch einmal aus der Perspektive eines Kindes anschauen und prüfen, ob die Experten Recht haben.

Zunächst: Was ist ein Unfall? *Ein Unfall ist ein unvorhersehbares Geschehen, das unabhängig von irgendeinem Willen eintritt.* Mit anderen Worten, ein Unfall ist etwas, das niemand vorhersieht und das niemand mit Absicht herbeigeführt hat. Das heißt, dass zu jedem Zeitpunkt an jedem Ort alles geschehen kann. *Jeder* Ast kann brechen. *Jeder* Baum kann umstürzen. *Jede* Tragfläche kann abbrechen. *Jedes* Auto kann außer Kontrolle geraten. *Jeder* Damm kann brechen. *Jedes* Haus kann Feuer fangen. Blitze können *überall* einschlagen. Und alle diese Dinge können *jederzeit* ohne *jegliche* Vorwarnung geschehen.

Was soll ein kindliches Bewusstsein mit der immer währenden Drohung grundloser und unvorhersehbarer Ereignisse anfangen?[11] Denn letzten Endes kann man in einer vollständig unvorhersehbaren Welt nicht leben.

Das kleine Kind hat nur zwei Möglichkeiten. Es kann sich entweder von Angst lähmen lassen, weil der nächste Moment eine Katastrophe heraufbeschwören wird, oder es kann die Wirklichkeit umdeuten, um sie lebbarer zu machen. Und genau das tun kleine Kinder: Sie deuten die Welt um. Die Welt wird um ein bedeutendes Stück sicherer, wenn *dieser besondere Baum* als ein »böser« Baum angesehen werden kann. Man muss ihm nur aus dem Wege gehen und schon ist man wieder auf der sicheren Seite!

Nur Erfahrung kann die Dinge zurechtrücken

Warum sind Erwachsene nicht paralysiert, obwohl sie doch von Unfällen wissen? Weil viele Jahre der Erfahrung uns gelehrt haben, dass Unfälle, wenn es sie in der Welt auch immer wieder gibt, im Leben einzelner Individuen eher unwahrscheinlich sind. Wir kennen die Auto- und Flugzeug-Unfallstatistiken. Wir hören in den Abendnachrichten ständig davon. Gleichwohl fahren und fliegen die meisten Menschen, ohne vor Angst den Verstand zu verlieren. Unsere lange Erfahrung sagt uns, dass wir uns einigermaßen sicher fühlen können.

Doch wie können wir wissen, dass wir unser Bewusstsein von Sicherheit und Berechenbarkeit wirklich der Erfahrung verdanken und nicht bloßem Faktenwissen? Weil dieses Bewusstsein von Sicherheit und Berechenbarkeit durch eine einzige Erfahrung erschüttert werden kann. Es bedarf nur eines schlimmen Unfalls – oder einer schrecklichen Erfahrung, die wir als »traumatisch« erachten – und unser ganzes Gefühl von der Verlässlichkeit der Welt kann unterminiert werden.

Wenn so etwas geschehen ist, wie können Erwachsene dann ein Gefühl der Sicherheit und Vorhersagbarkeit, ihr Bewusstsein, dass die Welt ein vertrauenswürdiger Ort ist, zurückgewinnen? Reicht es aus, einem Erwachsenen, der einen schweren Autounfall überlebt hat, zu sagen, dass die statistische Wahrscheinlichkeit für einen erneuten Unfall sehr gering ist? Natürlich nicht. Vielmehr werden wir, vorausgesetzt er ist körperlich in der Lage dazu, versuchen, ihn so schnell wie möglich wieder hinter das Steuer zu bekommen. Wir wissen, je länger eine Person damit wartet, wieder zu fahren, desto schwerer wird es für sie werden. *Nur Erfahrung kann die Sicherheit und Verlässlichkeit der Welt wieder herstellen.*[12] Zwar unterscheidet sich die Form, doch grundsätzlich besteht kein Unterschied zwischen dem Versuch, das Opfer eines Autounfalls wieder hinter das

Steuer zu bringen, und dem Einsatz unseres Zaubersprays, um die bösen Schmetterlinge zu vertreiben. Beides ermöglicht eine dem Lebenskontext des Individuums entsprechende Korrekturerfahrung.

Kinder erfahren Raum und Zeit anders[13]

Jeder Erwachsene kennt das Phänomen, dass die Zeit umso schneller vergeht, je älter man wird. Dies ist einer der Gründe, weshalb man als Erwachsener mit Neid und Sehnsucht auf die Kindheit zurückblickt. Auch das Raumgefühl ist in der Kindheit anders. Und die Welt ist unendlich viel kleiner und unendlich viel reicher. Unter »normalen Umständen«, wie wir das in unserer engen Denkweise bezeichnen, ist die Welt der Kindheit auch unendlich viel sicherer. Es fehlen die Abendnachrichten und Zeitungsschlagzeilen, Kriege und Terroranschläge existieren eigentlich nicht, und Amok laufende Schüler, die auf ihre Klassenkameraden schießen, sind unvorstellbar.

Wenn die kleine Welt der Kindheit von unheimlichen Dingen erschüttert wird, übersehen Eltern häufig, dass die Worte, mit denen sie Sicherheit und Vertrauen schenken wollen, für ihr Kind bedeutungslos sein können.

Wenn zum Beispiel ein fünfjähriges Mädchen seine Mutter fragt: »Gibt es Vulkane in unserer Nähe?«, ist es für die Mutter leicht, sich vorzustellen, welche Besorgnisse das Mädchen umtreiben würden, wenn es welche gäbe (auch wenn sie sich vielleicht nicht klar macht, wie realistisch die Fernsehwerbung für den Vulkanfilm war). Doch wenn diese Mutter sagt: »Mach dir keine Sorgen. Der nächste Vulkan ist über zweitausend Kilometer weit weg«, sind ihre Worte möglicherweise nicht so beruhigend, wie sie glaubt. Weil Eltern nur selten über solche Dinge nachdenken, wird die Mutter des fünfjährigen Mädchens wahrscheinlich nicht erkennen, dass »zweitausend Kilometer« für ihre Tochter immer noch leere Worte sind. Das gilt sogar für Kinder, die, wie dieses Mädchen, eine erstaunliche Fähigkeit an den Tag legen, über so gut wie alles zu sprechen. Hätte ihre Mutter gesagt: »Hab kein Angst, mein Schatz, wir müssten mindestens sechs Tage lang von morgens bis abends mit dem Auto fahren, bevor wir einem Vulkan auch nur nahe kämen!«, hätte ihre Tochter eine realistischere Vorstellung davon, wie weit entfernt die Vulkane wirklich sind.

Erfahrung verändert Bedeutungen

Philipp, ebenfalls fünf Jahre alt, hat eine entsetzliche Angst vor der Badewanne entwickelt. Er wurde ängstlich und extrem aufgeregt, wenn sich die Zeit für die Badewanne näherte, und er reagierte mit echter Panik, wenn er hineinsteigen sollte. In den folgenden Wochen nahmen Philipps Ängste zu, bis sie sich über den ganzen Tag ausdehnten. Seine Mutter war verständlicherweise stark beunruhigt.

Philipps Mutter las eine Menge Illustrierten und sah auch viel fern. Sie glaubte, bei ihrem Sohn die Anfänge einer gravierenden psychischen Störung zu erkennen. Um sicherzugehen, dass sie sich nicht irrte, ging sie schnurstracks zur nächsten Buchhandlung und kaufte einige Ratgeber über psychische Störungen bei Kindern. Natürlich entsprach Philipps Verhalten nur zu gut einer »Angststörung im Kindesalter«.

Da sie in ihrem Verdacht bestärkt wurde, suchte sie die Kinderärztin auf und war erleichtert, als sie auch von dort die Bestätigung erhielt, dass ihr Kind an einer bei Kindern verbreiteten psychischen Störung litt. Sie war traurig, aber nicht überrascht, als sie aus einem Fachbuch, das sie sich zugelegt hatte, nebenbei erfuhr, dass ihr Kind ebenso an einer lebenslangen, vermutlich genetisch bedingten Hirnstörung litt. Es enttäuschte sie, dass die Behandlung wahrscheinlich ebenso lange dauern würde wie die Störung selbst, doch wenigstens freute sie sich, dass es eine einfache Lösung für das Problem gab: Medikamente.

Es ist hilfreich, etwas über die Kinder zu wissen

Was fehlt in der nur allzu vertrauten Geschichte von Philipp und seiner Mutter? Philipp. Weder Philipps Mutter noch seine Kinderärztin suchten nach einer einfachen Erklärung für den akuten und unerwarteten Ausbruch von Philipps Badewannenangst. Denn dort hat schließlich alles angefangen – im Badezimmer.

Erwachsene gehen davon aus, dass Erfahrungen immer gleich bleibend sind. Deshalb *musste* der plötzliche Ausbruch von Philipps Angst angesichts von so etwas Banalem und Harmlosem wie einer Badewanne den Ausbruch einer »inneren« Störung darstellen. Es gibt einfach keinen Grund, warum eine gewöhnliche Badewanne plötzlich panische Angst in einem Kind auslösen sollte, das jahrelang ohne Probleme in ihr gebadet hat.

Aber so funktionieren Sinn und Bedeutung nicht für uns, geschweige denn für Kinder.

Bis zum Beginn von Philipps Angst waren Badewannen zum Waschen da und man konnte darin mit allen möglichen Dingen spielen. Und bis er sechs Wochen zuvor einen Schwimmkurs begonnen hatte, hatte er keinen Begriff davon, was Ertrinken war. Doch als wir genauer hinsahen, bekamen wir heraus, dass Philipp erkannt hatte, *dass man in der Badewanne ertrinken kann*! Jetzt können wir verstehen, was mit ihm los war, und erkennen einen Sinn in seiner »sinnlosen« Angst, die angeblich direkt aus seinem genetisch fehlgeprägten Hirn entsprang.

Verändere die Gegenwart und du veränderst die Vergangenheit

Philipps Erlebnis ist weder ungewöhnlich noch extrem. Wir alle erleben diese Art von Bedeutungswandel im Alltag. Der Unterschied ist nur, dass in der Kindheit die Folgen eines solchen abrupten Bedeutungswandels grundstürzend sein können.

Viele Eltern, mit denen wir im Laufe der Jahre zusammengearbeitet haben, beklagten sich, dass etwas, das ihr Kind »immer gekannt hat«, nicht der Grund für gegenwärtige Probleme sein könne. Eltern glauben, dass Bedeutungen immer gleich bleiben. In Philipps Fall änderte sich die Bedeutung aufgrund einer neuen Informationslage, aufgrund einer neuer Erkenntnis. Doch Bedeutungen können sich auch mit der Entwicklung wandeln. Kinder durchleben Phasen, in denen ihre Fähigkeit, feine Einzelheiten wahrzunehmen und subtile Bedeutungen und Beziehungen zu erkennen, enormes Ausmaß erreicht. Unsere Erfahrung hat uns gelehrt, dass viele Kinder eine solche »Wissensexplosion« mit etwa fünf Jahren erleben.

Eines der verbreitetsten Beispiele eines tief gehenden, aber subtilen Bedeutungswandels lässt sich bei Kindern von allein erziehenden Eltern beobachten. Viele Mütter, mit denen wir zu tun hatten, sagten, sie fänden es schwer, zu glauben, dass die gegenwärtigen Probleme damit zu tun haben könnten, dass ein Vater fehle, denn ihr Kind sei doch die ganzen Jahre fröhlich ohne Vater aufgewachsen. Zufällig fällt die wachsende Fähigkeit des Kindes, komplexe Bedeutungen und Wechselbeziehungen zu verstehen, meist mit dem Eintritt in die erste Schulklasse zusammen. Das Kind mag zwar vorher im Kindergarten mit anderen Kindern zusammengetroffen sein, doch bringt oft erst der Schuleintritt Aktivitäten mit sich, an denen nun auch andere Eltern direkt beteiligt sein können. So kann ein Kind, das bisher mit einem Elternteil glücklich war, regelmäßig mit Kindern zusammenkommen, die mit zwei Eltern leben. Neue Erfahrungen führen zu neuen Fragen, die wiederum nach Antwort verlangen. Da Kinder aber oft Fragen eher ausleben, als sie zu stellen, kann ihr Verhalten manchmal seltsam erscheinende Veränderungen aufweisen. Und wenn das Kind anfängt, die leeren Stellen auszufüllen, die seine Vergleiche und Fragen hinterlassen, kann es zu Schlussfolgerungen kommen, die weitere Komplikationen vorbereiten. Ein solches Kind sagte einmal zu uns: »Ein Papa würde kein gutes Kind verlassen, also muss es an mir liegen« – ein absolut logischer, wenn auch unrichtiger Schluss. Es gibt so viele Variationen dieses Umschreibens der Familiengeschichte, wie es Kinder und Familien gibt.

Hören Sie genau hin und forschen Sie nach

Möglicherweise sind Sie jetzt ein bisschen verunsichert von der Genauigkeit und Komplexität des Denkens selbst sehr kleiner Kinder und davon, wie schnell sie durch Worte und Erfahrungen irregeführt werden können. Das ist verständlich, aber kein Grund, sich nun übermäßige Sorgen zu machen. Die gute Nachricht lautet nämlich: Das Beste, was Sie gegen all das tun können, ist, Ihr Kind richtig kennen zu lernen.

Hören Sie genau auf das, was Sie und andere sagen. Wenn Sie sich einmal auf die Logik der Sprache eingestellt haben, wird die Welt nie mehr so klingen oder aussehen wie zuvor. Sie werden Dinge hören, die Sie noch nie gehört haben, und potenziell bedrückende Situationen erkennen, von denen Sie zuvor noch nicht einmal ahnten, dass es sie geben könnte. Dies wird Ihnen die Möglichkeit eröffnen, das Verständnis und die Interpretationen von Erfahrungen und Erlebnissen, die Ihr Kind vornimmt, aufzuklären.

Wenn man weiß, dass es Gründe dafür gibt, warum Kinder auf alltägliche Erfahrungen so reagieren, wie sie es tun, fällt man nicht mehr so leicht auf irrige psychologische Erklärungen und falsche Behandlungen für Probleme herein, für die es oftmals leichte Lösungen gibt. In jedem Fall gilt: Je sensibler Sie in diesen Dingen werden, desto besser werden Sie die Erfahrungswelt Ihres Kindes verstehen. Und je besser Sie die Erfahrungswelt Ihres Kindes verstehen, desto reicher kann Ihre Beziehung werden.

6
Hör endlich zu!

»Hey, Norbert, kannst du bitte mit dem Klettern aufhören?«, sagt eine Mutter im Fastfood-Restaurant, als ihr vier- oder fünfjähriger Sohn, der auf der Bank neben ihr steht, anfängt, auf einen Nachbartisch zu klettern.

»Du wirst dir wehtun«, fährt sie zwischen zwei Bissen sachlich fort, »das weißt du ganz genau!« Wie dieser Monolog weitergeht, kann man sich leicht vorstellen, bis die Mutter ihren letzten Bissen verspeist hat und Norberts kleiner Schwester sagt, sie solle sich beeilen, denn sie habe die Nase voll und sie wollten aufbrechen. Sie stapelt Norberts kaum angerührten Cheeseburger und seine Pommes frites auf das Tablett, leert es in den Müll, und dann eilen die drei zum Ausgang. »Nein, HIER lang«, hören wir die Mutter sagen, als sie sich der Tür nähern. »Könnt ihr denn nie aufpassen!«

Diese Szene oder eine ihrer zahllosen Abwandlungen spielt sich jeden Tag Millionen von Malen ab. Das Ergebnis ist eine chronisch schwelende Frustration, die sich in Momenten hilfloser Wut entlädt, wenn die Eltern wieder einmal feststellen, dass ihre Kinder schlicht und einfach nicht aufpassen können, wenn sie etwas gesagt bekommen.

Doch wenn wir einen Blick auf die traditionelle Literatur werfen, die erklärt, warum Kinder nicht aufpassen, begeben wir uns auf eine wilde Schnitzeljagd, die uns zu jeder Menge genetischen »Hirnstörungen« führt wie der Aufmerksamkeitsdefizitstörung (ADS) oder der mit ihr verwandten Aufmerksamkeitsdefizit-Hyperaktivitätsstörung (ADHS). Noch einmal: Wir glauben, dass Sie als Eltern am meisten lernen, wenn Sie einfach nur sorgfältig und bewusst zuhören und darüber nachdenken, was eigentlich geschieht, wenn Sie mit Ihren Kindern zusammen sind und kommunizieren.

Logisches Denken ist nicht unbedingt bewusstes Denken

Die Logik der Sprache ist leicht nachzuvollziehen, wenn Kinder »Bad Ducks« fürchten oder nicht wollen, dass ihr Vater, der Tiere »einschläfert«, sie ins Bett bringt. Doch manchmal ist diese Logik sehr viel schwerer zu erkennen, nämlich dann, wenn die Logik so rasch und reibungslos funktioniert, dass der Prozess völlig unbewusst bleibt. Alle Eltern kennen diese Momente, aber nur sehr wenige, wenn überhaupt, erkennen, dass die gleiche Logik am Werk ist. Hier folgt eine Auseinandersetzung, die viele Eltern mit Teenagern oder kleineren Kindern in der einen oder anderen Form schon erlebt haben:

> Jonis Mutter öffnet die Tür zu seinem Zimmer und sieht ihn wie hypnotisiert vor dem Fernseher sitzen, während er wild die Knöpfe der Playstation drückt.
>
> »Joni«, sagt seine Mutter, »wie oft habe ich dir schon gesagt, *dass du dein Zimmer aufräumen sollst*!« Joni spielt weiter. »Weißt du, was dein Vater tun wird, wenn er nach Hause kommt?!« Joni schaut zwischen zwei Schüssen auf die nahende Kreatur. »ICH WILL, DASS DAS ZIMMER UM PUNKT SECHS AUFGERÄUMT IST!« Jonis Mutter muss quasi schreien, um sich Gehör zu verschaffen. Kurz vor sechs kehrt sie zu Joni zurück und findet ihn genauso vor, wie sie ihn verlassen hat. Das Zimmer ist unverändert. Als sie schließlich seine Aufmerksamkeit gewinnt, sagt sie: »Ich habe dir doch gesagt, du sollst dein Zimmer aufräumen.«
>
> »Hast du nicht!«
>
> »Doch, habe ich.«
>
> »NEIN, HAST DU NICHT!«
>
> »Oh doch, ganz sicher habe ich das! Ich habe dir nicht nur gesagt, du sollst dein Zimmer aufräumen, sondern ich habe

es *drei Mal* gesagt, und ich habe gesagt, dass du damit bis sechs Uhr Zeit hast!«

Wenn Jonis Mutter vorgehabt haben sollte, ihrem Sohn zu sagen, er solle sein Zimmer aufräumen, so ist ihr dies gründlich misslungen. Aber hier findet noch mehr statt als nur eine ineffektive Kommunikation seitens der Mutter. Was als Antwort auf seine Mutter tatsächlich durch Jonis Kopf schoss, sah etwa so aus:

Mutter:	»Wie oft habe ich dir schon gesagt, *dass du dein Zimmer aufräumen sollst*!«
Joni:	»Wer weiß – vielleicht fünfmal, zehnmal, zwanzigmal!«
Mutter:	»Weißt du, was dein Vater tun wird, wenn er nach Hause kommt?!«
Joni:	»Ja. Das, was er immer tut ...«
Mutter:	»ICH WILL, DASS DAS ZIMMER UM PUNKT SECHS AUFGERÄUMT IST!«
Joni:	»Na und?«

Die Tatsache, dass Jonis Mutter zwei Fragen und einen Wunsch äußerte, bedeutet nicht nur, dass sie einfach nicht das ausgedrückt hat, was sie wollte.[1] Wir erkennen plötzlich, dass alles, was Jonis Mutter sagte, sich zugleich logisch beantworten und oberflächlich beiseite schieben ließ. Unter solchen Umständen bedarf es noch nicht einmal der bewussten Wahrnehmung dessen, worum es inhaltlich geht. Der ganze Prozess spult automatisch ab – als ob seine Mutter mit einem Gummihammer seinen Kniereflex ausgelöst hätte. Frage rein, Antwort raus. Puff! Alles in einem Rutsch ohne die mindeste Wahrnehmung von irgendetwas.

Ist das Denken dann nicht schlecht eingerichtet?

Warum hat uns die Natur mit der Fähigkeit versehen, *nicht* wahrzunehmen, was geschieht?

Tatsächlich erlaubt uns die Fähigkeit, automatisch und mechanisch zu reagieren, dass wir uns den Dingen im Leben, die einer bewussten Wahrnehmung bedürfen, aufmerksam zuwenden können. Sie erlaubt uns auch, viele, oft unterschiedliche Dinge gleichzeitig zu tun. Wenn wir uns alles, was wir denken oder tun, bewusst machen müssten, würde das Leben zu einer Folge von Millionen einzelnen Mikroentscheidungen werden. Wir hätten für nichts anderes mehr Zeit. Klassische Aktivitäten wie Gehen, Sprechen und Kaugummikauen wären gleichzeitig nicht mehr zu bewältigen. Und andere Aktivitäten, die komplexe motorische Fähigkeiten und strategisches Denken erfordern wie viele Sportarten – vom Tischtennis bis zum Basketball – wären eine unvorstellbare Herausforderung.

Neben dem, was man in der Computersprache *Multitasking* nennt – die Fähigkeit, verschiedene Aufgaben zur gleichen Zeit zu erledigen –, hat uns die Evolution mit der Fähigkeit ausgestattet, in Kategorien zu denken und mit kategorialem Input kategorial umzugehen.[2] Zumeist funktioniert dies recht effektiv. Doch manchmal, wie Joni und seine Mutter uns vor Augen führen, kann es auch kontraproduktiv sein.

Kommunikationsstile und bewusste Wahrnehmung

Wenn wir handeln und/oder denken, ohne uns dessen bewusst zu sein, was wir denken oder tun, sind Inhalt und Prozess unseres Denkens und Handelns von der bewussten Wahrnehmung *dissoziiert.*

Dissoziation

Wann immer wir etwas automatisch tun – wie die Dinge wegräumen, die wir mit nach Hause gebracht haben, und dann nicht wissen, ob und wohin wir sie gelegt haben –, haben wir *die Handlung dissoziiert.* Sie wurde von unserer bewussten Wahrnehmung abgespalten. Wir bilden keine Erinnerung für automatische und mechanische Gedanken oder Handlungen, weil sie außerhalb der bewussten Wahrnehmung stattfinden.

Ein verbreitetes Beispiel für Dissoziation ist die »Autobahn-

Amnesie«, bei der man so in Gedanken versunken ist, dass man das Fahren nicht mehr wahrnimmt und sich auch an keine Einzelheiten der Fahrt mehr erinnert, nachdem man das Ziel erreicht hat. Das heißt nicht, dass man die Erinnerung an die Fahrt verdrängt hat. Es heißt nur, dass man mit seinen Gedanken woanders war.

Kommunikationsstile und Dissoziation

Bestimmte Kommunikationsstile begünstigen eine automatisch-mechanische Verarbeitung des Kommunizierten, so dass der Inhalt mit einiger Wahrscheinlichkeit nie in den Bereich der bewussten Wahrnehmung vorstößt. Wir haben für diese Stile einen eigenen Begriff geprägt: *dissoziogen.*[3]

Dissoziation, automatisches Verhalten und *Amnesie* sind psychologische Begriffe, die einem normalerweise begegnen, wenn man über Kindesmissbrauch, psychische Traumata und bizarre Zustände wie die multiple Persönlichkeitsstörung liest. Durchschnittseltern müssen darüber scheinbar nicht Bescheid wissen, doch dissoziogene Kommunikationsstile sind weiter verbreitet, als man denkt, und sie spielen eine sehr viel größere Rolle bei alltäglichen Konflikten von Eltern und Kindern, als gemeinhin wahrgenommen wird.

Dissoziation und Lügen bei kleinen Kindern

Die meistzitierte und -anerkannte Definition einer klinischen Dissoziation findet sich in Frank Putnams Buch über die multiple Persönlichkeitsstörung: »Dissoziative Zustände sind charakterisiert durch signifikante Veränderungen in den integrativen Gedächtnisfunktionen, soweit sie sich auf Gedanken, Gefühle oder Handlungen beziehen, sowie durch signifikante Veränderungen in der Selbstwahrnehmung.«[4]

Das klingt vielleicht kompliziert, aber im Grunde haben alle Eltern dies schon oft erlebt.

Stellen Sie sich vor, Sie erwischen Ihren fünfjährigen Jungen mit der Hand in der Keksbüchse. »Nein, ich habe die Kekse nicht gegessen«, protestiert er mit Krümeln um den Mund. Um die dissoziative Struktur seiner Antwort zu verstehen, müssen Sie sich klarmachen, dass Ihr Sohn in dem unmittelbaren Moment des Ableugnens sich weder daran erinnert, dass er Kekse gegessen hat, noch den Keks schmeckt, den er gerade im Mund hat.

So weit hergeholt es auch erscheinen mag, wenn Ihr kleiner Sohn protestiert, dass er die Kekse nicht gegessen hat, *lügt er nicht.* Eine Lüge ist eine bewusste Verdrehung der Wahrheit zum Zweck der Täuschung. Selbst wenn sein Gesicht von Krümeln bedeckt ist und sich ein halb zerkauter Keks in seinem Mund befindet, ist er in seinem Abstreiten absolut aufrichtig. Aufrichtigkeit ist keine Tugend. Aufrichtigkeit ist schlicht der Glaube an das, was man sagt. Aufrichtigkeit kann außerordentlich irreführend sein. Wenn kleine Kinder das Gegenteil von dem behaupten, was für jedermann sichtbar auf der Hand liegt, definieren sie ihre eigene Wirklichkeit um – und das ist etwas ganz anderes als die bewusste, zielgerichtete Absicht, eine andere Person zu täuschen. Etwa im Alter von zwei bis zweieinhalb Jahren lernen Kinder, die Intentionen von anderen zu verstehen – und werden fähig, zu täuschen.

Calvin and Hobbes © 1988 Watterson. Abgedruckt mit Erlaubnis des Universal Press Syndicate. Alle Rechte vorbehalten.

Die meisten Eltern jedoch akzeptieren das Abstreiten bzw. die allzu bequem wirkende Gedächtnisstörung nicht. Wenn ein Kind, gleich nachdem es die Lampe vom Tisch gestoßen hat, sagt: »Ich habe die Lampe nicht kaputtgemacht«, macht die unmittelbare Folge von Ereignis und Ableugnung es schwer, den Protest für etwas anderes als eine Lüge zu halten. Und doch ist er keine. Er ist zu augenblicklich, zu automatisch und mechanisch. Das heißt keineswegs, dass das gleiche Kind seiner

Entwicklung nach noch nicht fähig wäre zu lügen. Es heißt nur, dass Dissoziation und Lüge zweierlei Dinge sind.

Diese Unterscheidung ist extrem wichtig, denn wenn Sie automatisch-mechanische, reflexhafte Antworten wie absichtsvolle bewusste Akte behandeln, machen Sie die Situation überkompliziert und verleiten zu einem empörten Ableugnen, das fast immer zu einer gewaltigen Auseinandersetzung führt. In dieser Sackgasse kommt es zu Streit, zu Verletzungen und der Stolz verlangt nach Verteidigung und Gegenwehr.

Dissoziative Antworten kommen in der ganzen Kindheit und Adoleszenz vor, doch sie scheinen etwa im Alter von fünf Jahren und dann noch einmal in der Pubertät ihren Höhepunkt zu erreichen. Adoleszente können das Offensichtliche mit einer erstaunlichen Vehemenz abstreiten. Wenn Sie diese automatischen und mechanischen Reaktionen für das nehmen, was sie sind, können Sie sich viel Kummer und Frustration ersparen, denn Sie vermeiden sinnlose Streitereien darüber, was wahr ist und was nicht.

Doppelte Fallstricke

Leere Fragen sind, wie wir festgestellt haben, dissoziogen, weil sie unmittelbar mit einer automatisch-mechanischen Antwort abgetan werden können, doch *negative Fragen* sind potenziell noch sinnloser. Betrachten wir folgende Beispiele:

- Willst du nicht mit mir einkaufen gehen?
- Willst du nicht auf Mamas Schoß sitzen?
- Kannst du nicht einfach tun, was man dir sagt?
- Kannst du nicht daran denken, dein Zimmer aufzuräumen?

Nicht nur sind alle diese Fragen wirkungslos, weil sie nicht aussagen, was die Mutter oder der Vater will, sondern sie enthalten zugleich einen negativen Vorschlag. In jeder Frage schwingt ein Zweifel mit. Um den logischen Gehalt der Fragen zu erkennen, müssen wir sie nur umdrehen und in Aussagen verwandeln:

- Du willst nicht mit mir einkaufen gehen.
- Du willst nicht auf Mamas Schoß sitzen.

- Du kannst nicht einfach tun, was man dir sagt.
- Du kannst nicht daran denken, dein Zimmer aufzuräumen.

Doppelte Fallstricke sind die Kombination einer leeren Aussage oder Frage, die sich ohne bewusste Wahrnehmung oder Antwort übergehen lässt, *plus* einer impliziten negativen Aussage und einem Zweifel. Wiederum nicht gerade das, was die Eltern eigentlich wollen! Es ist ein wenig so, als ob man zu dem Kind sagte: »Du tust nicht, was ich dir gesagt habe, und du kannst dich sowieso nicht daran erinnern!«

Was ist also das Gegenmittel? Ganz einfach: Benutzen Sie keine Fragen, keine negativen Fragen und keine leeren Aussagen. Sagen Sie klar, was Sie meinen, und meinen Sie genau das, was Sie sagen.

Ist das nicht wie Hypnose?

Sie haben vielleicht eine gewisse Ähnlichkeit bemerkt zwischen dem dissoziativen, automatischen Verhalten und der gewöhnlichen Vorstellung von Hypnose. Und da liegen Sie gar nicht so falsch. *Eine Suggestion wird »hypnotisch«, wenn eine Person gemäß der Suggestion handelt, ohne sich dessen bewusst zu sein.* Das heißt, dass Eltern regelmäßig Verhaltensweisen an den Tag legen, die vieles mit der Einleitung von Trance und verschiedenen hypnotischen Techniken gemeinsam haben. Ist es verwunderlich, dass Eltern über die »Geistesabwesenheit« ihrer Kinder klagen, wenn

- jede Frage die Möglichkeit für eine automatisch-mechanische Antwort ohne beteiligtes Bewusstsein eröffnet;
- negative Fragen Zweifel anmelden und das genaue Gegenteil von dem suggerieren, was die Eltern beabsichtigen;
- wiederholte Fragen nur die automatische, mechanische, unbewusste Nichtantwort ohne Folgsamkeit bestärken;
- jede wiederholte Frage oder auch jeder wiederholte Befehl nur zu belegen scheint, dass das Kind die erste Frage und die dann folgenden nicht gehört, nicht registriert oder nicht verstanden hat. Das lehrt die Kinder, Fragen und Aufforderungen vollständig auszublenden oder sie so lange nicht zu »hö-

ren«, bis eine gewisse Schwelle erreicht ist. Das Durchschnittskind glaubt nicht, dass seine Mutter oder sein Vater es ernst meinen, bis sie es zum vierten oder fünften Mal gesagt haben.

Noch einmal: Das Heilmittel für dieses Dilemma besteht zuallererst und vor allem darin, dass wir die völlig sinnlosen und genau das Gegenteil bewirkenden Merkmale unseres alltäglichen Kommunikationsstils erkennen. Wir sprechen hier nicht von »Kommunikationsstörungen« oder »Sprech- und Sprachpathologie«. Sie brauchen keinen Spezialisten. Wir reden über Alltagssprache. Aber es ist schwer, zu sagen, was man meint, und zu meinen, was man sagt, wenn man nicht wahrnimmt, wie die Alltagssprache das eigene Leben behindert.

Alltägliche Zombie-Erfahrungen

Aber da gibt es noch mehr. Jeder, der einmal Videospiele gespielt hat, weiß, dass sie einen vollkommen absorbieren können. Wenn unsere Aufmerksamkeit durch eine Tätigkeit absorbiert wird, ist sie von allem anderen abgezogen. In solchen Momenten sind wir vollständig versunken in unserer Tätigkeit, was bedeutet, dass wir nichts anderes mehr sehen und hören. Als Jonis Mutter seine Zimmertür öffnete und ihn vollkommen in sein Nintendo-Spiel vertieft sah, hätte sie erkennen sollen, dass seine Aufmerksamkeit nicht erreichbar war. Joni befand sich in einem anderen Universum. Da hätte sie in der Tat ebenso gut gegen die Wand reden können!

Jonis Mutter dachte, sie hätte die Aufmerksamkeit ihres Sohnes gewonnen, als er kurz aufsah oder auf ihr »ICH WILL, DASS DAS ZIMMER UM PUNKT SECHS AUFGERÄUMT IST!« mit »Okay!« antwortete. Doch was sie tatsächlich von ihm bekam, war eine Reflexantwort. Keine Aufmerksamkeit und keine bewusste Wahrnehmung waren für Jonis vom Nintendo-Spiel gefangenes Hirn erforderlich, um auf eine Allerweltsfrage eine Allerweltsantwort zu geben.

Das Einfordern von Aufmerksamkeit

Jeder von uns hat schon einmal von einem Fußgängerunfall oder Fahrradunfall gehört. Einer unserer älteren Freunde, der die meisten seiner Wege auf dem Fahrrad zurücklegt, lernte eine Lektion, von der Jonis Mutter hätte profitieren können.

»Wisst ihr«, erzählte er uns, »ich dachte, es wäre sicher, über die Straße zu gehen, weil der Fahrer mich ansah. Doch als er trotzdem abbog und mich anfuhr, merkte ich, dass er mich zwar angesehen, aber trotzdem nicht gesehen hatte.«

Was war die Lektion aus dem gebrochenen Bein unseres Freundes und aus seiner qualvoll langen Rekonvaleszenzzeit? »Wenn Sie die Aufmerksamkeit von jemandem wollen, dann *stellen Sie sicher, dass er sie wirklich sieht* und nicht nur in Ihre Richtung schaut.«

Das Phänomen der Autobahnamnesie zeigt uns, dass Autofahren und Videospiele etwas gemeinsam haben. Beide können intensiv dissoziogen sein. Wenn Sie als Fußgänger oder Fahrradfahrer die Straße überqueren, können Sie natürlich nicht dem Fahrer des herankommenden Autos auf die Schulter tippen. Aber das ist vielleicht nötig – im wörtlichen Sinne –, wenn Kinder in Nintendo-ähnliche Aktivitäten verstrickt oder in tranceähnliche Zustände versunken sind. Berühren Sie einfach die Schulter Ihres Kindes oder legen Sie ihm sanft die Hand auf den Arm. Der körperliche Kontakt beim Reden unterbricht gewöhnlich das intensive Versunkensein. Erst dann wird Kommunikation möglich.

Viele Alltagsaktivitäten sind dissoziogen

Manche Erlebnisse sind stärker dissoziogen als andere. Jede Aktivität, die fokussierte Konzentration erfordert, kann Dissoziation auslösen. Fügen wir noch Intensität und häufige Wiederholung hinzu, so kann die Aktivität noch absorbierender sein. Und wenn wir noch die Dauer hinzufügen – also die Ausdehnung der Aktivität über einen längeren Zeitraum –, so wird sie tranceähnlich. Dissoziation kann die Effektivität und Produktivität erhöhen, wie jeder weiß, der einmal am Fließband gearbeitet hat, aber diese Erhöhung hat ihren Preis. Sie trennt das Individuum von seiner Umwelt. Und, wie Fließbandarbeiter wissen, dauert es manchmal eine Weile, um wieder mit der Welt in Kontakt zu kommen, die man so erfolgreich ausgeschaltet hatte.

Es gibt kleine Kinder, die mit ihrem Oberkörper vor und zurück schaukeln, um sich so in eine Art Trance zu begeben, um sich zu dissoziieren und aus der Welt zurückzuziehen. Manche dieser Kinder kommen ganz zufällig darauf. Andere, die ängstlich sind oder von irgendetwas in der Welt bedrückt werden, können diese Art Schaukeln als wirkungsvolle Methode regelrecht entwickeln, ihre Gedanken in andere Bahnen zu lenken. Viele Kinder wiegen sich abends selbst in den Schlaf. Andere selbststimulierende Tätigkeiten, die Eltern nur zu gut kennen, sind Daumenlutschen und das Gesicht gegen den Flaum einer Decke zu reiben. Manche Kinder kombinieren alle drei – Sichwiegen, Daumenlutschen und rhythmisches Gesichtreiben.

Wie wir alle wissen, kann eine tiefe Versunkenheit ziemlich angenehm sein. Oder zumindest kann es recht unangenehm sein, wenn man aus einem intensiven Konzentrationszustand herausgerissen wird. Damit haben diese Zustände die Neigung, sich selbst zu perpetuieren.

Keine dieser Aktivitäten ist für sich genommen »pathologisch«. Daumenlutschen sollte aus dem einfachen Grunde nicht unterstützt werden, weil es die Mundhöhle deformieren kann, was später teure und lästige Zahnspangen nötig macht. Wenn das Schaukeln bis in den Kindergarten fortdauert, beschweren sich vielleicht die Erzieherinnen oder sie machen sich Sorgen. Auch andere selbststimulierende Tätigkeiten gelten als Zeichen von Unreife, wenn nicht als Störung. Wenn diese spontanen selbsthypnotischen Verhaltensweisen anhalten, kann es immer schwieriger werden, eine produktive Aufmerksamkeit zu entwickeln, so dass es sich lohnt, die Kinder freundlich zu unterbrechen und Alternativen anzubieten. Einem kleinen Kind können Sie – natürlich sanft und freundlich – sagen: »Hör auf zu schaukeln. Schlaf einfach ein«, und vielleicht ein paar Minuten länger am Bett Ihres Kindes sitzen bleiben. Sie können auch das abendliche Vorlesen davon abhängig machen, dass nicht »geschaukelt« oder Daumen gelutscht wird. Aber machen Sie es so, dass es Ihrem Ziel dient und nicht zu einem Machtkampf führt. Spenden Sie 100 Prozent Lob für jedes kleine Entgegenkommen. Wenn Sie auf diese Weise vorgehen und die anderen Kommunikations- und Interaktionstechniken berücksichtigen, die wir in Kapitel 8 vorstellen, können Sie diese selbststimulierenden dissoziativen Verhaltensweisen verringern und zugleich Aufmerksamkeit und persönliche Beziehungsnähe fördern.

7
Das eine weiß man, das andere nicht

Familiengeheimnisse

Geheimnisse sind ein normaler und notwendiger Teil des Lebens. Sie können sogar Freude ins Leben bringen, wie etwa, wenn das Christkind Weihnachtsgeschenke bringt oder der Osterhase Ostereier versteckt. Mit einer kompromisslosen Haltung gegenüber Geheimnissen und »Immer-ehrlich-sein-Müssen« kann man viel von dem Zauber der Kindheit zerstören. Eltern brauchen nicht zu fürchten, dass etwas geheim zu halten Unehrlichkeit fördert, denn Kinder gehen mit dieser Art Geheimnissen ganz anders um als mit gewöhnlichen Alltagsvertraulichkeiten. Kinder sind sehr darauf bedacht, ihre eigenen Entwicklungsbedürfnisse und – soweit Erwachsene ihnen dies erlauben – die Wunder, Geheimnisse und Naivität der Kindheit zu beschützen.

Offene und geschlossene Geheimnisse

Es gibt zwei Grundtypen von Geheimnissen – offene und geschlossene.[1] Ein geschlossenes Geheimnis ist eines, von dem die andere Person nicht die geringste Kenntnis hat. Geschlossene Geheimnisse können einen Einfluss auf Sie und Ihr Leben haben, doch das ist alles. Zum Beispiel haben Sie, wenn Ihre Eltern heimlich Geld für Ihre spätere Ausbildung zurücklegen, später einmal bessere Berufschancen. Da Sie aber als Kind von der »Täuschung« nichts wissen, bewahrt Sie dieses Geheimnis möglicherweise vor Kummer und Verwirrung. Geschlossene Geheimnisse haben keinerlei Einfluss auf Ihr Denken. Sie »spielen« nicht mit Ihrem Bewusstsein.

Bei offenen Geheimnissen verhält es sich dagegen ganz anders.

Stellen Sie sich vor, Sie betreten einen Raum, in dem eine Person – sagen wir eine sehr wichtige Person wie Ihre Mutter oder Ihr Vater – am Tisch sitzt. Als Sie sich dem Tisch nähern, schiebt die Person langsam und vorsichtig ihre rechte Hand über ein Objekt und entfernt es aus Ihrem Blickfeld (deckt es zu, lässt es in eine Schublade gleiten etc.). Das ist ein offenes Geheimnis. Die »Geheimhaltung« ist buchstäblich sichtbar.

Was verlangt ein offenes Geheimnis von Ihnen?

Du hast gesehen, wie ich das Objekt verbarg.
Doch du *solltest nicht sehen*, was ich getan habe.
Und du *sollst nicht wissen*, was ich getan habe.
Und du *sollst nicht wissen, dass du weißt*, was ich getan habe.

Um es noch komplizierter zu machen:

Du *sollst nicht wissen, dass ich weiß, dass du weißt*, was ich getan habe.
Und du *sollst nicht wissen, dass ich weiß, dass du weißt, dass ich weiß, dass du weißt*, was ich getan habe.

Wie verbreitet sind offene Geheimnisse?

Sie sind erstaunlich weit verbreitet! Zunächst einmal: Erwachsene behandeln Kinder, insbesondere kleine Kinder, gewöhnlich so, als ob sie neunzig Prozent von dem, was um sie herum geschieht, nicht verstünden. Erstaunlicherweise verhalten sich selbst unsere Kollegen – Psychologen, Psychiater und Kindertherapeuten – so, als ob Kinder sich ihrer eigenen Erfahrungen nicht bewusst wären. Eltern vergessen regelmäßig, dass ihre Kinder anwesend sind, wenn sie mit anderen Erwachsenen persönlich oder am Telefon sprechen. Wie alle anderen Menschen versinken auch Eltern in dem, was sie tun, und vergessen, wo sie sind und wer anwesend ist. Oder sie machen sich selbst vor, ihre Kinder verstünden nichts von dem, was sie sagen, weil sie einen »Code« verwenden, der von einem durchschnittlichen Vierjährigen leicht entschlüsselt werden kann.

Wir sagen gewöhnlich den Familien, mit denen wir arbeiten, *dass wir bei dreijährigen Kindern davon ausgehen, dass sie alle Familiengeheimnisse kennen.* Und zumeist haben wir damit Recht. Hier folgen ein paar offene Geheimnisse, die wir in der klinischen Praxis kennen gelernt haben:

- Eltern, die sich aus praktischen Gründen haben scheiden lassen (Steuern, Erbschaft etc.) und dies ihren Kindern nie erzählt haben;
- Eltern, die glauben, sie hätten immer verschwiegen, dass sie früher schon einmal verheiratet waren;
- Familien, in denen eine Tante oder Großmutter in Wahrheit die biologische Mutter ist;
- Familien, in denen ein Kind aus einer vorhergegangenen Ehe nicht merken soll, dass es mit seinen Geschwistern keine Ähnlichkeit hat;
- Kinder, die (oft lange Zeit) vor der Hochzeit der Eltern geboren wurden;
- Familien, in denen eine offensichtliche Krankheit nicht erwähnt wird;
- Familien, in denen ein Kind einen anderen Nachnamen als seine Geschwister hat;
- Familien, in denen die Eltern oft heftig streiten oder sich anschreien, aber der Dissens unter den Teppich gekehrt wird;
- Familien, in denen ein abwesender Elternteil nichts zum Unterhalt der Kinder beiträgt, aber »normale« Beziehungen aufrechterhalten werden;
- Familien, in denen ein Stiefelternteil – gewöhnlich der Stiefvater – »so ein guter Vater« oder »so eine gute Mutter« ist, zugleich aber eine furchtbare oder nichtexistente Beziehung zu einem Kind aus einer vorhergehenden Ehe hat.

Offene Geheimnisse sind dissoziogen

Offene Geheimnisse verlangen dem menschlichen Bewusstsein oft grausame Verrenkungen ab. In vielen Familien mit offenen

Geheimnissen, die wir im Laufe der Jahre kennen gelernt haben, gibt es Kinder, die in der Schule versagen und häufig als »lernbehindert« eingestuft werden. Warum? Machen wir uns einfach klar, was die Schule ist. Mit einfachsten Worten *ist die Schule ein Ort, wo Kinder Erwachsenen sagen, was sie wissen* – mündlich, schriftlich und durch ihr Verhalten im Klassenzimmer. Ein Familiengeheimnis stellt ein Wissen dar, von dem das Kind noch nicht einmal wissen darf, dass es sich dessen bewusst ist.

Diese schlichte, wenngleich bizarre Situation, die durch ein offenes Geheimnis geschaffen wird, erfordert einen ganz neuen Typus des »Wissens«, in dem das Offenkundige einfach nicht vorkommt. Es zwingt das Kind regelrecht, sich auszuklinken und nicht zu verstehen, was auf der Hand liegt. Mit der Zeit wird dieses Bewusstseinsmuster zu einem relativ stabilen kognitiven Verhalten.

Das macht es für vollkommen normale Kinder natürlich extrem schwer, Erwachsenen zu sagen – in diesem Fall Lehrern –, was sie wissen. Folglich sind die Leistungen dieser Kinder in der Schule schlecht, auch wenn es für jedermann offensichtlich ist, dass sie die Antworten eigentlich wissen müssten. (So lautet zumindest die Definition der »IQ/Leistungsdiskrepanz« von »Lernbehinderungen«).

Das passt alles nicht zusammen, also vergessen wir's!

Das Thema Familiengeheimnisse kennt eine Menge Variationen. In einem der ersten Fälle, mit dem wir gemeinsam zu tun hatten, wurde Gina, ein zehnjähriges Mädchen mit diagnostizierter »Dyskalkulie« – einer Rechenstörung –, zu uns gebracht, weil sie zusätzlich Trotzverhalten und Aggressivität zeigte und überdies an sozialer Isolation litt. Die Mutter und Gina sahen einander verblüffend ähnlich mit ihrem strohblonden Haar und ihrer hellen Haut. Der Vater und eine jüngere Schwester waren dunkelhaarig und sahen recht südländisch aus. In der ersten Spieltherapie-Sitzung sagte Gina nebenbei: »Meine Eltern haben so ein tolles Hochzeitsalbum, aber ich habe nie begriffen, wieso die Blumen vor der Kirche – die sonst nur im Herbst blühen – da im Frühling blühen.« Debbie reichte ihr einen Bleistift und ein Stück Papier und fragte sie: »Wie lange dauert es, bis man ein Baby bekommt?« Gina brauchte nur wenige Minuten, um herauszufinden, dass sie mindestens fünfzehn Monate alt gewesen sein musste, als ihre Eltern heirateten.

Ginas »Rechenstörung« verschwand von einem Tag auf den anderen.

Was passiert, wenn man an sein Wissen nicht herankommt?

Mit der Computersprache zu reden: Sie können den stärksten und schnellsten Prozessor der Welt haben, die größte und schnellste Festplatte und die intelligenteste, modernste Software, die es auf dem Markt gibt. Aber wenn Sie keinen Zugang zu Ihrem RAM finden, zu Ihrer Random Access Memory, können Sie mit all Ihrer wundervollen Hard- und Software nichts anfangen. Und genau das tun offene Geheimnisse. Sie können ausgesprochen aufmerksame, intelligente Menschen in funktional behinderte Denker verwandeln.

Und um die Dinge noch komplizierter zu machen, muss das offene Geheimnis noch nicht einmal »ernster Natur« sein. Vielmehr kann es durchaus harmlos, ja langweilig sein. Es ist nicht die ernste Qualität des Geheimnisses, die sich schädlich auswirkt. Sondern es ist die Tatsache, dass Geheimnisse uns daran hindern, Zugang zu unseren Kenntnissen zu bekommen – was uns wiederum hindert, unseren guten Verstand zu benutzen. Offene Geheimnisse hindern uns daran, mit etwas zurande zu kommen, das direkt vor unserer Nase liegt.

»Ja, aber ich glaube nicht, dass sie wirklich etwas davon weiß«

Die meisten Eltern wiegen sich in dem Glauben, sie könnten Geheimnisse gut verbergen. Auch halten sie sich für sehr geschickt, ungestörte Orte aufzusuchen, wo sie sich einander Vertrauliches mitteilen können, oder glauben, sie seien Meister eines besonderen Geheimcodes, den niemand entschlüsseln kann, der zumindest noch nicht in der Adoleszenz ist. Also können wir uns leicht den Schock (und nicht selten die Verlegenheit) vorstellen, der sich im Gesicht von Eltern abzeichnen, wenn ihr Kind aus dem Spieltherapiezimmer mit einem Geheimnis zurückkommt, von dem sie schwören könnten, dass »sie es niemals hätte wissen können«. Und doch wissen die Kinder Bescheid – häufig bis in die kleinsten Einzelheiten.

Die Kenntnis von spezifischen Ereignissen oder Erfahrungen – ähnlich wie die Erinnerung daran – muss nicht bewusst sein. So viele Kinder, mit denen wir im Laufe der Jahre zu tun hatten, waren sich in keiner Weise dessen bewusst, dass sie sich im Besitz von Familiengeheimnissen befanden. Doch wenn die Eltern einmal darauf aufmerksam gemacht wurden, erkennen die meisten leicht, dass das Wissen darum sehr wohl im Verhalten und in den Beziehungen des Kindes implizit vorhanden ist.

Es kommt nicht selten vor, dass Eltern, die um einen ersten Termin bitten, sofort erwähnen, dass ein bestimmtes Thema tabu sei und beim Eingangsinterview mit dem Kind keinesfalls berührt werden dürfe, weil es davon nichts wisse. Fast immer gelingt es uns, ihnen klar zu machen, dass das verbotene Wissen mit dem Verhaltensproblem, das sie beschreiben, unauflöslich verbunden ist. Wenn dies der Fall ist, weisen wir die Eltern darauf hin, dass wir ihnen bei der Lösung des Problems, das sie beschreiben, nicht helfen können, wenn wir nicht offen über das angebliche Geheimnis sprechen können, weil es bereits Teil dieses Problems ist. Wenn sie darauf bestehen, das »Geheimnis« nicht zu lüften, das dem Kind offensichtlich schon bekannt ist, lehnen wir den Fall ab, weil eine Behandlung auf dieser Basis sowohl für das Kind wie für die Familie vollkommen nutzlos wäre. Manche Eltern, die einwilligen, das Geheimnis zu lüften, haben zwar ein paar unangenehme Momente zu überstehen, sobald es angesprochen und offen diskutiert wird, doch finden es die meisten einfacher, offen mit etwas umzugehen, wovon jeder schon weiß, als den prekären kognitiven und emotionalen Balanceakt aufrechtzuerhalten, den das Geheimnis erfordert.

8
Wie wir mit unserem Kommunikationsstil die Aufmerksamkeit unserer Kinder beeinflussen und die ADHS-Falle vermeiden können

Eltern missdeuten automatisches Denken oft als »Hirnstörung«

Dass der Nintendo spielende Joni so trotzig darauf beharrt, seine Mutter habe ihm nie gesagt aufzuräumen, verletzt diese verständlicherweise zunächst einmal, weil ihr Sohn damit wenig Respekt für seine Eltern und ihre Autorität zeigt. Doch nach wiederholten Erfahrungen wie der des Missverständnisses über das Zimmeraufräumen könnte Jonis Mutter vollkommen logisch (!) zu dem Schluss kommen, dass Joni einfach nicht registriert, was sie und andere sagen, so dass irgendetwas mit seinem Hirn nicht stimmen kann.[1]

Dieses Missdeuten eines grundlegenden menschlichen kognitiven Verhaltensmusters ist wahrscheinlich die häufigste Ursache für die Epidemie »rezeptiver Sprachstörungen« und »zentraler Verarbeitungsstörungen«, die nach verbreiteter Ansicht unsere Kinder von heute heimsucht. Und da die Pädagogen und Psychologen auch nur Menschen sind wie Jonis Mutter, unterscheidet sich ihr Kommunikationsstil wahrscheinlich nicht sonderlich von dem ihren.

Wenn Sie sich die Mühe machen, einmal die grundlegende Literatur über »sprachliche Entwicklungsstörungen« anzuschauen, dann werden Sie überrascht sein, dass »die Experten« – Lehrer, Therapeuten, Kinderärzte, Psychologen und Psychiater – routinemäßig die gleichen kontraproduktiven, dissoziogenen

Verhaltensweisen an den Tag legen wie die Eltern! Diese Dinge lassen sich auf den ersten Blick nur schwer erkennen, weil sie so »normal« erscheinen. Sie sind eingeschliffener Bestandteil unseres Alltagslebens. Das Schlimme ist nur, dass das Unverständnis der Erwachsenen, wie Kinder denken und was Wörter bewirken, bei Millionen von Kindern zu Fehldiagnosen, falschen Etikettierungen, falschen Erziehungsmaßnahmen und Fehlbehandlungen führt.

Aufmerksamkeitsmuster

Das Aufmerksamkeitsmuster einer Person ist nur eines von vielen kognitiven Verhaltensmustern. Wie das Temperament sind viele dieser Muster sehr früh im Leben schon erkennbar. Zwar erweisen sich manche kognitiven Verhaltensmuster als veränderungsresistent, *doch sollten Sie immer davon ausgehen, dass jedes Verhalten potenziell veränderbar ist.* Es sei denn, es erweist sich das Gegenteil.

Aufmerksame und Tagträumer

Manche Kinder scheinen von Natur aus aufmerksam zu sein. Sie sind auf ihre Umwelt eingestimmt, nehmen jede Veränderung von Beginn an bewusst wahr. Man muss sich nicht sonderlich anstrengen, um ihre Aufmerksamkeit zu gewinnen, und sie brauchen keine Ermahnungen. Wenn sie älter werden, sind solche Aufmerksamen eher in der Lage, bei Aktivitäten länger zu verweilen, selbst wenn sie sich gar nicht so sehr dafür interessieren. Diese Kinder führen Aufgaben gern zu Ende, verbringen mehr Zeit mit produktivem Lernen usw. Ihre Fähigkeit, sich zu konzentrieren und bei der Sache zu bleiben, wird oft von einer größeren Frustrationstoleranz begleitet.

Tagträumer hingegen scheinen leicht und häufig den Kontakt zu ihrer unmittelbaren Umgebung zu verlieren. Diese Kinder sind offenbar weniger auf ihre Umwelt eingestimmt. Während sie Veränderungen weniger bewusst wahrnehmen, sind sie Veränderungen gegenüber, die das Leben verlangt, oft abgeneigt.

Man muss sich um ihre Aufmerksamkeit bemühen und sie immer wieder ermahnen. Wenn sie in die Schule kommen, müssen Tagträumer mehr angesprochen werden und sie brauchen mehr Struktur. Lernen, wie man lernt, ist für sie eine schwierige Aufgabe. Die Frustrationstoleranz ist bei Tagträumern meist geringer als bei Aufmerksamen.

Unterschiedlichkeit, nicht Pathologie
Diese beiden Enden des Aufmerksamkeitsspektrums stellen keineswegs gesundes und pathologisches Verhalten dar. Vielmehr zeigt sich darin nur ein weiterer Aspekt der außerordentlichen Diversität des menschlichen Lebens, es sind Variationen über ein sehr komplexes Thema.[2] Tagträumer müssen nicht »repariert« werden, denn sie sind nicht »kaputt«. Gleichwohl muss man sich mehr um sie kümmern.

Das Formen von Aufmerksamkeitsmustern

Wenn Eltern wüssten, wie viel sie dazu beitragen können, um selbst schwierige und resistente Aufmerksamkeitsmuster zu beeinflussen, würde es unsere derzeitige Epidemie von diagnostizierten Aufmerksamkeitsstörungen nicht geben. So wie die Dinge liegen, sind die Erwachsenen so davon durchdrungen, keinerlei Einfluss auf die Aufmerksamkeitsmuster ihres Kindes zu haben, dass schon Kinder mit einem Jahr die Diagnose Aufmerksamkeitsdefizit-Hyperaktivitätsstörung gestellt bekommen und mit einer Vielzahl von Medikamenten wie Lithium, Prozac und anderen Antidepressiva sowie mit Stimulanzien wie Ritalin und Dexedrin »behandelt« werden!

Fahren Sie in jedes Land dieser Erde, das sich nicht die Überzeugung der USA zu Eigen gemacht hat, von wo aus sich die Diagnose ADS so verbreitet hat, dass 25 Prozent seiner Bevölkerung behindert oder im pathologischen Sinne gestört sind, und Sie werden Mütter sehen, die – ohne jeden Aufwand, ohne Ausbildung und Kenntnis irgendwelcher Kindheitsstörungen – die biologischen Verhaltensmuster ihrer Babys formen. Diese Mütter erleichtern ihren Babys die Übergänge von einer biologischen Verhaltensphase zur nächsten, indem sie sie sanft beruhigen und *die Aufmerksamkeit ihrer Babys fokussieren*. Es ist nicht nur möglich, dies zu tun – es wird alltäglich von Millionen von Müttern getan![3]

Gewöhnliche Dinge geschehen unauffällig

Bevor wir uns auf unnötige Diagnosen und therapeutische »Lösungen« einlassen, müssen wir zunächst einmal erkennen, dass wir in einer zuckenden, zusammenhangslosen, zersplitterten Welt leben, die Separiertheit und Selbstversunkenheit begünstigt. Diese von Programm zu Programm und von Spiel zu Spiel springende Playstation- oder Nintendowelt, begleitet von Instantessen und sonstigen Nahrungsersätzen, verdrängt beinahe alles, was Zeit, Energie und altmodische Konzentration erfordert – Dranbleiben. Wer muss noch lernen, wie man ein richtig gutes Essen zubereitet, wenn Gefriertruhe und Mikrowelle bei der Hand sind? Wer muss noch ein Buch lesen oder einen durchdachten Aufsatz schreiben, wenn die elektronische Version der alten Schwarte es erlaubt, Sätze und Absätze auszuschneiden und zusammenzusetzen, ohne dass man dafür einen einzigen eigenen Gedanken braucht? Wer muss lernen, mit anderen Kindern auszukommen, wenn man doch ganze Tage und Nächte hypnotisiert vor dem Videobildschirm verbringen kann? Und warum überhaupt noch lesen, wenn es doch die Sofortbefriedigung der zunehmend realistischen Multimedia gibt?

Das Gegenmittel zu einem Muster ist ein anderes Muster

Zum Glück brauchen Eltern die Welt nicht zu reparieren, wenngleich sie sie vielleicht ein wenig eingrenzen müssen. Eltern müssen eigentlich nur mit ihren Kindern spielen, Spaß haben, reden und ihnen zuhören. Am besten lässt sich selbst ein tief eingewöhntes Aufmerksamkeitsmuster durch ein neues Muster umformen.

Da dies zu schön klingt, um wahr zu sein, wird es zu leicht übersehen. Und doch tun beispielsweise Besitzer von Haustieren nichts anderes. Wenn wir (bestimmt, aber freundlich) einen Hund stubenrein erziehen oder ihm beibringen, sich auf der Straße in einer gewissen Art zu verhalten, schaffen wir ein interaktives Verhaltensmuster, mit dem wir das Verhalten des Tieres formen. Da Tiere wie Hunde, Katzen und Pferde unsere Sprache nicht so verstehen können, wie es bereits ein zwölfmonatiges Baby kann, basiert der gewünschte Erfolg nicht auf all den gut gemeinten Worten der Tierhalter. Es ist vielmehr das strukturierte Verhaltensmuster, mit dem der Tierhalter sich auf sein Haustier bezieht, welches zum Ergebnis führt. Unterschätzen wir also nicht die formative Kraft »bloßen« Verhaltens, wenn es um komplizierte Kinder geht.

Fokussieren Sie die Aufmerksamkeit, indem Sie sich daran beteiligen

Wenn Sie mit Ihrem Kleinkind spielen – einfache Spiele wie »Guck-Guck« –, fokussieren und formen Sie Aufmerksamkeit. Und Sie bringen Ihrem Kind bei, sich an *gemeinsamer Aufmerksamkeit* zu beteiligen. Viele Eltern, die von dem neuen Wesen in ihrem Leben begeistert sind, erfreuen sich an diesen ersten gemeinsamen Aktivitäten. Doch dann hören sie irgendwann damit auf, ihre Zeit wird von anderen Dingen beansprucht. Sobald das Baby koordiniert genug ist, um selbstständig mit Gegenständen umzugehen, und die Eltern sich zunehmend beruflichen oder häuslichen Dingen zuwenden müssen, beginnt sich einsame Beschäftigung an die Stelle der schönen gemeinsamen Aktivitäten zu setzen, die Aufmerksamkeits- und Beziehungsmuster formen.

Sie können in der Tat nichts Wichtigeres tun, als sich mit Ihrem Kind gemeinsam zu beschäftigen. Beginnen Sie frühzeitig, Ihrem Kind vorzulesen, aber erwarten Sie nicht, dass es dadurch lesen lernt. Darum geht es nicht (auch wenn es der einfachste Weg ist, dies zu erreichen). Das eigentliche Ziel ist schlicht und einfach, die Aufmerksamkeit Ihres Kindes durch eine gemeinsame Beschäftigung innerhalb Ihrer Beziehung zu pflegen. Machen Sie sich also nichts daraus, wenn Ihr Kind mehr an den Illustrationen als an der Geschichte interessiert ist. Bleiben Sie einfach auf Ihr Kind und das gemeinsame Erlebnis bezogen. Jede gemeinsame Unternehmung, die ein richtiges Ende findet, fördert fokussierte Aufmerksamkeit, Kontinuität der Erfahrung und ein natürliches Gefühl für das Abschließen einer Sache. Und da unsere Multimediawelt eher dazu neigt, kontinuierliche Erfahrungen zu unterbrechen, sind tagtägliche gemeinsame Erfahrungen von Eltern und Kindern ein probates Gegenmittel.

Fokussieren Sie die Aufmerksamkeit, indem Sie die Furcht vor dem Versagen mitbedenken

Wir haben im Laufe der Jahre entdeckt, dass die große Mehrzahl der Kinder, die wegen ADS zu uns überwiesen wurden, sich durchaus konzentrieren kann. Wenn man diese Kinder, zumeist Jungen, durch das Einwegfenster im Spieltherapiezimmer beobachtet, nimmt man sicherlich das klassische ADS-Verhalten wahr, da sie von einem Gegenstand zum anderen wechseln. Doch wenn man sorgfältiger hinschaut und nicht bloß dem ersten Eindruck vertraut, stellt man fest, dass ihr Verhalten keineswegs das ist, als was es zunächst erscheint. Denn in Wirklichkeit geschieht Folgendes: Sobald das Kind Frustration oder Versagen spürt – ein Legobauwerk, das auseinander bricht, oder ein Spielzeug, das nicht richtig funktioniert –, hat es die Nase voll. Sowie es auch nur ein Scheitern vorausahnt, lässt es das Spielzeug oder die Aufgabe stehen und liegen und wendet sich flugs etwas Neuem zu. Wenn sich dieses Muster innerhalb kurzer Zeit, sagen wir fünf Minuten, oft wiederholt, drängt sich uns das Bild einer »Unfähigkeit« auf, sich zu konzentrieren und Aufgaben zu Ende zu führen. Das Verhalten wirkt desorganisiert, spastisch, impulsiv.

Wenn Debbie bemerkt, dass dieses Verhaltensmuster sich entwickelt, bringt sie das Kind zurück zu dem verlassenen Spielgegenstand, oft einer Legokonstruktion, die nicht gehalten hat, und holt einen Lego-Hubschrauber hervor, den sie eigens für solche Situationen bereithält. Dieser Hubschrauber besitzt einen Ponton, der einfach nicht halten will. Debbie gibt den Hubschauber dem Kind und sagt: »Hier, du kannst damit spielen.« Sobald das Kind entdeckt, dass der Ponton nicht hält, geht es zu etwas anderem über.

»Warte mal kurz. Schau dir das an«, sagt sie und versucht erfolglos, den Ponton unter dem Hubschrauber zu befestigen. »Liegt es an mir, dass der Ponton nicht hält?« Wenn das Kind zustimmt, dass der Fehler am Spielzeug selbst liegt und nicht an der Person, die es zusammensetzen will, bringt Debbie das Kind zurück zum allerersten Spielzeug, das es liegen ließ, als es »impulsiv« von einem zum anderen Gegenstand zu hüpfen begann. »Versuch es damit doch noch einmal«, sagt sie ermunternd. »Ich glaube, du kannst es zum Funktionieren bringen.« Selten kommt ein »ADS-Kind« nicht deutlich ruhiger, konzentrierter und optimistischer in Denis' Büro zurück, wo dieser mit den Eltern des Kindes gesprochen hat.

Kinder lassen Spielzeuge natürlich auch liegen oder brechen eine Tätigkeit ab, weil sie tatsächlich kein Interesse daran haben. Doch oft gehen sie aus der gleichen Frustration und dem gleichen Gefühl des Unvermögens zu etwas anderem über, die die Kinder in unserem Spieltherapiezimmer erleben. Kinder, die sich als Versager empfinden, haben auch typischerweise das Gefühl, dass niemand Zeit mit ihnen verbringen will. Daraus resultiert ein Teufelskreis, in dem das Kind die antizipierte Ablehnung dadurch kontrolliert, dass es sich von selbst zurückzieht oder sich von vornherein so verhält, dass es Ablehnung provoziert.

Wenn Sie Ihr Kind sanft und freundlich zu der Erfahrung zurückführen, die es gerade abgebrochen hat – oder das Spielzeug bzw. das Spiel zu ihm zurückbringen –, können Sie ihm helfen, eine Sache abzuschließen und dabei ein Erfolgserlebnis zu haben. Oder ihm demonstrieren, dass die Aufgabe sowieso nicht zu lösen war. In jedem Fall sind Sie eingeschritten gegen das Verhaltensmuster, aus Frustration aufzugeben, und Sie haben die Aufmerksamkeit ihres Kindes erweitert und wieder fokussiert. Manchmal bedarf es nur eines Wortes der Ermutigung, während man in anderen Situationen eine aktivere Rolle übernehmen und erklären oder sogar reparieren muss. Wenn Sie diese positiven Verhaltensmuster über einen längeren Zeitraum wiederholen, formen Sie buchstäblich einen Aufmerksamkeitsstil und helfen gleichzeitig Ihrem Kind auf natürlichste Weise durch Erfolgserlebnisse, Selbstbewusstsein zu entwickeln. Das mag zunächst geringfügig erscheinen, insbesondere angesichts der zahlreichen Möglichkeiten, zu scheitern und sich abzulenken, die es in unserer überstimulierten und überstimulierenden Welt gibt, und doch kann es erstaunlich wirkungsvoll sein, wenn es auf natürliche Weise und beharrlich über einen längeren Zeitraum durchgehalten wird. Erwachsene verlangsamen intuitiv Sprache und Bewegungen, wenn sie mit Babys interagieren; sie verlangsamen und reduzieren auch ihre Erwartungen und Ansprüche. Die gleiche Verlangsamung und Reduzierung kann auch bei älteren Kinder nützlich sein. Wenn Sie in einen Moment der Frustration eingreifen, um ein Kind sanft zu beruhigen und ihm eine zweite Erfolgschance zu eröffnen, dann verringern Sie die Impulsivität, unabhängig davon, um welche Tätigkeit es sich gerade handelt. Auch all die anderen von uns erwähnten Dinge, die eine größere Frustrationstoleranz, Konzentrationsfähigkeit und Freude an einer Beschäftigung bewirken, verringern die Impulsivität.

Fokussieren Sie die Aufmerksamkeit, indem Sie offensichtliche Dinge ansprechen

Ähnlich wie ein offenes Geheimnis begünstigt das Übergehen von etwas Offensichtlichem Unaufmerksamkeit, dissoziatives Verhalten und ein allgemeines »Abstumpfen«, weil das Kind gehindert wird, alle seine Fähigkeiten einzubringen. Zum Beispiel erleben wir häufig, dass Lehrer sich mit Eltern – zumeist mit Müttern – allein treffen, so dass sie »über diese Dinge nicht direkt vor dem Kind« sprechen müssen. Bei »diesen Dingen« handelt es sich immer um das Verhalten des Kindes, also etwas, was das Kind bereits kennt, weil es ja täglich damit konfrontiert ist. Eltern, insbesondere Mütter, neigen stark dazu, die Gefühle ihrer Kinder zu schützen, auch dann, wenn sie eigentlich wütend auf sie sind. Das führt dazu, dass viele Dinge im Leben der Kinder gar nicht offen angesprochen werden. Es wird nicht darüber geredet und deshalb auch nicht konstruktiv damit umgegangen. Dies vermittelt dem Kind nicht nur den Eindruck, dass diese Dinge viel ernster sind, als sie sein müssten, sondern es fördert die gleiche Art von Unaufmerksamkeit und Nichtwissen, die wir aus eindeutig dissoziogenen Situationen kennen. Und dies ist unnötig. Denn man kann genauso unterstützend und verständnisvoll sein, wenn man traurigen, unerfreulichen oder ärgerlichen Tatsachen ins Gesicht sieht.

Schaffen Sie das Nintendo ab, aber behalten Sie den Computer

Manche Beschäftigungen sind ein regelrechtes Training in puncto Dissoziation und ADS-Verhalten. Also lautet unser Ratschlag: Schaffen Sie die isolierenden Gameboys und die Baller-und-Abknall-Spiele für den Computer ab.

Computer sind wunderbare Werkzeuge. Sie können Erfahrung bereichern und eine erstaunliche Welt der Informationen und des Wissens eröffnen. In dieser Funktion sind sie eine ideale Ergänzung zum traditionellen Lernen. Aber sie sind kein Ersatz dafür. Zum Beispiel definiert das Lesenlernen auf der Basis eigenen Lesens und des Vorgelesen-Bekommens Lernen und Lesen als eine *erweiterte Erfahrung*, die eine Konzentrationsleistung erfordert. Außerdem definiert es Lernen und Lesen als eine gemeinsame Erfahrung. Das Fernsehen dagegen vermittelt eine multisensorische Erfahrung ohne die geringste Anstrengung von Seiten der Kinder und Computer sind dem nicht ganz unähnlich. Lesen (oder sogar das Abhören von Kassetten) erfordert von dem Kind ein gewisses Maß an kreativer Phantasie. Wenn es keine Bilder gibt, muss das Kind diese »Leerstellen« selber ausfüllen, und zwar für jeden Aspekt der Geschichte. Es muss sich vorstellen, wie die Figuren aussehen und welche Beziehung sie zueinander und zu ihrer Umwelt haben. Es muss allgemein beschriebenen Dingen Farbe und Aussehen verleihen, seien es Berge, ein Flugzeug oder Drachen. Fernsehen und Computer erfordern keinerlei derartige kreative Aktivität. Selbst wenn das Kind für Lernprogramme gewisse Eingaben, Antworten oder Lösungen eintippen muss, ist die vorrangige Erfahrung die einer unmittelbaren Belohnung. Der Charakter von »Arbeit« könnte andersartiger kaum sein.

Überlassen Sie die Computer Ihren älteren Kindern. Fallen Sie nicht auf den Wahn der »Computerbildung« herein. Der Computer ist keineswegs ein unverzichtbarer Bestandteil im täglichen Leben Ihres Kindes, ebenso wenig wie er das Lernen »von Anfang an« begleiten muss, wie manche Schwärmer behaupten. Bevor Sie es merken, hat der Computer *Sie* verdrängt. Wenn er zu früh oder anstelle anderer Erfahrungen eingesetzt wird, führt der Computer zu isolierten Erfahrungen, hypnotisiertem Versunkensein und zum Rückzug aus der Welt.

Nehmen Sie sich die Zeit, bei Ihrem Kind einen soliden Grund von echten Erfahrungen, menschlicher Verbundenheit und selbstbewusster Unternehmungsfreude zu legen, wie er Kindern vor vierzig oder fünfzig Jahren selbstverständlich war, als sie mit irgendwelchen gerade verfügbaren Dingen spielten und keine Mühen scheuten, um ihre Phantasien in die Tat umzusetzen. Und: Hören Sie Ihrem Kind zu! Je mehr Sie zuhören, desto mehr haben Sie Anteil an seinen Erfahrungen, desto mehr wird Ihre Aufmerksamkeit seine Aufmerksamkeit verstetigen. All dies trägt zur Offenheit und Effektivität der Kommunikation bei und fördert eine gesunde Entwicklung.

9
Wer hat hier das Sagen?

Es ist vier Uhr am Nachmittag. Beate sitzt mit ihrer guten Freundin Janice im Wohnzimmer und trinkt Kaffee. Da kommt ihr Sohn Frank von der Schule heim.

»Hallo«, sagt Frank und durchquert das Zimmer.

»Was ist mit den Hausaufgaben?«, fragt Beate.

»Wir haben heute keine auf«, antwortet Frank und hält auf seinem Weg in die Küche kurz inne.

»Ich kann das wirklich kaum glauben«, sagt Beate mit Nachdruck. Dann wendet sie sich ihrer Freundin Janice am anderen Ende des Sofas zu: »Gestern gab's Zeugnisse und *wir* waren nicht sonderlich gut!« Beate hebt die Stimme und wendet sich zu dem Jungen, der in die Küche verschwindet. »Wir werden es beim nächsten Mal besser machen *oder*, Frank?« Es lässt sich ein beiläufiges »Klar doch, Mama« vernehmen, dann saust er mit einer Limonade, die er sich aus dem Kühlschrank genommen hat, zur Hintertür hinaus.

Das kollektive Wir und individuelle Verantwortung

Die Mutter ist davon überzeugt, dass ihr Sohn ein echtes Problem hat. Er übernimmt für nichts die Verantwortung – nicht für sein Zimmer, nicht für seine Noten, nicht für seine Aufgaben zu Hause, nicht für die Streitereien mit seiner kleineren Schwester, für nichts.

Später am Abend wird Beate ihrem Mann erzählen, dass sie mit Frank eine Auseinandersetzung wegen seiner Hausaufgaben und Noten gehabt hat. Aber stimmt das? Hatte Beate wirklich eine Auseinandersetzung mit Frank wegen *seiner* Hausaufgaben und wegen *seiner* Noten? Nicht im Geringsten. Durch das »Wir«, das sie auf ihren Sohn und seine Leistungen anwandte, übernahm das kollektive Wir die Verantwortung für *seine* Noten, *seine* Hausaufgaben und *seine* Leistungen in der Zukunft. Sowie Frank hörte, dass seine Mutter von den Zeugnissen sprach und davon, dass »wir nicht sonderlich gut waren«, verstummten seine Alarmglocken, denn die Verantwortung trug – jemand anderes. Die zwischenmenschlichen Grenzen waren verwischt. Bestenfalls bedeutete »wir«, dass die Verantwortung von allen geteilt wurde – doch wir wissen, dass es immer der andere ist, der den größten Teil der Verantwortung trägt.

Wie auch immer: Beate hat ihrem Sohn jedenfalls unbewusst einen glänzenden, leichten Ausweg eröffnet. Um eine solche Verwischung zu vermeiden, sollten Eltern immer Worte und Namen verwenden, die direkt auf die betreffende Person zielen – wie »du«, »ich«, »Joni«, »sie« –, keinen Kollektivbegriff wie »wir«.

Vermeiden Sie	die Verantwortung für jemand anderen zu übernehmen, indem Sie »wir« sagen, Ausdrücke wie »Wollen wir den Müll hinausbringen?« oder »Unser Zeugnis war aber nicht so gut«.
Stattdessen	machen Sie deutlich, wen Sie ansprechen oder meinen. Z.B.: »Leons Zeugnis war nicht gut« oder »Jo, bringe bitte den Müll hinaus.«

Der mütterliche Ursprung des kollektiven Wir

Zum Teil hat diese sprachliche Verbundenheit ihren Ursprung in der unvermeidlichen körperlichen und emotionalen Verbundenheit von Mutter und Kind. Neugeborene und Säuglinge können nichts für sich selber tun, sie sind in jeder Hinsicht auf die Fürsorge der Erwachsenen angewiesen, auch was ihr eigenes Überleben anbetrifft. Das heißt, dass vieles von dem, was Säuglinge und Kleinkinder tun, vom fürsorgenden Erwachsenen vermittelt wird, und diese Erwachsenen sind – zumindest traditionell in unserer Gesellschaft – fast immer die Mütter.

Am Beginn des Lebens kümmern sich die Mütter fast ununterbrochen um ihr Kind, helfen hier ein bisschen, beseitigen dort ein Hindernis. Mütter sind eine Art äußeres helfendes Ich, das im Laufe der Monate und Jahre sich Stück für Stück aus der Entwicklungspartnerschaft zurückzieht, um so zu ermöglichen, dass das Kind eine eigene Identität und ein Gefühl für seine persönliche Autonomie entwickeln und damit schließlich seine Entwicklung selbst in die Hand nehmen kann.

Es ist unmöglich, dies genau zu wissen (weil wir kleine Kinder nicht nach ihrer Erfahrung fragen können), aber es scheint so, dass Kinder buchstäblich durch das Wir-Erleben vieler ihrer Entwicklungsschritte ins Leben hineinwachsen: als sei dieses »Wir« ein konstitutiver Teil von ihnen. Und da die Mutter immerzu für sie da ist, färben auch ihre verbalen Äußerungen, die diese Nähe begleiten, stark auf die Erfahrung ab.

Wenn also ein Kind mithilfe seiner Mutter etwas erfolgreich tut, wer ist dann für den Erfolg verantwortlich? Das Baby? Die Mutter? Oder das kollektive Wir?

Es ist sicher überzeugend, dass eine solche intime »Handlungsgemeinschaft«, verbunden mit der steten Verwischung der zwischenpersönlichen Grenzen und Identitäten, in dem sich entwickelnden Kind die Neigung weckt, sich – fast automatisch – aus seiner persönlichen und bewussten Verantwortung auszuklinken, wenn es »wir …« hört.

Sei lieb zu Mama!

Die ersten zweieinhalb Jahre des Lebens sind eine immens lange und luxuriöse Erfahrung engster Gemeinschaft. Doch am Ende dieser Phase sollten Eltern im Gespräch mit ihren kleinen Kindern konsequent Personalpronomen und Namen benutzen. Dies trägt zur Fokussierung der Aufmerksamkeit bei und macht die Sprache sehr viel klarer. Da es in der Welt viele Mamas und Papas gibt, ist der Gebrauch von »Ich« beim Sprechen von sich selbst ein bedeutender Schritt, um der Sprache größere Eindeutigkeit zu verleihen. Mit zweieinhalb Jahren sind Kinder extrem komplexe kleine Wesen, die durchaus viele Sprachnuancen verstehen können.

Der Gebrauch des Personalpronomens »ich«, »mich« und »mir« und des Possessivpronomens »mein« – statt »Mama« und

»Papa« bzw. »Mamas« und »Papas« – macht das, was man sagt, sehr viel direkter und präsenter.

In der Tat werden Eltern, wenn die Kinder älter werden, durch Gattungsnamen wie »Mama« und »Papa« depersonalisiert. Gleichwohl fällt es vielen Müttern schwer, sich davon zu trennen. Es ist für sie, als sollten sie sich von ihren Kindern distanzieren und eine unsichtbare Sprachbarriere zwischen sich und ihnen aufbauen. Wenn solche Mütter darüber klagen, dass ihre Kinder sich aggressiv, rüpelhaft oder respektlos verhalten, dann weisen wir darauf hin, dass es sehr viel leichter ist, zu einer allgemeinen »Gattungs«-Mama böse zu sein als zu einem persönlich anwesenden ICH. Wenn eine Mutter sagt: »Sei nicht böse zu Mama!«, auf welche dritte Person bezieht sie sich da? Wenn sie hingegen sagt: »Sei nicht böse zu mir!«, hat die Aussage eine viel unmittelbarere Wirkung, und es ist klar, wer gemeint ist. Sie werden feststellen, dass der Übergang von Kollektivpronomen zu spezifischen Personalpronomen bei Ihrem etwa zweieinhalb Jahre alten Kind selbstständiges Verhalten und Verantwortung fördert und zugleich es dem Kind ein wenig erschwert, sich Ihnen gegenüber aggressiv zu verhalten.

Da wir mit zahlreichen Müttern zusammengearbeitet haben, die auch bei älteren Kindern noch das kollektive Wir benutzten, hatten wir zugleich auch vielfältige Möglichkeiten, zu beobachten, wie viel länger sie brauchen, um die Ziele zu erreichen, die sie sich für das Verhalten ihrer Kinder gesetzt haben, als Mütter, die den Übergang rasch vollziehen. Den Übergang rasch zu vollziehen bedeutet nicht, dass er schmerzlos ist, sondern nur, dass man schneller erreicht, was man sich vorgenommen hat. Wenn Sie bei dem Übergang von Gattungsbezeichnungen zu Personalpronomen ein Gefühl der Loslösung und Bedrückung beschleicht, sprechen Sie mit Ihrem Partner oder einer Freundin darüber. Doch seien Sie beruhigt: Ihr Kind macht nicht das Gleiche durch wie Sie. Es wird wahrscheinlich nur dann Distanzierung empfinden, wenn Sie ihm Ihr Gefühl der Bedrückung und Loslösung vermitteln. Bedenken Sie auch, dass die gesamte Beziehung zu Ihrem Kind der kumulative Effekt alles dessen ist, was Sie sagen und tun. Sie können weiterhin eine stabile und gesunde Beziehung voller Vertrauen und Verlässlichkeit entwickeln, auch wenn Sie Ihren Kommunikationsstil ändern.

Kommunikationsstile der Eltern und die Verantwortung von Kindern

Eltern können auf ebenso viele Weisen die persönliche Verantwortung ihrer Kinder unterminieren, wie es Arten gibt, in denen Eltern und Kinder interagieren. Wie alles, worüber wir bisher gesprochen haben, ist der komplexe Prozess, in dem Kinder an ihrer Verantwortung gehindert werden, transparent. Aber kaum jemand nimmt ihn wahr, wenn er stattfindet.

Die Depersonalisierung der Verantwortung von Kindern

Viele Erwachsene neigen dazu, Erfahrung, Verhalten und Verantwortung vollständig zu depersonalisieren, indem sie das unspezifische »es« verwenden. Hier erneut eine einfache Übersetzung der erwachsenen Sprechweise in das, was eigentlich damit gemeint ist:

Erwachsene Sprechweise	Übersetzung
»Es war eine absolut grauenhafte Woche!«	»Jochen war die ganze Woche frech und böse.«
»Es war eine entsetzliche Geburtstagsparty!«	»Sarah hat während der ganzen Party nur gequengelt und gejammert.«
»Es war das Peinlichste, was ich je erlebt habe!«	»Marcel hat seinem Lehrer in der Elternsprechstunde gesagt, er solle verschwinden.«

Durch die Benutzung des vollkommen unpersönlichen »es« – anstatt der klaren Zuweisung »Sarah oder Leon hat dies oder das getan« – machen Eltern es ihren Kindern sehr viel leichter, sich selbst und ihre Handlungen in der Beschreibung nicht wiederzufinden. Sie brauchen das Gesagte gar nicht zur Kenntnis zu nehmen, weil es nichts mit »ihnen« zu tun hat. In den obigen drei Beispielen erwachsenen Sprechens verrät kein Wort, wer was getan hat. Das Problem ist die »grauenhafte Woche« oder die »entsetzliche Geburtstagsparty«, nicht das Verhalten des Kindes.

Je machtloser sich Eltern fühlen, das Verhalten ihrer Kinder zu kontrollieren oder zu beeinflussen, desto schmerzlicher ist es vielleicht, sich in persönlicher Form darauf zu beziehen. Wenn man hingegen über »es« spricht, statt genau zu benennen, was das Kind zum Lehrer gesagt hat, kann dies den emotionalen Schock oder die persönliche Beschämung abmildern. Vielleicht. Doch wir glauben, die meisten Menschen tun es einfach aus Gewohnheit.

Sie können dies für sich selbst überprüfen, indem Sie einfach vergleichen, wie Kinder und Erwachsene sich zu »guten« und »schlechten« Erfahrungen äußern. Erwachsene neigen dazu, eine komplexe, ausgedehnte Erfahrung – eine Reise oder Ferien – auf ein einzelnes Ereignis zu reduzieren, indem sie sagen: »Es war phantastisch!«, oder: »Was für eine tolle Reise!« Kinder hingegen erzählen sofort spezifische Geschehnisse (»Ich hab einen Berg gesehen!« oder »Ich bin aus dem Boot gefallen!«), ohne sich um die ausgedehnte Gesamterfahrung zu kümmern.

Also: Seien Sie spezifisch und genau – schaffen Sie das »es« aus Ihrer Sprache ab, wenn Sie wollen, dass Ihre Kinder wirklich hören, was Sie zu sagen versuchen. Und bedenken Sie auch, dass Kinder wissen, dass sie eine »absolut grauenhafte Woche« oder eine »Katastrophenwoche« nicht mehr rückgängig machen können. Eine Woche ist lang! Und so wird jeglicher Anreiz zerstört, jetzt noch irgendetwas ändern zu wollen. Und abgesehen davon ist es nicht ihre Schuld. Die Woche trug die Schuld …

Vermeiden Sie	die Verantwortung von jemandem für seine Handlungen auf ein »es« abzuwälzen, z.B. »Es war eine Zumutung!«
Stattdessen	machen Sie eindeutig klar, wen Sie ansprechen oder auf wen Sie sich beziehen, z.B. »Leons Zimmer ist ein Saustall«, »Sarah hat eine Eins in Mathe bekommen«.

Abwertung von positivem Verhalten

Nichts wünschen sich Eltern mehr, als dass Kinder in ihrem Verhalten Verantwortung zeigen. Sie möchten, dass ihre Kinder das tun, was von ihnen erwartet wird, und Anweisungen befolgen – dass sie gehorchen. Auch wollen Eltern, dass ihre Kinder Verantwortung übernehmen. Und doch werten Eltern oft ein verantwortungsvolles positives Verhalten durch leichtfertige Bemerkungen ab. Wenn Fred, der normalerweise seine Hausaufgaben verbummelt, in dieser Woche alles rechtzeitig fertig bringt, geben ihm seine Eltern dann ein 100-prozentiges Lob, das er ebenso sehr verdient, wie er es braucht? Wohl eher nicht. Stattdessen hören wir am Ende der positiven Aussage einen Abspann: »Aber wenn wir den Wecker nicht daneben gestellt hätten …« Der Wecker erhält das Lob, nicht Fred. Und die implizite Botschaft lautet, dass Fred ohne Wecker keine Chance gehabt hätte, seine Hausaufgaben rechtzeitig zu erledigen.

Sarah ist die ganze Woche lang morgens aufgestanden, hat sich angezogen, ihr Frühstück gegessen und ist ohne Meckern zur Schule gegangen, ohne dass der Lehrer je auch nur eine Beschwerde an ihre Eltern übermittelt hätte. Bekommt Sarah also das 100-prozentige Lob, das sie braucht und verdient hat? Kaum! Stattdessen hören wir: »Es war ja auch nur eine Drei-Tage-Woche.«

Eine weitere berühmte Abwertung heißt: »Wir haben sie ja auch gewarnt.« Was immer das Kind auch tut, wird sofort in ein unvorteilhaftes Licht getaucht, weil es »unter Druck« oder »unter Zwang« gehandelt hat.

Geben Sie 100-prozentiges Lob selbst für einen widerwillig geleisteten Dienst

Wenn ein Kind in der Therapie etwas richtig gemacht – was auch immer es sei –, zollt Deborah ihm 100-prozentiges Lob. Und das mit großem Trara. Das Kind erhält 100-prozentiges Lob auch dann, wenn das Richtige, was es getan hat, per Zufall zustande kam. *Nach ein paar derartigen Erfahrungen ist das Verhalten zu einem inneren Bestandteil des Kindes geworden.* Wenn Sie also möchten, dass ein erwünschtes Verhalten Wirklichkeit wird, dann werten Sie es niemals ab, indem Sie es erklären, rechtfertigen oder verkleinern.

Selbst wenn das Verhalten, das Ihnen angeboten wird, stark nach Schwindel riecht, nehmen Sie es ganz an und geben Sie Ihrem Kind jede nur mögliche positive Ermutigung. Wir haben im Laufe der Jahre mit vielen Kindern und Jugendlichen zusammengearbeitet, deren Verhalten und Einstellungen so abstoßend waren, dass niemand sich auch nur mit ihnen abgeben wollte, von Enthusiasmus in ihrer Gegenwart ganz zu schweigen. Dennoch gibt Debbie diesen Kindern jedes bisschen Lob, das sie aufbringen kann. Umgekehrt tun sie dann oft für Debbie, was sie für keinen anderen Erwachsenen je getan haben, von denen sie sich abgelehnt und unterbewertet fühlen. Auch mit diesen Kindern kommt man wirklich zu bedeutenden und nachhaltigen Ergebnissen.

Und abgesehen davon: Die einzige Alternative bestünde darin, unbezahlter Konstrukteur einer sehr negativen *Self-fulfilling Prophecy* zu werden.

Es darauf anlegen, widerlegt zu werden

Wir saßen vor ein paar Jahren in der U-Bahn, als eine vierköpfige Touristenfamilie in unseren Zug stieg. Die Mutter, der Vater und die acht- oder neunjährige Tochter ließen sich uns gegenüber nieder. Der zwölf- oder dreizehnjährige Sohn blieb aber in der Mitte des Gangs stehen, vielleicht drei Meter von ihnen entfernt. Anders als seine eher brave Familie trug der Junge ein komplettes Hip-Hop-Skateboard-Outfit, mit Sackhose, zwei Sorten sichtbarer Unterwäsche, steilem Skater-Haarschnitt und einer nach hinten gedrehten Baseballkappe.

»Komm her«, sagte der Vater und klopfte mit der flachen Hand auf den Sitzplatz, den er seinem Sohn freihielt. Da der Sohn aber keine Anstalten machte, ihm zu folgen, sagte der Vater ein bisschen strenger: »Jürgen, komm und setz dich her.« Der Junge schüttelte den Kopf und runzelte die Stirn, erwiderte aber nichts. »JÜRGEN«, sagte der Vater, nun deutlich energischer, »gleich kommt eine scharfe Kurve. Halte dich wenigstens fest. Sonst fällst du hin!«

Darauf musste der Vater frustriert und verlegen zusehen, wie sein Sohn, um ein stabileres Gleichgewicht zu erhalten, seine Beine spreizte und geschickt das Schwanken des Wagens mit seinem Körper auspendelte. Der Zug sauste in voller Geschwindigkeit um die Kurve, und Jürgen wirkte wie ein Surfer, der elegant auf einer Woge reitet. Der Zug kam wieder in gerade Fahrtrichtung und hielt recht plötzlich an. Mutter und Schwester purzelten in den Vater und drückten ihn gegen die Wand des Wagens, was ihn nur noch mehr aufregte. Jürgen, der den abrupten Halt ebenso anmutig gemeistert hatte wie die scharfe Kurve, nahm die Positur eines Revolverhelden ein. Die Daumen aufwärts gerichtet, zielte er mit den Zeigefingern auf seinen Vater.

»He!«, sagte Jürgen zu seinem Vater, wobei er jedes Wort provozierend in die Länge zog, wie es Adoleszente gern tun. »He ... du hast total DANEBEN gelegen!«

Stellen Sie sich selbst keine Falle

Die U-Bahn-Szene zeigt eine Falle, die viele Eltern sich unabsichtlich selber stellen, indem *sie mit Erklärungen etwas rechtfertigen, was sonst nur einfacher Befehl wäre.* Wenn das, was Eltern beschrieben oder vorausgesagt haben, nicht eintritt, hat das Kind die Eltern widerlegt und zerstört damit ihre Autorität.

Vermeiden Sie	Ihren Kindern für jede Ihrer Regeln oder Entscheidungen eine Erklärung oder Rechtfertigung zu geben. Sich wie ein Unmensch zu fühlen, wenn Sie sagen: »Weil ich es so will«, wenn das, was Sie wollen, nur im Interesse Ihrer Kinder liegt.
Stattdessen	orientieren Sie Ihre elterlichen Entscheidungen an den Bedürfnissen Ihrer Kinder nach Sicherheit, Geborgenheit, Stabilität etc., geben Sie Orientierung und Werte vor, indem Sie als Eltern eine wohlwollende Autorität ausüben. Sprechen Sie Befehle aus, z.B.: »Komm, setz dich her«, »Bitte, räume dein Zimmer auf«.

Noch einmal: Formulierungen wie »Du solltest aber …« oder »Wenn du das nicht tust, dann …« beinhalten doppelte Fallstricke. Sie geben dem logisch denkenden Kind die Möglichkeit, auf etwas, das ein Befehl sein sollte, automatisch mit einer ablehnenden Antwort zu reagieren. Wenn man einem Kind sagt, es würde von einem Auto angefahren, wenn es auf der Straße spielt, und es spielt dann trotzdem auf der Straße, wird aber keineswegs angefahren, hat es bewiesen, dass das Spielen auf der Straße »ungefährlich« ist. Und es hat hier die Kraft einer absolut einwandfreien Logik auf seiner Seite. Eltern, die einen spezifischen Grund für etwas angeben, begeben sich in die Gefahr, durch Erfahrungen widerlegt zu werden.

Wir wollen Erklärungen keineswegs verbieten

Wir wollen damit nicht sagen, dass Eltern ihren Kindern nicht erklären sollen, dass bestimmte Dinge gefährlich sind, wie etwa auf der Straße zu spielen oder einen Ofen anzufassen. Natürlich müssen Eltern dies tun. Doch viele Eltern verwechseln die Begründung, warum das Kind ihren Anweisungen folgen soll, mit der Anweisung selbst. Die Erklärungen von Eltern führen zu wachsendem Verstehen, ein Prozess, der Jahre andauert. Befehle sind unmittelbar: Wenn Sie einen Befehl äußern, wollen Sie *jetzt* ein Ergebnis sehen, schlicht und einfach.

Wenn Sie ein sofortiges Ergebnis sehen wollen, können Sie die Effektivität Ihrer Kommunikation und die Folgsamkeit Ihres Kindes erhöhen, wenn Sie auf weitere Rechtfertigungen und Erklärungen verzichten. Später, wenn die Sicherheit Ihres Kindes oder die Eile nicht mehr so sehr im Vordergrund stehen, ist immer noch Zeit, um die nötigen Erklärungen nachzuliefern.

Ein Kind fragen, ob es okay ist, Mutter oder Vater zu sein

Viele Menschen haben Marotten in ihrer Sprechweise, persönliche Sprechstile, in denen vollkommen normale Sprechmuster mit speziellen Ausdrücken zusätzlich geschmückt werden wie »im Prinzip« oder »Du weißt, was ich meine«. Viele Eltern haben die Angewohnheit, einen Großteil ihrer Sätze mit der Frage »okay?« abzuschließen. Oft ist es wirklich nicht mehr als bloße

Angewohnheit. Doch für manche Eltern ist es auch ein Versuch, das, was sie für einen harten Befehl halten, abzumildern. In jedem Fall suchen sie durch ein Satzende mit »okay?« bei ihrem Kind um Erlaubnis dafür nach, das eben Gesagte sagen zu dürfen.

Wir hatten einen besonderen Fall, der illustriert, wie subtil und zugleich mächtig ein solch unabsichtliches Um-Erlaubnis-Fragen wirkt. Jonas, ein winziger Junge von vier Jahren, hatte uns eröffnet, dass er von seinem Vater sexuell missbraucht worden sei, einem Mann, der als extrem gewalttätig und rachsüchtig galt. Weil das gewalttätige Verhalten des Vaters so bedrohlich war, selbst für Erwachsene, fragten sich alle, die mit Jonas vor der Anzeige bei der Polizei zu tun hatten, ob er tatsächlich den Mut zu einer Aussage aufbringen würde.

Die auf Kindesmisshandlungen spezialisierte Polizeibeamtin war eine attraktive junge Frau Anfang dreißig. Warmherzig, freundlich und sehr kinderlieb beugte sie sich vor, so dass Jonas und sie auf gleicher Augenhöhe waren. Diese junge Frau war wirklich rundherum liebenswürdig. Sie schuf eine Atmosphäre, so dass man hätte denken sollen, dass sie es Jonas erleichtern würde, sich dieser Polizistin anzuvertrauen.

Als Zeichen ihrer Autorität, und um dem Vierjährigen ein genügendes Gefühl der Sicherheit zu geben, dass er offen mit ihr reden könne, begann sie das Interview, indem sie sich vorstellte, ihre Pistole, ihr blankes Abzeichen und ihren Dienstausweis zeigte. Dann beugte sie sich noch näher vor zu ihm, hob die Augenbrauen, wie es Erwachsene tun, wenn sie mit sehr kleinen Kindern sprechen, und fragte: »Ist es okay, wenn ich dir ein paar Fragen stelle?« Die Augen des Jungen huschten hin und her, sein Gesicht zeigte alle Anzeichen der Verwirrung. Schließlich nickte er.

»Kannst du mir deinen Nachnamen sagen?« Wir sahen einander an und begannen uns unwohl zu fühlen. Wir wussten, was die Polizistin zu tun versuchte – sie wollte feststellen, wie glaubwürdig der Junge als Zeuge war –, aber wir wussten ebenso, dass sie drauf und dran war, die ganze Sache zum Scheitern zu bringen.

Jonas zögerte, seine Blicke wanderten immer noch unruhig im Raum umher. Schließlich schüttelte er den Kopf.

»Weißt du, wann dein Geburtstag ist?« Uns schauderte, als der Junge erneut den Kopf schüttelte. Die Polizistin machte eine kurze Pause, dann fuhr sie mit der Befragung fort.

»Weißt du, was der Unterschied zwischen Wahrheit und Lüge ist?« Jonas sah noch verwirrter aus und starrte sie einfach nur sprachlos an.

»Darf ich dir eine Frage stellen, um es herauszufinden?«, fragte sie, zog erneut ihre Augenbrauen hoch, womit sie andeutete, dass sie ein zustimmende Antwort erwartete. Jonas nickte.

»Weißt du den Namen deiner Mama?« Der Junge blinzelte und nickte.

»Heißt deine Mama Sabine?« Jonas schüttelte den Kopf und lachte. Das Eis begann doch noch zu brechen.

»Heißt sie Johanna?«, fragte die Polizistin.

»Nein!«, sagte Jonas. »Sie heißt Bille!«

Trotz ihres ehrlichen Versuchs, kinderlieb zu sein, geben die Bemühungen der Polizistin ein glänzendes Beispiel dafür ab, wie man es nicht machen darf. Die Äußerung von Fragen statt von Geboten, ihre Einladung zu negativen Antworten und ihre wiederholten Unterstellungen, Jonas sei vielleicht nicht in der Lage, ihre Fragen zu beantworten, waren kontraproduktiv. Doch ihr größter Fehler war, dass sie, schließlich ein Ausbund an Autorität, die Befragung eines Kindes damit begann, dass sie eben diese Autorität preisgab. Nach der Vorführung der Symbole ihrer Macht – ihres Dienstausweises, ihrer Dienstmarke und ihrer Pistole – bat die Polizistin ein sehr kleines und verschüchtertes Kind um Erlaubnis, ihm Fragen zu stellen. Wir können uns ausmalen, was im Kopf von Jonas vorgegangen sein muss. *Wenn diese Frau mit dem Abzeichen und der Pistole* mich *um Erlaubnis bittet, Fragen zu stellen, kann sie's mit meinem irren Vater nicht aufnehmen. Sie kann mich nicht vor ihm beschützen. Er wird uns beide zu Brei schlagen.*

Am Ende kam die Polizistin zu dem Schluss, dass der vierjährige Jonas kein glaubwürdiger Zeuge sei. Doch der wie gelähmte Junge, der vor ihren ungeschickten Fragen verstummte, war ein völlig anderes Kind als das, was wir aus unserem Sprechzimmer kannten. Der Jonas, den wir kannten, war aufgeweckt und für sein Alter sehr sprachgewandt. Zum Glück hing seine Sicherheit aber nicht von seiner Eignung als Zeuge ab. Als sein Vater erfuhr, dass die Justizbehörden eingeschaltet worden waren, legte er ein Geständnis ab und musste für fünfzehn Monate ins Gefängnis.

Macht und Übertragung von Machtbefugnis

Viele Therapeuten gehen zu Recht davon aus, dass schlimme Erfahrungen und insbesondere traumatische Erlebnisse Kindern das Bewusstsein rauben, Dinge bewerkstelligen, kontrollieren und meistern zu können, und also bemühen sie sich, das Gefühl für diese Fähigkeiten wieder herzustellen. Aber sie gehen dabei auf völlig falsche Weise vor – sie überlassen die Kontrolle über den therapeutischen Prozess im Wesentlichen dem Kind. Sie erlauben dem Kind, die Initiative zu übernehmen, über das Material zu entscheiden und die Richtung der therapeutischen Interaktion zu bestimmen. Sie glauben nämlich, dass das Spiel an und für sich heilsam sei, und alles, was Erwachsene tun müssen, ist, die Bühne für die »heilende Kraft des Spiels«[1] bereitzustellen.

Manche Kindertherapeuten, ähnlich wie manche Eltern, sehen in der Übertragung einer Vormachtstellung eine Form der *Machtverteilung*. Da das verletzte, traumatisierte oder misshandelte Kind sich auf der Verliererseite der Machtverteilung befand, müsse die Therapie dieses Ungleichgewicht korrigieren. Psychisch verletzte Kinder gelten als »machtbedürftig«, und so erlaubt man ihnen oder ermuntert sie, auf die negative Elternpuppe einzudreschen oder den therapeutischen Prozess zu kontrollieren. Selbst nicht missbrauchte und nicht traumatisierte Kinder mit geringem Selbstwertgefühl dürfen in Geschicklichkeitsspielen gegenüber einem offenbar überlegenen erwachsenen Spieler »gewinnen«, als ob dies in irgendeiner Weise das Gleichgewicht von Macht und Kontrolle richtig stellen könnte.

»Wenn mein Kind das die ganze Zeit über macht, dann braucht es das wohl!«, sagen uns viele Mütter immer wieder. Doch diese verwöhnten Kinder genesen nicht. Sie werden weder lieber oder freundlicher noch verbessern sich ihr Benehmen, ihr Sozialverhalten oder ihre schulischen Leistungen. Und ganz gewiss erleben diese Kinder keine Steigerung ihres Selbstwertgefühls. Sie werden einfach nur größere und gewieftere Machtstrategen.

Das Syndrom des allmächtig-ohnmächtigen Kindes

Viele der Kinder, mit denen wir zusammenarbeiten – von denen die meisten *nicht* misshandelt oder traumatisiert sind –, haben die Welt um ihren kleinen Finger gewickelt. Das ist es, was wir das »Syndrom des allmächtig-ohnmächtigen Kindes« nennen. Diese Kinder verletzen. Sie randalieren, sie zerstören. Sie manipulieren. Sie terrorisieren. Sie befolgen keinerlei Regeln. Sie haben eine immense Macht, doch zugleich fehlt ihnen die »Macht«, einfach um ihrer selbst willen geliebt zu werden. Diese Kinder haben die Macht, die Welt der Erwachsenen kurz und klein zu schlagen, *aber sie können noch nicht einmal einen Freund gewinnen.*

Wirkliche Macht im Gegensatz zu »Knopfdruckmacht«

Echte eigene Stärke resultiert aus einfachen Erfolgen und Freiheiten, nicht daraus, zurückschlagen zu können.

Wenn der Vater in einer anderen Stadt lebt (vielleicht mit einer anderen Frau und anderen Kindern zusammen), seinem Kind keinerlei Unterhalt zahlt, den Geburtstag oder Weihnachten vergisst, wenn er verspricht, anzurufen oder zu Besuch zu kommen, und es nicht tut, kann das Kind da irgendetwas tun, um ihn zu verändern? Nein. Solche Kinder sind wahrhaft ohnmächtig.

Normalerweise verfügen wir alle über die subjektive Macht,

andere Menschen zu »kontrollieren«. Man sagt etwas und sie antworten. Man schafft gute Noten und sie loben einen. Man lächelt und sie erwidern das Lächeln. Unter »normalen« Umständen genügt unsere bloße Existenz, damit andere Menschen uns bemerken und uns mögen. Wir brauchen einfach nur wir selbst zu sein. Diese Macht ist so grundlegend und zugleich so untergründig, dass wir uns ihrer kaum je bewusst werden. Das Kind mit einem abwesenden, nicht reagierenden Elternteil hat die grundlegende Macht verloren, Liebe, Zuwendung, Respekt, Aufmerksamkeit oder auch nur Interesse zu erwecken. Unter solchen Umständen gibt es absolut nichts – vom vorbildlichsten Verhalten bis zu den besten Schulnoten –, was das Kind tun kann, um die positiven Reaktionen zu erhalten, nach denen es sich so sehr sehnt.

Inmitten ihres Ohnmachtgefühls entdecken manche Kinder – einfach im Verlauf des Alltags –, dass sie doch eine Macht haben, nämlich die Macht, auf die Knöpfe der Erwachsenen zu drücken. Ohne sonderliche Anstrengung kann man Erwachsene dazu bringen, sich absolut vorhersehbar zu verhalten. Man kann sie in Wut, Rage, Frustration versetzen oder sie zum Schimpfen und Schreien bringen. Natürlich muss man einen Preis für diese subtile Macht bezahlen: Man bekommt Schwierigkeiten, verliert Privilegien, bekommt Hausarrest usw. Aber zumindest funktioniert es. Und es ist *sehr* zuverlässig. Diese Art Macht grenzt an Zauberei. Man handelt aus der Entfernung. Um einen Erwachsenen sich auf vollständig vorhersehbare Weise verhalten zu lassen – ganz am andern Ende des Raums –, muss man nur die richtige kleine Geste zur richtigen Zeit machen. Wenn das keine Macht ist! Und es ist echte Kontrolle!

Kinder wollen wirklich, dass die Erwachsenen bestimmen

Und Macht macht süchtig. Kinder, auch noch sehr kleine Kinder, lieben dieses Gefühl. Sie nehmen davon, was sie kriegen können.

Doch tief in ihrem Inneren wollen Kinder eigentlich all diese Macht nicht. Tief in ihrem Inneren wissen Kinder, dass sie die Welt allein nicht meistern können. Ohne die wohlwollende Zuwendung und Autorität der Erwachsenen können Kinder nicht überleben. Tief in ihrem Inneren wissen selbst die machthungrigsten kleinen Ungeheuer, dass die Welt umso unstabiler und bedrohlicher wird, je mehr Macht sie erhalten. Das illusorische Gegenmittel gegen diesen Verlust an Kontrolle über die wirkliche Welt ist, mehr und immer *mehr* Macht zu bekommen – selbst angesichts des tiefinneren Wissens der Kinder, dass sie umso schwächer und verwundbarer werden, je mehr sie die Erwachsenen entmachten.

Die Entmachtung der kleinen Knopfdrücker

Wenn Sie sich im endlosen Knopfdrücken Ihres Kindes verfangen haben, dann gibt es einen verblüffend einfachen Weg, wie Sie dem ein Ende setzen können. *Reagieren Sie einfach nicht.* Leichter gesagt als getan, natürlich, aber häufig braucht es nicht mehr – und etwas Geduld und Konsequenz. Wenn Ihr Kind nicht länger Ihre negativen Knöpfe drücken kann, wird es schließlich zu den positiven übergehen. Es ist ein Zermürbungsprozess. In jedem Fall wissen Sie, dass die Machtkämpfe, die folgen, wenn Sie auf Knopfdruck reagieren, nirgendwohin führen. Und das ist Grund genug, sich von diesem Verhalten zu verabschieden. (Selbst wenn Sie anfangs das Gefühl haben, dass Ihr Kind als »Sieger« dasteht.)

Wirkliche Macht

Das Wissen, dass man mit seinen Freunden Mutter-Vater-Kind, Auto oder Ball spielen kann, ohne sich vor Verletzungen fürchten zu müssen, ist eine Form von Macht, wenn man fünf Jahre alt ist. Sich keine Sorgen machen zu müssen, ob andere Kinder »einen durchschauen können« und einen »schmutzig und abstoßend« finden, ist eine Form der Macht, wenn man zehn Jahre alt ist und sexuell missbraucht wurde. Zu wissen, dass man sich auf die Stabilität, Kontinuität und Vorhersehbarkeit einer wohlwollenden Erwachsenenwelt verlassen kann, ist eine Form der Macht, wenn man sieben Jahre alt ist und wenn derselbe Erwachsene, der einem befahl, Regeln zu befolgen, einen missbraucht, eingeschüchtert und gezwungen hat, Regeln zu brechen. Fähig zu sein, die Schulaufgaben zu erledigen – und obendrein eine gute Note zu bekommen –, wenn man sich zuvor nicht lange genug konzentrieren konnte, um auch nur eine Vier zu bekommen: Das ist wirkliche Macht im Leben eines Kindes. Zu wissen, dass man Erwachsene dazu bringen kann, einen zu mögen, ohne dass sie einen verletzen, ausbeuten oder missbrauchen: Das ist wirkliche Macht im Leben eines Kindes. Fähig zu sein, die ganze Nacht an einem sicheren Ort tief zu schlafen, ohne sich Sorgen machen zu müssen, ob *diese* Erwachsenen einen mitten in der Nacht aus dem Schlaf reißen und zu oralem Sex zwingen: Das ist wirkliche Macht im Leben eines missbrauchten oder traumatisierten Kindes. Nicht immerzu das Gefühl haben zu müssen, etwas falsch zu machen: Das ist wirkliche Macht im Leben eines Kindes, das von seinen Eltern als »dumm«, »abstoßend« und »zurückgeblieben« behandelt wurde, von Eltern, denen es nicht am Herzen liegt.

Die Gefahr der Familiendemokratie

Christoph ist sieben Jahre alt und geht in die 2. Schulklasse. Er hat es geschafft, innerhalb von drei Wochen dreimal vom Unterricht suspendiert zu werden.

»Setz dich, melde dich und warte, bis du drankommst, so wie jeder andere auch!«, schreit die Lehrerin, die es satt hat, sich mit diesem aufsässigen, feindseligen und respektlosen Kind herumzuschlagen.

»Warum sollte ich!«, schlägt Christoph zurück. Er schüttelt den Kopf und macht eine Miene, als ob er sagen wollte: »Sie gehen mir auf den Nerv.«

Der kleine Junge hat eine eindrucksvolle Liste von »Missetaten« vorzuweisen: Sprechen, ohne dazu aufgefordert zu sein, Unterbrechen des Unterrichts, Vergessen der Hausaufgaben, Weigerung, sitzen zu bleiben oder den Anweisungen der Pausenaufsicht zu folgen.

Und er gibt auch zu Hause nicht immerzu Anlass zu heller Freude. Er behandelt seine Mutter auf genau die gleiche Weise.

Er weigert sich, irgendwelche Haushaltsarbeiten zu verrichten oder sein Zimmer aufzuräumen. Während er seinen Eltern extrem frech und respektlos entgegentritt, erwartet er aber zugleich von ihnen, dass sie ihm seine Wünsche erfüllen, als ob er der liebenswürdigste Sohn wäre, für den man so etwas liebend gerne tut. Es ist überaus schwierig, Christoph dazu zu bringen, sich an Familienunternehmungen zu beteiligen oder sich überhaupt von seinem Fernseher oder seinen Computerspielen wegzubewegen. Nachdem alle schulischen und häuslichen Maßnahmen fehlschlugen, empfiehlt die Schule, einen Therapeuten aufzusuchen.

In der Sprechstunde wird die Mutter gebeten, die Art von *Laisser-faire*-Erziehung zu erklären, die sie und ihr Mann ihrem einzigen Kind angedeihen ließen.

»Meine Eltern haben mich wie Diktatoren erzogen«, beginnt sie. »Sie haben mir nie irgendetwas erklärt. Sie haben mir nie gesagt, warum ich dies oder das tun sollte. Ich musste es einfach machen, das war's. Sei immer brav und tu, was man dir sagt. Man hätte meinen können, ich wäre in der Armee anstatt in einer Familie. Als Kind habe ich mir geschworen, dass ich, wenn ich selbst mal Kinder hätte, sie mit Respekt behandeln würde. Ich würde ihnen erklären, warum sie dies und das tun müssten, warum es Regeln gibt, an die man sich halten muss, und wofür die Regeln gut sind. Ich wollte nicht, dass mein Kind das Gleiche durchmachen müsste wie ich. Kinder haben Rechte, genauso wie die Erwachsenen. Sie sollten behandelt werden wie intelligente Wesen und nicht wie Roboter, die einfach nur Befehle ausführen. Ich wollte, dass meine Kinder Autorität in Frage stellen und nicht nur vor ihr kuschen, so wie ich es getan habe.«

Eltern sind sich zumeist nicht bewusst, wie sehr sie eine Art Wiedergutmachung für ihre eigene Vergangenheit betreiben, wenn sie sich bemühen, ihren Kindern eine Alternative zu ihrer eigenen Erziehung zu bieten. Die Familie, in der die Mutter von Christoph aufwuchs, war nicht besonders wohlwollend oder gütig, sie war eher intolerant und autoritär. Doch brauchen Kinder in einer wirklich liebevollen Familie explizite Rechte? Nein, alles was sie in einer solchen Familie brauchen, ist, dass ihre körperlichen und emotionalen Bedürfnisse befriedigt werden.

Mit den besten Absichten gab die Mutter ihrem Sohn das, was sie als Kind so nötig gehabt hatte, um ihre Individualität, Autonomie und Selbstwertgefühle zu schützen. Doch da sie nie rücksichtslos oder autoritär gewesen war, hatte sie eigentlich keinen Grund gehabt, ihren Sohn mit der psychologischen Rüstung zu versehen, die man braucht, um solchen Attacken wie denen ihrer diktatorischen Eltern standzuhalten. Sie war ja ein vollkommen anderer Mensch, eine freundliche und einfühlsame Person, die sich auf andere Menschen einstellte. Sie musste nur mehr Glauben an sich selbst haben und erkennen, dass sie sich nicht wie ein Vertreter geben musste, um ihrem Sohn ihre Achtung und Liebe zu zeigen.

Liebevolle elterliche Autorität

Was sind Eltern? *Eltern sind große Leute, die kleinen Leuten sagen, was sie tun sollen – und zwar aus guten Gründen und weil sie sie lieb haben.* Wenn Sie als Eltern nicht gefühlskalt sind, Ihre Kinder nicht herabsetzen oder misshandeln, brauchen Sie schlicht und einfach keine Rechtfertigungen oder Erklärungen. Um Kinder zu erziehen, bedarf liebevolle Autorität keiner Erklärungen. Vielmehr brauchen Kinder Strukturen, Regeln und Grenzen, die Eltern mit der Zeit aufbauen und aufrechterhalten können, und zwar konsequent und kontinuierlich. Liebevolle elterliche Autorität unterdrückt Kinder nicht. Im Gegenteil, sie schenkt Sicherheit und Geborgenheit, die Kinder brauchen, um lernen und wachsen zu können. Liebe, Fürsorge und Respekt sind nicht in Worten zu finden, sondern nur in Handlungen und in Beziehungen. In echter, liebevoller Autorität zeigt sich Ihre Liebe und dass die Fürsorge und der Respekt für Ihr Kind und seinen Bedürfnissen Ihnen am Herzen liegt.

Viele Eltern scheinen nicht wahrhaben zu wollen, dass sie nolens volens wirklich die Verantwortung tragen. Sie versuchen vor dieser Erkenntnis zu fliehen, indem sie so tun, als ob sie nicht die Grundwerte vermittelten, als ob sie nicht das Bewusstsein und Verhalten, den Lebensstil und die Geschmacksvorlieben prägen würden. Sie tun so, als ob sie die Verantwortung dafür teilweise dem Kind übertragen könnten, indem sie ihm früh seine »Freiheit« lassen. Doch wenn sie auch nicht die einzigen formativen Faktoren im Leben ihres Kindes sind, haben sie zugleich eine immense Macht, dies zu gestalten. Wenn Sie an Ihre eigenen Werte glauben und bereit sind, aus Erfahrungen zu lernen und zur Not auch als falsch Erkanntes über Bord zu werfen, dann brauchen Sie sich über die Verantwortung nicht den Kopf zu zerbrechen. Nehmen Sie sie einfach an. Nehmen Sie sie gerne an. Und machen Sie das Beste daraus.

»Aber ich will wirklich, dass mein Kind Autorität in Frage stellt!«

Das Schlüsselwort in der Phrase vom »In-Frage-Stellen der Autorität« ist nicht *Autorität*, sondern *Frage*. Autorität wirklich in Frage zu stellen bedeutet, fähig zu sein, so gute Fragen zu stellen, dass die Autorität nachdenken muss, bevor sie antworten kann. Wenn Sie also wollen, dass Ihr Kind wirklich lernt, Autorität in Frage zu stellen, erzählen Sie ihm nicht, dass es wie jedermann ein Recht auf eine eigene Meinung habe. Stattdessen seien Sie eine liebevolle Autorität und sagen Sie Ihrem Kind, was es zu tun hat und wann. Geben Sie der Erfahrungswelt Ihres Kindes Struktur, Regeln und Grenzen, und zwar von Beginn an. Wenn Sie das tun, dann wird Ihr Kind später, sehr viel später – mit sieben oder acht –, wenn es sagt: »Mama (oder Papa), ich glaube, du hast Unrecht«, nicht einfach bloß auf seinem Recht angeblicher Meinungsfreiheit beharren, sondern wirklich in der Lage sein, zu sagen, warum Sie sich seiner Meinung nach irren. Es ist nicht notwendig, unabhängiges Denken zu erzwingen. Kultivieren Sie einfach *gutes* Denken. Und sorgen Sie für verlässliche Lebensstrukturen und Werte, in denen gutes Denken gedeihen kann.

Wie man einen erfolgreichen Revolutionär großzieht

Manche Eltern wollen, dass ihre Kinder mehr tun, als nur Autorität in Frage zu stellen. Sie wollen, dass sie die Welt verändern. »Wenn ich all die Jahre damit zubringe, meinem Kind zu sagen, was es zu tun hat, verbaue ich ihm dann nicht diese Chance?«, so fragen sie. Nein, keineswegs! Sie können die Welt nicht verändern, wenn Sie nicht wissen, wie man erfolgreich seine Erfahrungen, seine Gedanken und sein Verhalten strukturiert. Kinder wissen einfach nicht genug, um schon Revolutionäre sein zu können. Sie müssen erst erwachsen werden. Sie müssen Kenntnisse erwerben und Urteilsvermögen erlernen. Und sie müssen so klar und kreativ denken können, dass sie fähig sind, einen revolutionären Gedanken zu erkennen, wenn sie ihn denn denken oder ihm begegnen. Solange Sie nicht wollen, dass dies per Zufall geschieht, versuchen Sie, Unabhängigkeit tiefer zu hängen. Belehren Sie Ihre Kinder nicht vorzeitig über ihre Rechte. Seien Sie einfach eine liebevolle elterliche Autorität im Leben Ihres Kindes.

10
»Beschließe, dein wahres, wunderbares und gutes Selbst zu sein!«
Eigenständigkeit, Freiheit und Verantwortung für Kleinkinder

Im Laufe der Jahre hat Debbie vielen Kindern in der Therapie folgende Frage gestellt: »Werden Babys gut oder böse geboren?« Es ist erstaunlich, wie viele Kinder mit »böse« antworten. Viele dieser Kinder glauben, dass sie selbst böse auf die Welt gekommen sind. Manche glauben, dass andere böse geboren wurden und dass man es an ihrem Verhalten sehen kann. Es ist nicht schwer, zu erkennen, wo solche Ideen herkommen, wenn Kinder mit der Doktrin der Erbsünde aufgewachsen sind. Aber viele der Kinder, die sich selbst für »böse geboren« hielten, hatten nie eine solche religiöse Indoktrination erfahren. Ihre Eltern hatten sogar sehr bewusst versucht, zwischen Handlung und Kind zu unterscheiden. Diese Eltern waren überzeugt, dass das Gefühl ihrer Kinder, böse zu sein, nicht daran liegen konnte, dass sie als »böse« bezeichnet worden waren. Doch irgendwie hatten diese Kinder ein sehr negatives Selbstbild entwickelt.

Wir hatten aber auch bemerkt, dass Eltern, wenn wir sie am Beginn der Sitzung baten, über das Verhalten ihres Kindes in der Zwischenzeit seit unserer letzten Sitzung zu berichten, immer mit negativen Beispielen begannen. Selbst wenn sich das Kind die ganze Woche absolut vorbildlich verhalten hatte, war das Erste – und vielleicht Einzige –, wovon wir zu hören bekamen, der Wutanfall, den das Kind im Auto auf der Herfahrt zu unserer Praxis hatte. Auf die Frage, warum ihr Kind sich schlecht benommen hatte, antworteten die Eltern häufig, dass das Kind »Aufmerksamkeit erregen wollte«.

Um Eltern zu helfen, sich an die Ereignisse der Woche zu erinnern, und um ihnen zu helfen, zwischen »böse« und »traurig« (ein entscheidender Unterschied, den wir in Kapitel 11 ausführlich erörtern werden) zu unterscheiden, erfanden wir eine »Smiley-Karte«: Darauf waren die Wochentage, eingeteilt in Vor- und Nachmittag, verzeichnet. Die Eltern sollten nun ein großes Smiley (oder ein trauriges Gesicht) oder ein kleines »Grrr« beziehungsweise ein »Growlie« (mit gezackter Mundlinie) eintragen, je nachdem wie sich ihr Kind verhalten hatte. Ein Wutanfall, körperliche Aggression oder destruktives Verhalten bekam natürlich ein »Grrr«, während gutes Verhalten einen Smiley verdiente und Traurigkeit ein trauriges Gesicht. Um sicherzustellen, dass sowohl das gute Verhalten wie echte Traurigkeit die positive Aufmerksamkeit erhielten, die sie beide verdienten, ließen wir die Eltern die glücklichen und traurigen Gesichter groß und bunt malen, das »Grrr« hingegen nur klein und mit Bleistift.

Am unteren Rand notierten wir drei einfache Aussagen, die die Lösung für viele Kindheitsprobleme zusammenfassen:

Sei dein wahres, wunderbares und gutes Selbst!
Befolge die Anweisungen beim ersten Mal!
Keine Gemeinheiten!

Unser anspruchsloses kleines Hilfsmittel half Eltern und Kindern, klar zwischen bösem und traurigem Verhalten zu unterscheiden, und es zwang natürlich die Eltern, das gute Verhalten ihrer Kinder, das sonst häufig unbemerkt und unerkannt blieb, aufzuzeichnen und wahrzunehmen. Wir waren damit einige Jahre ganz glücklich. Bis wir Bennie begegneten.

Entscheidungsfreiheit von kleinen Kindern lernen

Bennie war ein blinder, zurückgebliebener Junge von sieben Jahren, der seinen Eltern und einer Lehrerin großen Kummer bereitete. Die Lehrerin war frustriert, da sie mit seiner Behandlung und seinem Training nicht weiterkam – der nächste Schritt war, mit einem Blindenstock gehen zu lernen –, weil Bennie sich hartnäckig weigerte, sich auf die notwendige Vorübung einzulassen, nämlich seinen Weg mit vorgestreckten Armen zu suchen. Stattdessen rannte er lieber in Hindernisse hinein, insbesondere in unbekannter Umgebung. (Bei sich zu Hause fand er sich gut zurecht. Er konnte zum Beispiel stundenlang auf seinem Fahrrad in der Einfahrt herumfahren, ohne je hinzufallen oder über die Bordsteinkante zu rumpeln.) Doch Bennies Weigerung, sich seiner vorgestreckten Arme als Vorläufer von einem Stock zu bedienen, machte die Lehrerin ratlos.

Für seine Eltern war Bennie ein großes Glück durch seine bloße Existenz. Bei der Geburt hatte er kaum mehr als anderthalb Pfund gewogen und sein Überleben war ein Kampf gewesen. Doch Bennie hatte nicht nur die Säuglingszeit überlebt, er schien überhaupt intensiv und geradezu dickköpfig darauf bedacht, im Leben vorwärts zu kommen. Nur leider zeigte sich diese Dickköpfigkeit auch in anderen Dingen.

Wir brauchten nicht lange, um zu erkennen, warum das Kind sich weigerte, seine Arme beim Gehen als Tastorgane zu benutzen. Es war nicht nur Starrsinn. Dahinter steckte seine Überzeugung, dass es schlicht nicht nötig war. Wenn sein Überleben ein Wunder gewesen war, wie seine Familie – tief religiöse Katholiken – glaubte, dann war es schließlich nur eine Frage der Zeit, wann Gott ein weiteres Wunder tat und ihm Sehvermögen schenkte.

Sowie uns dieser Gedankengang klar wurde, sagten wir: »Bennie, Gott hat dir alles gegeben, was er dir geben wird. Statt dass du darauf wartest, dass er dir Sehvermögen gibt, wartet Gott darauf, dass du dir einen Tritt in den Hintern gibst und deine Arme vorstreckst, damit du lernen kannst, mit einem Stock umzugehen!« Und Bennie zögerte nicht länger.

Vom bloßen Dasein zur Entscheidung

Trotz Bennies Blindheit macht Debbie eine Karte für ihn, genauso wie für die anderen Kinder, mit denen wir arbeiteten. Bennie konnte die Karte nicht sehen, aber er konnte sie *fühlen*. Also besorgte Debbie eines dieser Schaumstoffbänder, mit denen man im Winter Türen und Fenster abdichtet, und selbstklebendes Sandpapier. Aus dem weichen Schaumstoff machte sie seine Smileys und aus dem Sandpapier, das sie in kleine Kreise schnitt, wurden seine »Grrs«.

Zu unserer Überraschung wurde Bennies Verhalten schnell schlechter, aber wir kamen bald dahinter, dass er das Gefühl von rauem Sandpapier *liebte* – also hörten wir damit auf und ließen die Stellen, wo ein »Grrr« hingehört hätte, einfach leer.

In der Woche nachdem wir Bennie erklärt hatten, Gott warte darauf, dass er seine guten Arme, die er ihm geschenkt hatte, auch benutzen würde, war seine Mutter vollkommen begeistert über das Verhalten ihres Sohns. Sie hatte nur ein einziges Vorkommnis zu monieren. Am Sonntagmorgen kletterte ihr Sohn, wie er es jeden Sonntag tat, ins Bett seiner Eltern. Doch diesmal krabbelte er oben auf seinen Vater, drehte sich herum und furzte ihm ins Gesicht.

»Bennie!«, sagten wir. »Warum hast du das denn getan?«

»Weil ich es *beschlossen hatte*«, sagte der mit einem seligen Lächeln.

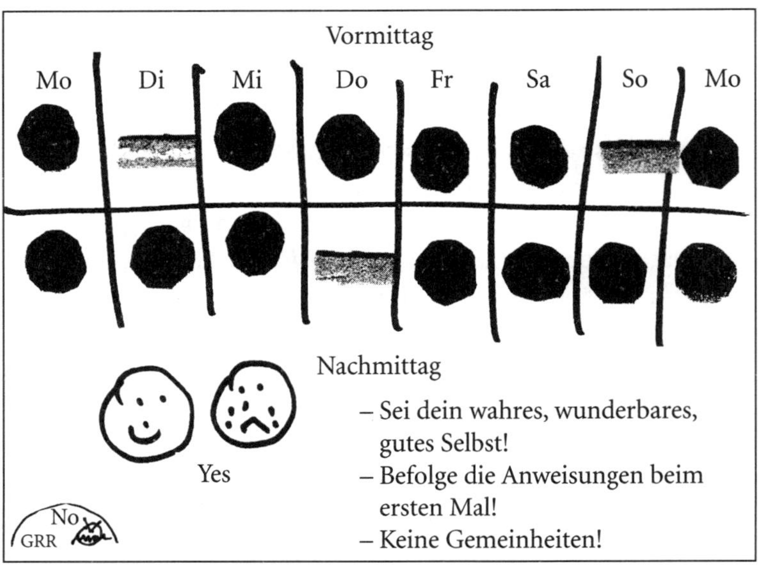

Sind Kinder eigenständig?

Zwar war niemand damit glücklich, doch zugleich freuten wir uns alle, dass Bennie zum ersten Mal in seinem Leben etwas getan hatte, zu dem er sich selbst entschlossen hatte. Von diesem Tage an, und das ist jetzt gut zehn Jahre her, änderten wir den ersten Satz auf unserer kleinen Karte, so dass seither darauf steht: *Beschließe, dein wahres, wunderbares und gutes Selbst zu sein!*

Denis hat Bennies alte Smiley-Karte im Regal neben seinem Stuhl aufgehoben. Wenn Eltern klagen, dass sie »durchdrehten« oder sich nicht in der Kontrolle hätten, holt Denis die Karte hervor, zeigt sie den Eltern und sagt: »Das hier ist eine Smiley-Karte für einen blinden, zurückgebliebenen Jungen von sieben Jahren. Er kann sie nicht einmal sehen. Er muss sie ertasten. Und doch steht darauf: *Beschließe, dein wahres, wunderbares und gutes Selbst zu sein!* Wenn wir von einem blinden, zurückgebliebenen Siebenjährigen erwarten können, dass er *beschließt*, sein echtes wunderbares, gutes Selbst zu sein, dann können wir es sicherlich auch von Erwachsenen erwarten!« Diese Botschaft kommt gewöhnlich an.

Unsere Sprache ist voll von Ausdrücken, die unsere grundlegende Freiheit in Zweifel ziehen. Die Verantwortung für Handlungen wird regelmäßig allem Möglichen zugewiesen, den Geschwistern oder dem Wetter, der Müdigkeit oder manchmal auch dem Teufel. Hören Sie sich einfach mal um und überall werden Ihnen Ausdrücke begegnen wie:

- Aber sie hat mich geschlagen!
- Ich musste einfach.
- Es war zu schwer.
- Es ist nicht meine Schuld/Ich kann nichts dafür.
- Ich konnte nicht anders.
- Ich war müde.
- Mein Kopf wollte das.

Diese Ausdrücke ähneln doch sehr denjenigen, mit denen Eltern, wie im letzten Kapitel besprochen, persönliche Verantwortung depersonalisieren oder im Dunkeln belassen – freilich mit dem Unterschied, dass diese Sätze von Kindern gesagt werden. Selbst noch sehr kleine Kinder sprechen häufig so (und denken offensichtlich auch so), als ob die Umstände ihr Verhalten diktierten, als ob Mächte von außen sie verleiteten, gewisse Dinge zu tun. (Manchmal gelten selbst »innere« Quellen als »äußere«, etwa wenn das Kind sagt: »Mein Kopf wollte das.«) Wenn Eltern und Kinder ein solches Vokabular gebrauchen, um ein eigentlich frei gewähltes Verhalten zu beschreiben, dann kann natürlich niemand erwarten, dass sich irgendjemand in der Kontrolle hat.

Beschließe, dein wahres, wunderbares und gutes Selbst zu sein!

Von unserer ersten Begegnung erwarten wir selbst von sehr kleinen Kindern – Drei- und Vierjährigen –, dass sie ihr Verhalten ändern. Zum Beispiel dass Marie, wenn ihr Bruder ihr Puppentheater umwirft, statt ihm ihrerseits wehzutun und etwas kaputtzumachen, zu ihrer Mutter geht und es ihr erzählt. Die Mutter sollte dann sagen: »Was für eine gute Entscheidung! Ich bin so stolz auf dich, dass du zu mir gekommen bist, statt ihm etwas Böses zu tun.«

Manchmal sagt Debbie zu einem Kind im Beisein seiner Eltern: »Gehen Denis und ich mit dir nach Hause? Gehen wir mit dir zur Schule? Nein! Wer hat also diese guten Entscheidungen getroffen?« »Ich!«, sagt das Kind – selbst Jungen bis zehn –, und sie strahlen wie ein Weihnachtsbaum. Mit der Ausnahme, dass wir hin und wieder dem Kind vor seinen Eltern Gelegenheit geben, für seine guten Entscheidungen Lob zu bekommen, bemühen wir uns, dass das Kind seine Entscheidungen – und dies im positiven Sinn – als ihm ganz und gar zugehörig betrachtet. Wir drillen die Kinder nicht auf Selbstverantwortung und Entscheidungsfreiheit, und wir brechen keinerlei philosophische Diskussionen vom Zaun. Wir geben dem Kind einfach 100 Prozent Lob für das Positive, das es tut, und zwar mit sehr klarem Hinweis darauf, dass es seine Entscheidung war.

Kurz nach Bennies Verkündung, dass er seine Tat *beschlossen hatte*, nahmen wir an dem Beginn unserer Sitzungen eine Änderung vor. Statt die Eltern zu fragen, wie die *Woche* des Kindes gewesen war, fordern wir sie auf: »Sagen Sie uns etwas über seine guten Entscheidungen seit unserem letzten Treffen.« Nicht selten antworten Eltern darauf, dass es keine gab, doch wir weigern uns, eine so massiv negative Beurteilung des Verhaltens ihres Kindes über den Zeitraum einer ganzen Woche hinzunehmen. »Aber sicher gab es welche«, sagen wir. »Es muss welche gegeben haben. Erzählen Sie uns davon.« Wir weisen die Eltern darauf hin, dass wir selbst, wenn ihr Kind im Jugendstrafvollzug landen würde, die Sitzung mit einer Aufzählung seiner guten Entscheidungen beginnen würden.

Das klingt sicher naiv und idealistisch, aber es ist eigentlich nur eine gleich bleibende Botschaft an das Kind, dass es Entscheidungen fällen kann und dass unsere durchgehende Erwartung die ist, dass es gute Entscheidungen treffen wird.

Achten Sie auf die konventionelle Sprache!

Konventionelle Sprache und Alltagsformulierungen können unsere besten Bemühungen zunichte machen. Wenn Sie die Fähigkeit Ihres Kindes fördern wollen, selbst Entscheidungen zu treffen, dürfen Sie keine Ausdrücke gebrauchen wie »Was für ein Junge warst du heute?« oder »Warst du heute ein braves Mädchen?«. Wenn Ihr Kind an diesem Tag »böse« war, dann ist das nur eine Beschreibung seines Verhaltens. Erwarten Sie nicht, dass sich Ihr Kind verantwortungsvoll verhält, wenn es böse ist. Dieser Ausdruck suggeriert ihm, Bosheit gehöre zu seinem Charakter.

Kinder sagen gewöhnlich Dinge wie »Wenn ich heute lieb bin, kann ich dann …?« oder »Wenn ich lieb bin, wirst du dann …?«.

Achten Sie sorgfältig auf Äußerungen wie diese und korrigieren Sie sie auf der Stelle. Eine schlechte Entscheidung lässt sich ändern, aber wenn ein Kind »böse« *ist*, dann ist das Böse ein Teil der Identität des Kindes und lässt sich nicht ändern. Kinder, die sich selbst – statt ihre Entscheidungen – für böse ansehen, denken oft, dass ihre Eltern sie gerne loswerden wollen. Diese

Kinder ersparen ihren Eltern oft die Mühe, indem sie sich selbst »loswerden«, ohne Verbindung und separiert bleiben.

Mit der Zeit fordern diese Dinge ihren Tribut. Es hat keinen Sinn, ein »unangemessen negatives Selbstbild« oder »böses« (Trotz-)Verhalten formalen psychischen Störungen wie Depression oder oppositionellem Verhalten zuzuschreiben, wenn die Sprache der Eltern und Kinder gleichermaßen das Kind als »böse« bezeichnet.

Löschen des negativen Selbstbilds durch gute Entscheidungen

Stellen wir uns vor, Sie hätten ein Kind von acht Jahren, das Ihnen außerordentliche Kopfschmerzen verursacht. Es ist trotzig, widerspenstig, gemein, ungezogen und hat auch wenig Freunde, weil es bereits jeder Möglichkeit, abgelehnt zu werden, beim ersten Treffen mit einem neuen Klassen- oder Spielkameraden dadurch zuvorkommt, dass es sich von seiner unsympathischsten Seite zeigt. Es ist eigentlich nie wirklich glücklich, aber es ist auch nur selten traurig im normalen, gesunden Sinne des Worts. Kann man dies mit Entscheidungen umkehren? Aber gewiss doch! Es ist sogar so, dass der Alltag Ihnen jede Menge Gelegenheiten bietet, dies zu tun.

Nehmen wir an, Sie beide spielen Schach oder Dame. Zunächst ist Ihr Kind impulsiv, weil es unbedingt gewinnen will. Aber es möchte gewinnen, weil es vor allem nicht verlieren will. Verlieren ist ein weiteres Symbol dafür, dass es schlecht und blöd ist. Spielen Sie einfach, bis Ihr Kind einen klugen Zug macht, dann sagen Sie etwas wie: »Oh, ich finde es wirklich gut, wenn du dich schützt. Eine sehr gute Entscheidung!« Das nächste Mal, wenn es das Gleiche macht, sagen Sie: »Sehr gute Entscheidung!« Indem Sie immer mal wieder auf die Faktoren der Entscheidung und des Sichschützens hinweisen, verschieben Sie auf subtile Weise das Selbstempfinden Ihres Kindes in Richtung Eigenverantwortung. Verantwortung für sich zu tragen wird – beim einen sehr schnell, beim anderen langsamer – umschlagen in *Freude am Spiel* und den Versuch, *es in die Länge zu ziehen*. Wenn die Spiele länger dauern, können Sie kundtun, wie viel mehr Spaß es macht, das Spiel am Laufen zu halten, statt nur auf raschen Sieg zu spielen. Natürlich bedeutet eine Verlängerung des Schach- oder Damespiels zugleich eine Verlängerung des Beisammenseins. Je länger man mit jemandem voller Spaß zusammen spielt, desto angenehmer fühlt man sich mit ihm verbunden. So können Sie also mit einem einfachen Brettspiel 1) ein spontanes Adaptionsverhalten als Entscheidungen definieren; 2) das Selbst Ihres Kindes in etwas umdefinieren, das schützenswert ist; 3) seine Impulsivität mindern; und 4) Ihrer beider Beziehung verbessern.

Warten Sie nicht, bis Ihr Kind etwas wirklich Schlimmes anstellt. Solche Strategien sind deshalb so wirkungsvoll, weil es viele Gelegenheiten gibt, in denen man sie anwenden kann, häufig inmitten einer sonst negativ geprägten Verhaltenssituation. Nach unserer Erfahrung gibt es kaum ein Kind, das nicht auf solch einfache positive Ansprache reagiert, und sei es das frechste, unangenehmste Kind, das Sie je getroffen haben.

Befolgen der Anweisungen beim ersten Mal!

Das Arbeitsumfeld von Kindergartenerziehern gleicht mehr dem durchschnittlichen Familienumfeld als einer durchschnittlichen Klasse in der Grundschule. Erzieher/-innen, die unsere Methoden angewendet haben, kamen zu dem Ergebnis, dass sie aggressive und disruptive Verhaltensweisen signifikant verringern und die allgemeine Bereitschaft für Zusammenarbeit in ihrem Umfeld fördern konnten.

Wenn eine Erzieherin ein Kind mit den Worten lobt: »Es gefällt mir wirklich, wenn du die Anweisungen beim ersten Mal befolgst!«, so teilt sie dem Kind etwas sehr Positives über es selbst mit und zugleich sagt sie etwas über ihre Erwartungen und ihre Beziehung aus. Wenn sie hinzufügt: »Es gefällt mir wirklich, wenn du dich dafür entscheidest, die Anweisungen gleich zu befolgen!«, drückt sie ihre Überzeugung aus, dass das Kind sein freier Herr ist, nicht nur in der Lage, Entscheidungen zu treffen, sondern auch *gute* Entscheidungen.

Hierzu ist kein Unterrichten oder Lehren nötig. Kleine Kinder brauchen keine Belehrung über gute oder schlechte Entscheidungen. Sie brauchen nur Erwachsene, die im Alltagsgeschehen ihre guten Entscheidungen anerkennen und ihnen dafür volles Lob spenden.

Wichtig ist auch, dass auf schlechte Entscheidungen keinerlei Betonung gelegt wird. Selbst sehr kleine Kinder verstehen schon, was eine schlechte Entscheidung ist, insbesondere wenn Erwachsene die Kommunikation und Erfahrung so strukturieren, dass gute Entscheidungen immer Anerkennung und ausdrückliches Lob finden. Selbst sehr kleine Kinder werden unter »schlechten Entscheidungen« all die Verhaltensweisen begreifen, die außerhalb dessen fallen, was normalerweise unterstützt und gelobt wird. So lassen sich Werte vermitteln, und so lässt sich Kindern helfen, schlechte Entscheidungen schnell zu revidieren – nicht durch lange Gespräche darüber, was gut und was falsch ist.

Keine Gemeinheiten!

Wenn im normalen Alltag ein Kommunikationsstil vorherrscht, der Gehorsam, Zusammenarbeit, Mitteilsamkeit und Nutzung erwachsener Ressourcen betont – selbst inmitten eines wirklich tadelnswerten Verhaltens seitens des Kindes –, wird das Bedürfnis, ja die Notwendigkeit nachlassen, sich mit dem negativen Verhalten zu beschäftigen. Selbst wenn ein Kind etwas Unakzeptables macht, schlägt, etwas zerstört oder nicht abgibt, muss dies zwar eine Konsequenz haben (siehe unten), doch dann müssen Sie zugleich etwas sagen wie: »Ich glaube, du kommst das nächste Mal besser zu mir und redest mit mir, statt jemanden zu schlagen.« Wenn Sie einen Kontext positiver Kommunikation und positiver Erwartungen schaffen, ist die Wirkung um vieles größer, wenn Sie Ihrem Kind einmal direkt etwas verbieten müssen. Außerdem geben Sie Ihrem Kind damit mannigfach Gelegenheit im Laufe des Tages, gute Entscheidungen zu treffen und sich darüber zu freuen.

Konsequenzen, keine Bestrafung

Wenn das Ziel lautet, ein Kind zu großzuziehen, das weiß, dass es Wahlmöglichkeiten für Entscheidungen gibt, das meistens richtige Entscheidungen trifft und die Verantwortung für das, was es tut, übernimmt, dann sollte Disziplin diesen Prozess erleichtern und nicht stören. Leider sind die meisten Strafen für ein Kind Verletzungen, aus denen es nur lernt, auch andere zu verletzen. Bestrafung führt nur in einen Rachekreislauf und bietet, durch Ihr Beispiel, dem Kind die Gelegenheit, fies zu sein – das genaue Gegenteil von dem, was Sie bei Ihrem Kind erreichen wollen. Und im Allgemeinen hat Bestrafung zur Voraussetzung, dass das Kind in irgendeiner Form zugibt, dass es schlecht ist.

Auszeiten

Bei kleinen Kindern ist Disziplin überflüssig. Sagen Sie einfach Nein und lenken Sie die Aufmerksamkeit Ihres Kind auf anderes. Die meisten Eltern beginnen mit der Einübung von Disziplin bei Kindern, die schon laufen können. Darin spiegelt sich ihre Wahrnehmung, dass das Kind ein Alter erreicht hat, in dem es die Bedeutung von Entscheidungen erkennt. In dieser Zeit beginnen Eltern, zu strafen und disziplinarisch einzugreifen.

»Auszeit« meint genau das, was es sagt: Es nimmt das Kind für eine bestimmte Zeit aus dem sozialen Kontext heraus. Eltern stellen ihre Kinder in die Ecke, setzen sie auf so genannte Auszeit-Stühle oder schicken sie auf ihr Zimmer. (Man sollte allerdings nicht das Zimmer des Kindes als Strafraum verwenden und dann erwarten, dass es dort gerne spielt oder schläft.) Manche Eltern (und Lehrer und Erzieher) fordern die Kinder auf, in der Auszeit »darüber nachzudenken«. Solche Maßnahmen funktionieren jedoch kaum.

Es gibt alle möglichen Varianten der Auszeit, die sogar dem gesunden Menschenverstand widersprechen, aber enorm »entwicklungspsychologisch« klingen. Ziemlich verbreitet ist, die Auszeit so viele Minuten dauern zu lassen, wie das Kind Jahre zählt. Nach diesem Rezept bekommt also ein sechsjähriges Kind eine Auszeit von sechs Minuten. Nicht nur gebricht es solchen Rezepten an jeder entwicklungspsychologischen Grundlage, vor allem erlauben sie Eltern und Früherziehern, nicht darüber nachzudenken, was solche Eingriffe bezwecken sollen und ob sie auch tatsächlich funktionieren.

Kleine Kinder lernen durch Handeln und Erfahrung, nicht durch Belehrungen und aufgezwungene Meditation. *Das Ziel der Auszeit ist es also, 1. ein inakzeptables Verhalten abzustellen und 2. das Kind so rasch wie möglich wieder zu der positiven Aktivität zurückzuführen, die durch das inakzeptable Verhalten des Kindes unterbrochen wurde.* Eine erfolgreiche Auszeit stellt so schnell wie möglich das akzeptable Verhalten wieder her – manchmal augenblicklich. Die meisten Auszeiten scheitern, weil sie zu lange dauern, zu kompliziert sind und das Kind dazu einladen, einen Machtkampf mit dem Erwachsenen aufzunehmen. Alles, was das Kind tun muss, um den Erwachsenen in einen aktiven Machtkampf zurückzuziehen, ist, »Nein« zu sagen oder ihm die Zunge herauszustrecken.

Erfolgreiche Auszeiten bei kleinen Kindern haben eine einfache Struktur: Unterbrechen Sie das unerwünschte Verhalten, indem Sie das Kind *freundlich, aber fest* an den Armen fassen und sagen: »Jetzt ist Auszeit. Es wird nicht [geschlagen, gebissen, geschrien oder was immer].« Dann zählen Sie »Eins, zwei drei, vier, fünf« und sagen: »Die Auszeit ist vorbei.« Tun Sie dies in vollkommen sachlichem Ton. Am Ende der Auszeit lenken Sie das Kind sanft zurück zu dem, was es vor der Auszeit getan hat. Wenn Sie an der Aktivität beteiligt waren, die durch das inakzeptable Verhalten unterbrochen wurde, nehmen Sie einfach wieder daran teil, als ob nichts geschehen wäre. Wenn nicht, lassen Sie das Kind dort weitermachen, wo es vor der Auszeit gewesen war.

Wenn das Kind sich sofort und heftig gegen die Auszeit wehrt (z.B. strampelt, wenn Sie mit der Auszeit beginnen), erklären Sie einfach, ohne zu zögern: »Die Auszeit ist vorüber«, und beginnen den Prozess erneut, wenn es notwendig ist. Das Kind ist dann kurz verwirrt, wer die Kontrolle über die Auszeit tatsächlich hat, und wird die Intervention über kurz oder lang akzeptieren. Das erspart sämtliche Konfrontationen und Machtkämpfe, während es für das Kind implizit eine Konsequenz zeigt und ihm doch auch erlaubt, in seiner positiven Aktivität fortzufahren.

Manche Kinder reagieren sofort auf die Auszeit, während andere viele Auszeiten innerhalb eines kurzen Zeitraums brauchen. Tatsächlich setzen wir, wenn dies angemessen erscheint, Auszeiten in der ersten Spieltherapiestunde ein, um zu sehen, wie empfänglich ein kleines Kind für erwachsene Eingriffe und für eine wohlwollende Strukturierung ist – aber auch als unmittelbare Intervention, wenn sich das Kind selbst Schmerzen zufügt, sich etwa auf den Kopf haut, weil eine Legokonstruktion missraten ist. Man beachte, dass es auch hier darum geht, unsere Wertvorstellungen und Erwartungen mitzuteilen. Kein Kind, das sich selbst böse und schrecklich findet, verdient es, geschlagen zu werden. Eltern und Therapeuten, die eingreifen, indem sie das Kind fragen: »Warum hast du das getan?«, übersehen, dass sie den Prozess an keinem Punkt unterbrochen haben, nicht gesagt haben, dass das Verhalten inakzeptabel ist, und nicht gesagt haben: »Tu das nicht!« Alles das aber wird durch eine kurze und unmittelbare Auszeit vermittelt.

Wir müssen uns allerdings klar machen, dass »viele Auszeiten« wirklich »viele Auszeiten« bedeuten. Wie bei jeder auf Erfahrung abzielenden Intervention bei Kindern reagieren manche Kinder rasch, während andere Kinder extrem resistente Verhaltensweisen zeigen. Geben Sie also nicht auf, wenn Sie nicht gleich Erfolg haben. Ihr potenzieller Erfolg liegt in der Konsequenz, Kontinuität und Vorhersehbarkeit Ihrer Interventionen, nicht in der Intensität oder in der bewussten Verarbeitung des Prozesses durch Ihr Kind. Sie wollen einzig und allein das unerwünschte Verhalten beenden und dabei ein alternatives positives Verhaltensmuster schaffen. Wenn Sie gleichzeitig dem Kind sachlich und unzweideutig vermitteln, dass es im Kern gut ist, können solche einfachen Interventionen außerordentlich effektiv und segensreich sein.

Konsequenzen für Entscheidungen

Weil die meisten Bestrafungen ein Moment von Rachsucht oder Vergeltung enthalten, führen sie selbst bei Adoleszenten noch zu einer »Du-bist-gemein-Reaktion«. Wie wir schon sagten, verschiebt dies komplett den Blick von dem, was das Kind oder der Jugendliche getan hat oder zu tun versäumt hat, auf Ihr Verhalten als Eltern. Wenn Sie wollen, dass Kinder oder Jugendliche eine Beziehung herstellen zwischen ihren Entscheidungen und den Konsequenzen, die darauf folgen, dann überlassen Sie die Überzeugungsarbeit den Konsequenzen. Dies verlangt von Ihnen emotionale Neutralität und ein sachliches Verhalten. Keine Belehrungen, keine erzwungenen Geständnisse, keine Meditationen über das verfehlte Benehmen sind hier am Platz. (Wenn der Polizeibeamte Ihnen einen Strafzettel wegen Geschwindigkeitsübertretung überreicht, dann fordert er Sie nicht auf, an den Straßenrand zu fahren und fünfzehn Minuten »darüber nachzudenken, was Sie da eben getan haben«. Die Konsequenz selbst sind die Geldstrafe, die Punkte in Flensburg und bei einem Schaden die Erhöhung Ihrer Versicherungssumme. Wenn der Beamte Ihnen in penetranter Manier eine Strafpredigt hält, werden Sie beim Weiterfahren sehr viel eher an Ihre Wut auf ihn als an Ihren Fahrstil denken und hätten nichts gelernt.) Also vermeiden Sie es, Ihr Kind zu rachsüchtigen Widerworten herauszufordern – insbesondere bei Adoleszenten –, indem Sie Ihrer beider Beziehung zum Thema machen. Überlassen Sie den Konsequenzen, zu belehren.

Bei kleinen Kindern sollten die Konsequenzen so rasch wie möglich eintreten. Wenn das vier- oder fünfjährige Kind nach *einer* Verwarnung das Spielzeug erneut herumschmeißt, geben Sie ihm *sofort* eine Auszeit *und* nehmen Sie ihm das Spielzeug für einen Tag weg. Warnen Sie das Kind nicht noch einmal. Das nächste Mal, wenn das Kind ein Spielzeug herumwirft, nehmen Sie es ihm sofort ab. Sowohl Eltern wie Kinder müssen sich an diese erste Regel erinnern: *Befolge Anweisungen beim ersten Mal*! Wenn Sie wiederholt Warnungen aussprechen, sagen Sie damit, dass Sie die Regel vergessen haben (oder sich nicht darum kümmern) und dass Ihre Erwartungen an Ihr Kind sehr gering sind.

Und Sie bringen, wie wir zuvor schon angemerkt haben, Ihrem Kind damit bei, Sie auszublenden.

Bei älteren Kindern und Adoleszenten empfehlen sich Konsequenzen von kurzer Dauer, die mit der Entscheidung des Kindes in möglichst sinnfälligem Zusammenhang stehen. Verhängen Sie keine »Restriktionen«, die Wochen oder gar Monate andauern. Für viele Kinder sind solche lang anhaltenden Einschränkungen das Äquivalent für lebenslängliche Haftstrafen: Da sie bereits »alles« verloren haben – so folgern die Kinder –, können sie ja jetzt tun, was sie wollen, weil sie ja ohnehin nichts mehr zu verlieren haben. Dies nimmt Ihren Konsequenzen alle Kraft. Es macht Sie auch zum bösen Buhmann, der Sie doch gar nicht sein wollen, indem sofort das Thema von den Konsequenzen *ihrer* Entscheidung sich auf *Ihre* »Gemeinheit« verlagert. Wenn Sie wollen, dass Ihr Kind die Welt im Sinne von Wahlfreiheit für Entscheidungen und seiner grundsätzlichen Fähigkeit zum Guten wahrnimmt, sollten Sie frühzeitig mit einfachen und sofortigen Konsequenzen beginnen und unbedingt vermeiden, die Konsequenzen ins Persönliche zu wenden.

Und, noch einmal, achten Sie auf Ihre Sprache. Machen Sie noch nicht einmal zum Spaß Bemerkungen wie »Die Strafe ist dem Verbrechen angemessen«. Ob im Ernst oder zum Spaß, vergleichen Sie das inakzeptable Verhalten Ihres Kindes nie mit irgendeiner Art von Verbrechen.

Handlungen sprechen deutlicher als Worte[1]

Die Sicherheit und Geborgenheit der Kinder hängt von doppelten Standards ab, die es Erwachsenen erlauben, Dinge zu tun, die Kindern verwehrt sind. Doch gibt es auch eine etwas heimtückische Form von doppelten Standards, bei denen erwachsene Verhaltensweisen von Kindern als heuchlerisch oder inkonsequent empfunden werden.

In den folgenden Beispielen vermittelt das Verhalten von Eltern Werte oder Standards, die dem widersprechen, was verbal vermittelt wurde:

- Obwohl bei den Eltern die Regel »Kein Essen und keine Getränke im Auto« gilt, nimmt die Mutter ihren Morgenkaffee mit, wenn sie die Kinder zur Schule fährt;
- ein Kind schlagen, damit es aufhört, ein anderes Kind zu schlagen;
- Kinder in Filme mitnehmen, die für ihr Alter noch nicht erlaubt sind;
- ein Kind ohne Schuhe oder Hemd in einen Laden mitnehmen, in dem beides erbeten ist;
- ein Stoppschild oder eine rote Ampel überfahren;
- keinen Sicherheitsgurt tragen, obwohl es gesetzlich vorgeschrieben ist und man es von den Kindern verlangt;
- einem Kind erlauben, auf dem Vordersitz mitzufahren, obwohl es gesetzlich verboten ist (oder wenn das Kind kleiner ist, als vom Gesetz vorgeschrieben);
- eine Straße überqueren, ohne das Kind an der Hand zu halten, obwohl die Familienregel lautet: »Beim Straßenüberqueren immer die Hand eines Erwachsenen halten«;
- rauchen, obwohl jedes Kind weiß, dass Rauchen zu tödlichen Erkrankungen führen kann;
- beim Autofahren Alkohol trinken;
- fluchen, obgleich man es dem Kind verboten hat;
- am Telefon die Frau oder den Mann verleugnen, obwohl sie/er zu Hause ist und einfach nicht mit der Person sprechen will.

Wie haben in den Kapitel 7 und 8 gesehen, dass viele Eltern ihre Kinder, insbesondere Kleinkinder, behandeln, als ob sie erwachsenes Verhalten überhaupt nicht wahrnehmen würden. Diese Art der Behandlung kann nicht nur dissoziatives Verhalten und Aufmerksamkeitsstörungen zur Folge haben, es kann auch genau die Werte unterminieren, die Sie Ihrem Kind nahe bringen wollen.

Da Kinder Meister in Spitzfindigkeiten sind, empfangen Sie jedes Mal, wenn Sie sich wie oben verhalten, die Botschaft, dass Regeln dazu da sind, gebrochen zu werden, und dass Sie sie selbst nicht ernst nehmen. Lassen Sie sich nicht davon irritieren, dass *manche* Kinder die Regeln trotz des gegenteiligen elterlichen Vorbilds befolgen. Viele Kinder saugen die Werte auf, die sich im Verhalten ihrer Eltern äußern, auf Kosten der sehr ehrlichen Lehren, die die Eltern ihnen mitzuteilen versuchen.

Verhaltensweisen als Kommentare

Das Verhalten eines Kindes kann ebenso sehr ein Kommentar sein wie gesprochene Worte. Doch solche Verhaltenskommentare sind manchmal schwieriger zu erkennen. Zum Beispiel kann ein Kind seinen Anschnallgurt anlegen, um ihn gleich wieder zu öffnen, wenn es sieht, dass seine Mutter oder sein Vater sich nicht anschnallen. Das Kind mag einer zweiten Aufforderung »Schnall dich an!« Folge leisten, aber nur, um sich des Gurts wieder zu entledigen, wenn die Mutter oder der Vater sich immer noch nicht anschnallen. Oder ein Teenager trinkt alkoholische Getränke – und räumt nicht einmal die Flaschen weg. Dies findet in einem Haushalt statt, in dem die Mutter oder der Vater oder beide Eltern illegale Drogen nehmen wie Marihuana oder verschreibungspflichtige Medikamente missbrauchen. Vor allem im Fall des kleineren Kindes bleiben seine Beobachtungsgabe und sein Verständnis von Regeln *für Erwachsene* unbemerkt, wenn sein kommentierendes Verhalten als »bloße Unfolgsamkeit« gesehen wird. So praktizieren Kinder häufig eine *parallele Regelverletzung*, um damit mitzuteilen: »Wenn du es kannst, kann ich es auch.« Dabei handelt es sich nicht um ein bloßes Nachahmen. Vielmehr ist darin ein Urteil enthalten, das sich hinter der offenbaren Ähnlichkeit des kindlichen oder adoleszenten Verhaltens verbirgt. Manche Kinder und Jugendliche sind sich durchaus dessen bewusst, was sie tun und was sie damit mitteilen wollen. Andere nicht.

Zu einer klaren Kommunikation gehören klare Entscheidungen

Wenn Ihnen wirklich an den Entscheidungen liegt, die Ihr Kind trifft, dann müssen Sie Ihre eigenen Entscheidungen ernst nehmen.

Hannah beklagte sich bei ihrer Freundin darüber, dass sich ihre vier Söhne ständig stritten. Bei welchen Anlässen solche Streitereien denn anfingen, wollte ihre Freundin wissen. »Naja, sie prügeln sich dann richtig«, sagte Hannah, »und es beginnt meistens damit, dass sie Wettkämpfe austragen.« Wenige Tage später lud Hannah die Freundin mit deren Mann und siebenjährigem Sohn ein, mit ihrer Familie ein Eishockeyspiel zu besuchen. Ihre Freundin antwortete, dass sie sich über die Einladung zwar sehr freue, aber lieber nicht komme. Als Hannah überrascht den Grund dafür erfahren wollte, bat die Freundin sie, einmal das Verhalten der Eishockeyspieler zu beschreiben. Hannah antwortete, dass es meistens zu einer Schlägerei auf dem Spielfeld komme, manchmal auch zu mehreren und schlimmen Schlägereien. Die Freundin empfahl daraufhin, dass Hannahs Eishockey spielende Söhne »wohl besser nicht zusehen sollten, wenn erwachsene Männer Regeln übertreten und sich dann gegenseitig die Köpfe einschlagen«. Hannah musste ihr widerstrebend zustimmen. »Ja, ich glaube, du hast Recht«, sagte sie, »aber sie gehen doch so gerne zum Eishockey!«

Es fällt Eltern häufig schwer, Kinder von etwas fern zu halten, das ihnen großen Spaß macht. Kombinieren Sie die Logik der Sprache mit einem sanften Schuldgefühl wegen des »Wegnehmens« einer vergnüglichen Unternehmung und Sie haben das perfekte Rezept für irrationales Verhalten.

Doch Eltern müssen sich wirklich entscheiden, *und zwar bewusst und bedacht*, zwischen den sich widersprechenden Werten, die einerseits das verbale Verbot, sich zu prügeln, und andrerseits die implizite Akzeptanz einer Schlägerei auf dem Eishockeyfeld enthalten.

Je mehr sich Eltern dessen bewusst sind, wie sie unabsichtlich Wertvorstellungen kommunizieren, die sie nicht wünschen, desto eher wird es gelingen, mit Fragen der persönlichen Verantwortung umzugehen.

Wessen Verantwortung?

- »Meine Eltern lassen mich nicht zum Schulball gehen.«
- »Ich darf heute nicht nach draußen und spielen, weil meine Mutter böse auf mich ist.«
- »Den Film kann ich vergessen, weil mein Vater mir die Schlüssel weggenommen hat.«
- »Meine Schwester hat mich reingeritten, also kann ich heute Abend nicht zum Fußballspiel gehen.«
- »Meine Mutter hat mein Fahrrad weggesperrt. Deshalb kann ich nicht herumradeln.«
- »Mein Vater hat mir Fernsehen verboten.«
- »Meine Eltern haben mir eine Woche lang das Videospielen verboten.«

Schon einmal gehört? Jedes dieser Kinder bzw. jeder dieser Adoleszenten hat ein Privileg eingebüßt aufgrund eines Verhaltens, das sie vollkommen frei bestimmen konnten, und doch äußern sie sich so, als ob die Verantwortung dafür jemand anderer trüge und sie das Opfer von willkürlichen Entscheidungen anderer seien.

Wie wir im letzten Kapitel ausgeführt haben, lässt sich diese Flucht vor der Verantwortung nicht dadurch verhindern, dass man dem Kind oder Adoleszenten die Möglichkeit gibt, einem die Schuld in die Schuhe zu schieben, indem das Thema dahingehend verschoben wird, wie gemein und unfair Sie sind (wie es der wütende, strafende Ton Ihrer Stimme verrät). Aber es ist ebenso wichtig, die Sprache zu korrigieren. Leon kann heute nicht nach draußen gehen und spielen, weil er einer Verpflichtung nicht nachgekommen ist oder weil er etwas getan hat, was er besser nicht hätte tun sollen – und nicht, weil seine Mutter böse auf ihn ist. Und es stimmt auch nicht, dass Freds Vater ihn am Fernsehen hindert. Es ist Fred, der das Privileg des Fernsehens verloren hat als Konsequenz dessen, was er getan oder nicht getan hat.

Die Kausalität zwischen Entscheidung und Konsequenz sichtbar machen

Manchmal hilft es, wenn man die Kausalität zwischen Verhalten und Konsequenzen klar macht. Bei kleineren Kindern kann es reichen, die Fernsehzeit zu beschränken (vorausgesetzt Sie erlauben Ihren Kindern fernzuschauen). Doch wenn Sie als Konsequenz fünf Minuten eines bestimmten Programms abkürzen, *kürzen Sie das Ende des Programms, nicht den Anfang.* Wir alle wissen, dass man nicht so viel von der ganzen Geschichte verliert, wenn man erst kurz nach Beginn dazukommt. Doch das Ende zu verpassen ist so, als ob man die ganze Geschichte verliert. Also kürzen Sie die Zeit am Ende der Fernsehsendungen, nicht am Anfang. (Das mag seltsam klingen, aber unserer Erfahrung nach sind Kinder eher bereit, auf eine ganze Fernsehsendung zu verzichten als auf das Ende. Abgesehen davon ist es als Gesamtstrategie besser, mit kleinen Konsequenzen zu beginnen und diese Stück für Stück auszuweiten, als gleich mit großen Konsequenzen anzufangen, die Sie zwingen würden, zu früh noch größere Konsequenzen durchführen zu müssen.)

Bei Kindern, die sehr viel ans Geld denken, lässt sich dieses natürlich sehr gut als Konsequenz einsetzen. Wir finden nicht, dass Kinder für Hausarbeiten bezahlt werden sollten, weil Helfen schlicht ein Teil des Familienlebens ist. Wenn Eltern jedoch Taschengeld geben – sagen wir einen Euro für ein vierjähriges Kind –, dann können sie jedes Mal einen Cent abziehen, wenn das Kind entscheidet, Anweisungen nicht zu befolgen. Oder fünf Cent für jede Gewalttätigkeit. Das macht es vollkommen klar, dass die Verluste nicht durch die Bosheit der Eltern entstehen, sondern durch die persönlichen Entscheidungen des Kindes.

»Alles schön und gut«, werden Sie denken, »aber *mein* Kind findet es vielleicht einen Fünfer wert, sein Brüderchen zu schlagen.« Ja, das kann natürlich sein, und es gibt sicherlich Erwachsene, die es einen Strafzettel wert finden, wenn sie nur parken können, wo sie wollen. Aber sie sind eine sehr kleine Minderheit, und außerdem dürfen Sie nicht vergessen, dass wir von kleinen Kindern reden. Wir bezweifeln sehr, dass viele dieser »Das ist es mir wert«-Falschparkereltern dieselbe Geduld mit ihren Kindern haben, die Sie hoffentlich aufbringen werden, wenn Ihr Kind zu dieser Kategorie gehört. Und bedenken Sie bitte auch, dass diese kleine Taktik nicht für sich steht, sondern nur eine Zusatzmaßnahme sein kann. Vergessen Sie all das andere nicht, was wir bisher besprochen haben.

Wenn das Kind Fortschritte macht, erhöhen Sie einfach den Einsatz. Wenn Sie damit begonnen haben, als Konsequenz für einen Schlag ein Fünfcentstück zu verlangen, erhöhen Sie die »Unkosten« auf zehn Cent. Machen Sie Ihrem Kind in aller Sachlichkeit klar, dass es seine Sache ist, ob es das Geld verliert oder behält, und dass es nicht sagen kann, Sie als Eltern seien es, die das Geld wegnehmen. Stattdessen weisen Sie das Kind mit Nachdruck darauf hin, dass es allein an seiner Entscheidung liegt, ob es das Geld behält oder verliert. Und da wir immer erwarten, dass das Kind sich für sein echtes wunderbares, gutes Selbst entscheidet, gehen wir davon aus, dass das Kind am Ende der Woche sein Geld noch vollzählig beisammen hat.

Diese kleine Technik wird *zusätzlich zu*, nicht anstelle von anderen Konsequenzen angewandt. Wenn die Regel lautet, dass die Teilnahme an sportlichen Betätigungen (Fußball etc.) vom Verhalten abhängt, dann bleibt die bisherige Konsequenz bestehen *und* Sie lassen das Kind den Betrag Geldes verlieren, den Sie für die entsprechende schlechte Entscheidung festgesetzt haben. Sonst bekommen Sie zur Antwort: »Von mir aus, ich gehe sowieso zum Fußball!«

Wenn ein fünfjähriges Kind seine ganzen einhundert Cent in den ersten vier Tagen der Woche verliert, dann werden die zusätzlichen Cent, die es im weiteren Verlauf der Woche verliert, auf die nächste Woche angerechnet. Das kann natürlich bei einigen Kindern dazu führen, dass sie in echte Nöte kommen, aber nehmen Sie sich fest vor, *kein* Mitleid für sie zu empfinden – andernfalls wird das Kind automatisch den Schluss ziehen, dass Sie selbst nicht mit Ihren Handlungen einverstanden sind.

Oder es nimmt an, dass Ihnen offenbar irgendetwas Leid tut, was die ganze Sache wieder auf Sie lenkt statt auf das Kind selbst.

Manche dickköpfigen Kinder, selbst wenn sie noch recht klein sind, werden alles daran setzen, Sie wieder zu Ihrem alten Verhaltensmuster des Aufgebens zu bewegen, aber geben Sie keinesfalls nach oder auf! Lassen Sie sich nicht vormachen, »es tue nicht weh«, und folgern Sie nicht voreilig, Ihr Kind mache sich nichts aus Geld. (Manchen Kindern ist Geld tatsächlich egal, aber Eltern merken das in der Regel, bevor Sie über diese Art Instrument nachdenken.)

Missgeschicke, Fehler und Entscheidungen

Erwachsene sprechen von ihren eigenen falschen Entscheidungen und von denen anderer immer als »Fehlern«, die sie gemacht hätten – ein Muster, das von Dreijährigen mit ihren Radarohren schnell aufgenommen wird. Mit dreieinhalb Jahren hört man schon viele Kinder sagen: »Tut mir Leid. Ich habe einen Fehler gemacht.«

Fehler und Entscheidungen sind aber so wenig dasselbe wie Versehen und Entscheidungen. Als Sarahs Mutter aus Versehen ihr neues Filznamensschild in die Waschmaschine tat, zerstörte sie den Namen aus Versehen. Sie tat es nicht mit Absicht. In diesem Sinne haben Fehler und Missgeschick die gleiche Bedeutung – sie sind ohne Willen geschehen. Doch selbst hier kann die Mutter Sarah erklären, dass *eine gute Entscheidung den Fehler hätte verhindern können.* Hätte sie die Wäschestücke aus dem Wäschekorb wie sonst sortiert, hätte sie das Namensschild gefunden und aus der Wäsche herausgenommen. Doch weil sie sich beeilen wollte und deshalb nicht Acht gab, wusch sie aus Versehen etwas, das eigentlich nicht nass werden durfte.

Während sich die Eltern abmühen, diese Unterscheidungen klar zu machen, verschlimmern die Medien die allgemeine Verwirrung. Politiker und andere Personen des öffentlichen Lebens sagen in jedes bereitstehende Fernsehmikrofon hinein, dass sie sich für ihre vergangenen »Fehler« entschuldigen möchten, wenn doch vollkommen klar ist, dass sie sich bewusst für das entschieden, was sie getan haben. Mit ein wenig Hilfe verstehen sogar kleine Kinder, dass auch Erwachsene sich davor drücken, die volle persönliche Verantwortung für ihre Entscheidungen zu übernehmen – und lieber von »Fehlern« sprechen.

Absichtliche Handlungen mit unabsichtlichen Folgen

Susie und Christine streiten sich schon den ganzen Nachmittag – wobei vor allem Susie auf ihrer Schwester herumhackt. Schließlich, als sie es nicht mehr aushält, dass sie durch die ganze Wohnung verfolgt wird, dreht sich Christine um und sagt: »Lass mich in Ruhe!«, und dann stößt sie ihre Schwester unvermittelt nach hinten. Susie, die mit dem Stoß nicht gerechnet hat, verliert das Gleichgewicht und stürzt, wobei sie sich den Kopf an der Ecke des Glastischs im Wohnzimmer anschlägt.

Blut fließt, die Mutter eilt herbei, und Christine schreit: »Ich wollte sie nicht schubsen!«

»Was hast du mit deiner Schwester gemacht?«, fragt die Mutter. »WAS HAST DU GETAN?«

»Ich wollte sie wirklich nicht schubsen!«

In solchen Situationen nutzen Eltern oft das Vorgefallene, um ihren Kindern einzuschärfen, dass Schubsen sehr gefährlich sein kann. Aber es gibt eine weitere Unterscheidung, die Eltern hier vornehmen können und die das Thema von persönlichem Handeln und Verantwortung betrifft und nicht nur die Gefährlichkeit eines Verhaltens. In diesem Fall kann die Mutter ihren beiden Töchtern erklären, dass Christines Reaktion auf ihre Schwester zwar in der Hitze des Gefechts geschah, dass es aber *dennoch eine Entscheidung* war. Christine hatte ihre Schwester nicht aus Versehen gestoßen, so als ob sie selbst gestolpert und gegen ihre Schwester getaumelt wäre. Noch schubste sie ihre Schwester »aus Versehen«, als ob sie Susie für eine Tür gehalten hätte, die sie zumachen wollte.

Situationen wie diese geben Eltern die Gelegenheit, ihren Kindern zu sagen: »Doch, das hast du wohl getan. Du wolltest deine Schwester stoßen. Was du nicht wolltest, ist, dass sie sich dabei verletzt. Wenn dich also das nächste Mal jemand ärgert, dich verfolgt oder sogar versucht, *dich zu schubsen*, reagiere nicht wieder so. Schubse nicht zurück. Es ist zu gefährlich. Es passiert zu leicht, dass sich jemand verletzt und manchmal wirklich sehr, sehr schlimm. Um zu verhindern, dass jemand aufgrund deiner Entscheidung verletzt wird, musst du *gute Entscheidungen treffen*. Hol mich das nächste Mal, wenn du deine Schwester schubsen willst. Lass einen Erwachsenen die Sache regeln.«

11
Wütend, böse und traurig: Wie Kommunikation Gefühle, Aggressivität und Zusammengehörigkeit schafft

Was wir unter Wut und unter dem Umgang damit verstehen, ist in großem Maße von unserer Sprache geprägt. Schauen wir uns Ausdrücke an, mit denen wir Wut beschreiben. Wut lässt uns kochen, schäumen, aufbrausen, an die Decke gehen und platzen. Wut steigt in uns hoch, schaukelt sich hoch, kommt zum Ausbruch. Wir bemühen uns, die Wut im Zaum zu halten, sie nicht merken zu lassen, sie zu kontrollieren und zu unterdrücken. Oder wir sprechen davon, uns Luft zu machen, Dampf abzulassen, unserer Wut freien Lauf zu lassen. Andrerseits versuchen wir, sie zurückzuhalten, einen Deckel draufzutun, sie nicht hochkommen zu lassen.[1]

Diese Ausdrücke korrespondieren mit Gefühlen. Wenn wir wirklich wütend oder, noch schlimmer, in Rage sind, fühlt es sich an, als ob wir aus allen Nähten platzten. Es fühlt sich an, als ob Wut in uns ist und rausmuss. Vielleicht laufen wir im Gesicht rot an, und andere raten uns, nicht so unkontrolliert und überhitzt zu reagieren. Doch so sehr die Sprache unserer emotionalen Körpererfahrung korrespondiert und aus ihr hervorgegangen ist, so irreführend sind diese Begriffe und Ausdrücke auch. Wenn wir wütend sind, dann *sind* wir wütend. Die Wut ist nicht wirklich in uns.

Leider hat eine tausendjährige Tradition von sprachlichen Redewendungen und Volkspsychologie, soweit sie sich in der Alltagssprache spiegelt, einen enormen »wissenschaftlichen« Anstrich erhalten, als Sigmund Freud seine seltsamen Modelle der »Instinkte«, »Triebe« und Gefühle entwickelte. In Freuds Modell gleicht die Wut einer Flüssigkeit in einem geschlossenen System – wenn man irgendwo in dem System Druck erzeugt, kommt die Wut woanders wieder zum Vorschein. Nach diesem Modell der »mentalen Hydraulik« ist es eigentlich unmöglich, Wut loszuwerden. Man kann sie nur woandershin verschieben. Oder man kann versuchen, »sie herauszulassen«.

Der Grund für diese ebenso weit verbreitete wie falsche Ansicht ist, dass die Menschen in der Regel zwei sehr verschiedene Kategorien durcheinander bringen – Kommunikation und Emotion. Wir benutzen die gleichen Worte für zwei vollkommen verschiedene Verhaltensmodi. Wenn wir jemandem sagen: »Lass deine Gefühle heraus, dann geht es dir besser«, dann meinen wir damit einfach nur, dass der Prozess der Kommunikation mit einer anderen Person (eine Beziehung) die Gefühlslage des Betreffenden verbessern wird. Es schafft ein Gefühl der Befreiung und der Verbundenheit, wenn wir die Möglichkeit haben, uns jemandem verbal anzuvertrauen, an jemandes Schulter zu weinen oder von jemandem in den Armen gehalten zu werden. Und wenn eine Person die Kommunikation eines anderen erleichtert, folgt die Wirkung auf dem Fuße. Doch wenn Leute davon reden, »die Wut herauszulassen«, dann meinen sie das buchstäblich so, als ob es eine gewisse Menge Wut gäbe, die herausgelassen werden muss. Selten hört man jemanden sagen: »Sagen Sie mir ganz ruhig und entspannt, dass Sie wütend sind, und Ihre Wut wird verfliegen.« Nein, die Menschen glauben, die Wut säße irgendwo im Inneren und man müsse sie irgendwie herausholen, und zwar durch körperliche Mittel wie Schreien, gegen einen Punchingball schlagen oder Dinge zertrümmern.

Hier können wir sehr gut sehen, was die Worte mit uns angestellt haben. Wo ist nun diese Wut, die »herausmuss«? Ist sie irgendwo »drinnen«? Wenn ja, wo? Es gibt auf diese törichten Fragen natürlich keine vernünftige Antwort, denn Wut befindet sich nirgendwo. Und man kann sie nicht »herausholen«, weil es keinen Ort »drinnen« gibt, wo sie sich aufhält. Wir haben keine »Wutorgane«. Das ist der Grund, warum Versuche, sie »herauszulassen«, in einem Teufelskreis enden.

Wir als Therapeuten haben vor vielen Jahren entdeckt, dass

die wohlmeinendsten Versuche, Wut herauszulassen, gewöhnlich ins Auge gehen. Wut erzeugt Wut. Deshalb sind Kinder in Therapien jahrelang damit beschäftigt, »sie herauszulassen«, während sie sich eigentlich ändern sollten, und zwar schnell – wie Kinder das in Wirklichkeit auch können. Deborah fragte einen fünfjährigen Jungen, der Schlafprobleme hatte und dem ein anderer Therapeut geraten hatte, er solle auf sein Kissen einprügeln und nicht auf seinen Bruder, was er glaube, wie sich sein Kissen fühle. »Ich glaube, es will zurückschlagen!«, sagte er. Wir wissen bereits, dass Kinder sehr logische Wesen sind, die in einer Welt voller intensiver persönlicher Bedeutungen leben. Wenn Sie wollen, dass Ihr Kind fähig ist, seinen Kopf auf sein Kissen zu legen und zu schlafen, fordern Sie es nicht auf, seine ganze Wut darauf abzuladen! Die üblichen Wutableiter wie Punchingbälle, Hau-drauf-Clowns und dergleichen haben die Tendenz, Wut und Aggression zu *vermehren*, nicht zu vermindern.

Wut ist gefährlich

Vor ein paar Jahren berichtete uns ein Kollege von einem Krankenhaus in seiner Nachbarschaft, in dem ein stationäres Alkohol- und Suchtprogramm gestartet wurde, das als Teil der Behandlung so genannte »Aggressionsgruppen« vorsah. In diesen Gruppen, die in vielen Regenerationsprogrammen eine Rolle spielen, werden die Gruppenmitglieder ermuntert, »ihre wahren Gefühle herauszulassen« und den Emotionen Ausdruck zu verleihen, die sie bisher »unterdrückt« oder »für sich behalten« hatten. Die Teilnehmer in jener Gruppe jedenfalls waren wegen eines Gruppenmitglieds erbost, eines etwa 50-jährigen Mannes, der darauf bestand, dass seine Gefühle seine Privatsache seien, die er »nicht mit einem Haufen von Fremden« teilen wolle. Die Gruppe schoss sich immer mehr darauf ein, diesem Mitglied Gefühle zu entlocken. Schließlich wurde in den Sitzungen fast jede Minute dem »Widerstand« des Mannes gewidmet. Nach einer Woche, in der er unablässig im Mittelpunkt der Aufmerksamkeit gewesen war, stand der Mann zornentbrannt auf. »Ihr wollt, dass ich wütend werde?«, sagte er mit bebender Stimme. »IHR WOLLT SEHEN, WIE WIRKLICHE WUT AUSSIEHT?«, tobte er. »Schön, dann zeig ich's euch«, schrie er – und fiel tot um. Mitten in der Gruppe. Traurig, aber wahr: Es wurden daraus keine Lehren gezogen und die »Aggressionsgruppen« finden bis heute statt.

Wie ein Buchtitel zu diesem Thema lautet: *Wut tötet.* Sie ist weit davon entfernt, menschliche Probleme zu lösen, stattdessen produziert Wut nur immer weitere Wut. Wut erhöht den Blutdruck und ist schlecht für das Herz. Sie ist tatsächlich so kontraproduktiv, dass wir als Therapeuten nur in einem einzigen Fall Wut zu mobilisieren versuchen: nämlich wenn Kinder so viel Angst vor ihrer eigenen Wut haben, dass sie sich so gut wie keine negative Emotion zu zeigen trauen. Doch solche Kinder sind selbst in einer gut gehenden Praxis eine seltene Ausnahme. Die meisten Kinder äußern ihre Frustration und Wut auf natürliche Weise, so dass für Eltern kein Bedarf besteht, dies eigens zu fördern.

Wütend und schlecht

Wut ist nicht die einzige Emotion, die zu Verwirrung führt. Was ist das beliebteste Symbol, das Lehrer, Erzieher und Psychologen benutzen, um eine »schlechte Leistung« oder ein »schlechtes Betragen« zu kennzeichnen? Wenn ein Erstklässler uns erzählt, dass er in der Schule Probleme hatte, unter welchem Symbol hat seine Lehrerin seinen Namen an die Tafel geschrieben? Und welches Symbol für »schlechtes Betragen« sehen wir unter eine Hausarbeit gemalt oder gestempelt? Etwas deutlich und unbezweifelbar »Schlechtes«? Nein. Vielmehr sehen wir dies:

Ja, ein *trauriges* Gesicht.

Nach dem, was wir mittlerweile über das logische und wortwörtliche Denken der Kinder wissen, welche Wirkung wird diese Gleichsetzung TRAURIG = SCHLECHT auf sie haben, insbesondere auf kleine Kinder?

Stellen wir uns eine durchschnittliche erste Klasse vor. Da mittlerweile nahezu jede dritte Ehe in unserem Land geschieden wird, können wir durchaus davon ausgehen, dass viele dieser Erstklässler einen ehrlichen Grund haben, traurig zu sein. Wenn man nun seinen Namen unter das traurige Gesicht bekommen kann, indem man sich »schlecht« benimmt, ist es nur logisch, dass eine erhebliche Zahl der Kinder – insbesondere diejenigen, die die Dinge wortwörtlich nehmen – sich unbewusst mit diesem Symbol identifiziert, sogar bis zu dem Punkt, sich schlecht zu betragen, um ihren Namen unter das traurige Gesicht zu bekommen.

Wir baten eine Reihe von Lehrern in den frühen Grundschulklassen, das traurige Gesicht durch ein sehr kleines »Grrr«-Gesicht auszutauschen und zu sehen, was geschehen würde.

Wie wir erwartet hatten, verbesserte sich das Allgemeinverhalten der Schüler, ohne dass die Lehrer über den Wechsel des Symbols ein Wort verloren hätten.

Natürlich kann es entmutigend sein, bei jeder Gelegenheit auf traurige Gesichter zu stoßen, die »schlechtes« Betragen anzeigen sollen. Wenn Sie sicherstellen wollen, dass die Umgebung Ihres Kindes (unabsichtlich, aber dennoch im wortwörtlichen Sinne) nicht zu schlechtem Betragen verführt, dann tragen Sie dieses Thema dem Klassenlehrer vor, gehen Sie damit zum Elternbeirat oder auch zur Schulleitung.

Wütend und traurig

Alle Eltern, ja, alle Erwachsenen, die je Zeit mit Kindern verbracht haben, wissen, was geschieht, wenn Wut und Traurigkeit verwechselt werden. Das vielleicht bekannteste Beispiel ist der mit Tränen verbundene Wutanfall. Auch wenn viele Tränen fließen, haben solche Wutausbrüche nichts mit Traurigkeit zu tun. Sie haben mit Wut, Zorn und Frustration zu tun. Wut und Traurigkeit mögen zwar oft ähnlich erscheinen, doch sie sind etwas vollkommen Verschiedenes.

Wut ist eine distanzierende Emotion. Wut stößt Menschen weg. Traurigkeit hingegen ist eine affiliative Emotion. Sie bringt Menschen einander näher. (Die einzigen Momente, da Wut vereint, sind gemeinschaftliche Racheaktionen, und wir arbeiten daran, diese abzuschaffen, und nicht, sie zu ermutigen.)

Wut ist entweder Ausdruck von Verletzlichkeit oder einer Verleugnung derselben. Die Einsamkeit und Verletzlichkeit des »Schlägers« lassen sich unschwer unter der Oberfläche aus Feindseligkeit und wegstoßendem (Distanz schaffendem) Verhalten entdecken. Wirkliche Traurigkeit dagegen erfordert auf beiden Seiten der Beziehung die Bereitschaft, Verletzlichkeit zu akzeptieren.

Wut und emotionale Zugänglichkeit

Wütende Kinder sind unzugängliche Kinder. Wer möchte ihnen nahe kommen? Ob diese Wut nun ein eingeschliffenes Verhaltensmuster ist oder eine situationsbedingte Reaktion, ihre Wirkung ist das Wegstoßen. (Das Gleiche gilt natürlich auch bei Erwachsenen.)

Wann immer wir mit einem wütenden, bösen, bedrohlichen oder abweisenden Kind oder Jugendlichen arbeiten, versuchen wir immer als Erstes, die Wut in Traurigkeit umzuwandeln. Bereits in der ersten Sitzung, wenn wir die Geschichte der Eltern und des Kindes kennen lernen, suchen wir nach Möglichkeiten dazu.

Wenn ein Kind schreit: »Ich hasse meinen Bruder!«, und dann hinzufügt: »Außerdem spielt er nie mit mir!«, sagen wir, wie traurig es ist, dass sein Bruder ihn nicht an seinen Spielen teilnehmen lässt.

Wenn ein Kind in Wut ausbricht, weil seine Legokonstruktion nicht hält, sagen wir ihm, dass es okay ist, traurig zu sein, wenn die Konstruktion nicht stehen kann.

Wut umwandeln bedeutet nicht, dass wir das Kind nicht akzeptieren

Manche Eltern sagen: »Aber sollten wir seine Wut nicht ernst nehmen? Wenn wir seine Wut nicht als solche anerkennen, weigern wir uns nicht, unser Kind zu akzeptieren, wie es ist?« Gewiss, wenn es DAS ist, was Ihr Kind sein soll. Aber Sie haben in dieser Frage eine größere Wahl, als Ihnen bewusst sein mag. Was die Anerkennung der Wut anbetrifft, so ist sie überflüssig – denn Wut bestätigt sich immer selbst. Ein wütendes Kind weiß, dass es vor Wut kocht, und es dauert gewöhnlich nicht lange, bis auch alle anderen es wissen. Doch was das wütende Kind nicht weiß, ist, dass gleich unter der emotionalen Oberfläche Traurigkeit liegt. Und vielleicht wird es das nie wissen und nie erfahren, wenn wir ihm diesen Übergang nicht ermöglichen. Und haben Sie keine Sorge: Die Verwandlung von Wut, Frustration oder Zorn in Traurigkeit wird Ihr Kind nicht davon abhalten, Sie über seine Wut in angemessener Weise in Kenntnis zu setzen.

Erzieher in Kindertagesstätten, in deren Räumlichkeiten gewöhnlich sehr viel mehr Aktivität und Emotionalität herrschen als in Grundschulklassen, haben uns gesagt, dass es sie verblüffte, in welchem Ausmaß sie den Aggressions- bzw. Rachepegel herabsetzen konnten, nur indem sie Wutreaktionen in Traurigkeit umdeuteten. Sie machten die Erfahrung: Wenn man einem Kind, das wütend ist und »zurückschlagen« will, einen mitfühlenden Satz sagt wie: »Es ist so traurig, dass dein schönes Gebäude zerstört wurde«, so kann dies oft die Wutreaktion besänftigen und damit den Vergeltungsdrang auflösen. Mit der Zeit internalisiert das Kind die Definition, die der Erwachsene dem Erlebnis gibt, und ändert seine Reaktionsweise. Ein Kindergarten, in dem Erwachsene regelmäßig wütende Reaktionen mit Begriffen der Traurigkeit und Enttäuschung umdefinieren, ist meist ein ruhigerer und weniger aggressiver Raum. Wie im klinischen Setting ist ein solcher Raum natürlich sehr viel besser zum Lernen oder für therapeutische Arbeit geeignet.

Integrative und desintegrative Emotionen[2]

Wir haben viele Jahre lang mit wütenden, aggressiven, impulsiven und tollpatschigen Kindern gearbeitet, deren Verhalten, einschließlich der grob- und feinmotorischen Koordination, sich deutlich verbesserte, nachdem wir ihnen halfen, mit ihrer Traurigkeit umzugehen. Warum? Weil Emotionen als eine Art Moderator oder Regler für integrative Verhaltensweisen wie Vernunft, Urteil, Planung und selbst die Motorik fungieren. Doch viele Ärzte und Therapeuten, die wissen, welche Rolle der Frontallappen des Hirns bei der Regulierung integrativer Verhaltensweisen spielt, glauben, dass nur Zeit und Reife, d. h. die Entwicklung des Frontallappens, solche integrativen Verhaltensweisen ermöglichen – und somit versuchen sie erst gar nicht, sie zu verändern. Gleichwohl belehrt uns die Alltagssprache darüber, dass es sehr schwierig ist, irgendetwas auf die Reihe zu bringen, wenn man wütend ist.

Wut ist eine *desintegrative* Emotion, Traurigkeit hingegen eine *integrative.* »Komm, beruhige dich«, sagen wir zu jemandem, der so aufgebracht ist, dass er etwas nicht hinkriegt. »Beruhige dich einfach, dann schaffst du es.« Also streichen Sie Sätze wie »Ich weiß, das macht dich wütend« oder »Das macht dich wirklich wütend, oder?« aus Ihrem Sprachschatz. Solche Äußerungen verstärken nur das Verhalten, das Sie verändern wollen. Sagen Sie stattdessen lieber: »Du bist traurig. Das hat wehgetan. Keine Angst, du schaffst das!«

Den Wald der Traurigkeit vor lauter Bäumen der Wut nicht sehen

Willy war ein vierjähriger Junge mit zerebraler Kinderlähmung, und seine Widerborstigkeit, sein Trotz und seine häufigen Wutausbrüche wurden von seinen Eltern einfach als gegeben hingenommen. Wenn Willy sich beobachtet wusste, war er zu seiner kleinen Schwester zuckersüß, doch sowie niemand hinsah, schlug und trat er sie oder warf ihre Babywippe um. Wir lernten Willy kennen, kurz nachdem er dabei erwischt worden war, wie er den Wippstuhl – mit ihr darin – vom Tisch stoßen wollte.

Es waren Willys Mutter und sein *Stiefvater*, die sich zu handeln entschlossen. Und es war seine *Halbschwester*, an der er seine Aggressionen ausließ. Willys geschiedener Vater hatte nur wenig Kontakt zu ihm, und wenn er einmal gezwungen war, Willy zu Besuch zu sich zu nehmen, ignorierte er den Jungen größtenteils und nannte ihn »zurückgeblieben« und »blöd«. Der Vater empfand für seinen Sohn keinerlei Verpflichtung und weigerte sich, Unterhalt für ihn zu zahlen, weil seine Exehefrau »Geld geheiratet« habe.

Willys Erscheinungsbild täuschte. Zwar war er stark behindert, doch zugleich verfügte er über eine hohe Intelligenz. Wir merkten dies an seiner Fähigkeit, sehr komplexe Dinge zu tun. Zum Beispiel stibitzte er, um seine Eltern (Mutter und Stiefvater) zu ärgern, die Fernbedienung für den Fernseher und setzte sich darauf. Wenn seine Eltern lange genug danach gesucht hatten, zappte Willy durch die Programme, indem er seinen Hintern hin- und herbewegte, und brach in Gelächter aus, wenn seine Eltern entdeckten, was er getan hatte.

Doch so intelligent Willy auch sein mochte, seiner Schwester war er nicht gewachsen. Da sie noch nicht an den Topf gewöhnt war, regte sich niemand auf, wenn sie ihre Windeln voll machte. Von Willy wurde aufgrund seiner vier Jahre mehr erwartet. Das war ungerecht. Und es war nicht fair, dass dieses Baby klar und mühelos sprechen konnte, während Willy mit den simpelsten Wörtern Schwierigkeiten hatte. Und es war gewiss nicht fair, dass sie zwei Vollzeit-Eltern hatte, die nie mit ihr schimpften und immer für sie da waren. Keiner hatte auch nur eine Vorstellung davon, wie verzweifelt und qualvoll Willys Situation war, weil er die Familie in ständigen Aufruhr versetzte. Auch hatte niemand Willys Traurigkeit darüber bemerkt, dass er so viel weniger geschickt war als seine Schwester, denn diese Traurigkeit verbarg sich hinter seinem verschlagenen und feindseligen Verhalten ihr gegenüber.

Mit unserer Hilfe ließ Willy zu, tieftraurig darüber zu sein, dass seinem Vater nichts an ihm lag, und auch traurig darüber, dass für ihn alles so qualvoll schwierig war, und damit änderte sich sein Verhalten dramatisch. Die Beziehung zu seiner Schwester wurde wärmer und seine Aggressionen nahmen ab.

Indem er die Trauer über seinen Zustand und seine Lebensbürde zuließ, konnte Willy aufhören zu glauben, er habe die grausamen Herabsetzungen und das Desinteresse seines Vaters verdient. Die Trauer über seine Lebenssituation machte es für Willy leichter zu erkennen, dass sein »schlechtes« Hören, seine »schlechte« Koordination und »schlechte« Aussprache nicht bedeuteten, dass *er selber* schlecht war. Alles das war mehr oder weniger zu erwarten. Doch extrem auffallend war eine leichte, aber echte Verbesserung in Willys motorischer Koordination.

Wie wir schon gesagt haben: Wut ist eine *desintegrative* Emotion, ähnlich wie ihr enger Verwandter, die Frustration. Wenn wir jemandem wie Willy helfen, von der Wut zur Traurigkeit überzugehen, beseitigen wir tatsächlich Blockaden für ein integratives Funktionieren.

Wut und die Beherrschung von Unkontrolliertheit

Wir haben viele kleine Kinder kennen gelernt, zumeist Jungen, die vorgeblich an irgendeiner Art unkontrollierbarer Entwicklungsstörung litten, welche ihre kognitive und motorische Entwicklung behinderte. Tollpatschig und häufig mit Sprachproblemen behaftet, wirken diese Kinder unkonzentriert und impulsiv. Das Verhalten dieser Kinder war den Eltern meist unter dem Krankheitslabel »Stimmungsschwankungen« und Aufmerksamkeitsdefizitstörung erklärt worden, wofür dann häufig Stimulanzien wie Ritalin verschrieben wurden. Viele der Kinder hatten sogar mehrere Diagnosen gleichzeitig erhalten und nahmen nun eine Hand voll verschiedener Medikamente ein. Die Wutausbrüche und das Trotzverhalten, so sagte man den Eltern, seien schlicht Teil des gesamten Syndroms.

Das Dick-und-Doof-Syndrom

Je genauer wir uns dieser Kinder annahmen, desto faszinierender wurden sie. Oft wurde infolge einer entschiedenen, aber freundlichen Ansprache und des strukturierten Raums im Spieltherapiezimmer ihr unkoordiniertes und scheinbar verworrenes

Verhalten fokussierter und zielgerichteter. Wir sahen in dem Spiel dieser Kinder etwas, das sich vollkommen von ihrem Alltagsverhalten unterschied, wie es alle anderen Leute erlebten. Und das Eindrucksvollste, was wir sahen, war ihre Intelligenz, ihr Aufnahmevermögen und ihre Genauigkeit.

Das Verhalten, das wir sahen, resultierte aus einer Disparität zwischen dem, was diese kleinen Kinder (vor allem Jungen) – wie sie wussten – können sollten, und ihrer tatsächlichen Fähigkeit, diese motorischen Aufgaben zu erfüllen – vom Sprechen bis zu Bewegungsabläufen. Sie waren wie Figuren in einer Sciencefictiongeschichte, Wesen mit komplexem Bewusstsein, die in kleine Körper eingesperrt waren, die ihren Vorstellungen nicht folgten. Die Kinder mit ungenauer Aussprache waren regelmäßig als sprachgestört diagnostiziert worden, gleichwohl waren ihre sprachlichen Fähigkeiten vollkommen intakt. Ihre innere Sprache war nicht nur normal, sie war oft komplexer und raffinierter, als man für ihr Alter erwarten konnte. Es fehlte nur die Fähigkeit, sie in gesprochene Wörter umzusetzen: Ihre Aussprache (eine motorische Fähigkeit) lag weit hinter ihrer Denk- und Sprachfähigkeit zurück und dies führte zu gewaltiger Frustration. Wie wir alle wissen, entsteht aus großer Frustration echte Wut.

Die hauptsächlich tollpatschigen Kinder – solche mit Problemen der grobmotorischen Kontrolle – regten uns zu einem Begriff an, der beschreibt, welche Reaktionsformen diese Kinder für ihre Unfähigkeit, ihr eigenes motorisches Verhalten zu kontrollieren, entwickelten. Wir nennen sie das *Dick-und-Doof-Syndrom*. Dick und Doof fallen immer auf die Nase – *aber zumindest tun sie es mit voller Absicht!*

Um einen Anschein der Kontrolle über ihre unzureichende motorische Koordination zu behaupten, übernehmen diese Kinder die Kontrolle über ihre Dyskontrolle. Wenn der Vierjährige im Spieltherapiezimmer gegen den Kindertisch stößt, belässt er es nicht dabei, sondern wirft den ganzen Tisch um. Wenn ein Teil seiner Legokonstruktion abbricht, weil er nach einem anderen Baustein greift, zerstört er die ganze Konstruktion. Wenn er mit dem Fuß am Teppich hängen bleibt, stolpert er nicht nur, sondern er fällt spektakulär und reißt so viel wie möglich mit sich. Es ist, als ob das Kind durch sein Verhalten sagen wollte: »Ich bin nicht einfach aus Versehen gegen den Tisch gestoßen, ich habe ihn mit voller Absicht umgeworfen.« Auch wenn das Ergebnis noch viel peinlicher ist, auch wenn das Kind noch viel beschämendere Aufmerksamkeit auf sich zieht als durch das ursprüngliche Missgeschick, so hat es zumindest das Gefühl, als behalte es die Oberhand.

Es ist extrem wichtig, in diesen Kindeserfahrungen zur Traurigkeit, zum Gefühl der Ohnmacht und Dyskontrolle vorzudringen, denn oft lassen sich die Dinge dadurch deutlich verbessern.

Wir haben festgestellt, dass viele dieser Kinder den Teil ihres Körpers, der nicht so funktioniert, wie sie es wollen, buchstäblich hassen. Wir versichern ihnen, dass sie keinen schlechten Mund haben, wenn sie nicht klar sprechen oder noch nicht einmal die richtigen Wörter herausbringen können. Und wir sagen ihnen, mit aller uns möglichen ehrlichen Anteilnahme, dass es so traurig ist, dass sie ihre Körper nicht dazu bringen können, einfach das zu tun, was sie wollen, und dass sie sich nicht selbst verletzen dürfen. Denn aufgrund der desintegrativen Wirkung von Wut und der integrativen Wirkung der Traurigkeit genügen manchmal nur die Minderung der Wut und die Verstärkung der Traurigkeit, um eine signifikante Verbesserung der motorischen Koordination zu erreichen. Damit kann manchmal der verhängnisvolle Teufelskreis aus Selbstsabotage, Selbstbestrafung, übertriebener motorischer Dyskontrolle, negativem Selbstbild und Rache an der Welt durchbrochen werden – und das macht, wen wundert es, alles besser.

In anderen Fällen erlaubt die Verwandlung von Wut und übertriebener Dyskontrolle in Traurigkeit dem Kind, die relativ kurze Zeit zu überstehen, die oft notwendig ist, bis die motorische Kontrolle mit seinem Bewusstsein gleichzieht. Es ist sehr wichtig, Zugang zur Traurigkeit zu finden und das selbsterniedrigende Verhalten zu unterbrechen, weil Kinder, selbst wenn sie irgendwann aus solchen Verhaltensweisen herauswachsen, möglicherweise lebenslange, eigentlich vermeidbare persönliche

Ticks ausbilden. (Wenn dies geschieht, fällt zugleich ein schräges Licht auf das, was wir gemeinhin unter »angeboren, »genetisch bedingt« und »unabänderlich« verstehen.)

Grausame Videos für »die ganze Familie«
Obgleich Slapstick und Zeichentrick offensichtlich nicht real sind – auch für die meisten Kinder nicht –, raten wir Eltern, ihre Kinder keine Filme, Zeichentrickfilme und Fernsehshows anschauen zu lassen, in denen der Witz darin besteht, dass Menschen anderen Menschen Schmerz zufügen. Solche Sendungen sind eine unverblümte Einladung für kleine Kinder, das nachzuahmen, was sie auf dem Bildschirm sehen. Wenn Sie nicht wollen, dass Ihr Kind in menschlichem Leid einen Anlass zur Heiterkeit sieht, wenn Sie dagegen wollen, dass Ihr Kind die Fähigkeit zu echtem Mitgefühl entwickelt, verbieten Sie das Anschauen solcher Programme und sprechen Sie offen mit Ihrem Kind darüber, dass Schmerz und Leiden *nicht* lustig sind.

Wut als fehlgeleitete Kommunikation

Es ist wichtig, darauf zu achten, ob es sich bei kindlichen Aggressionen um fehlgeleitete Kommunikation handelt. Wenn ein Kind seine Mutter oder seinen Vater schlägt oder tritt oder wenn ein Kind ihnen Schimpfwörter oder sogar »Ich hasse dich« an den Kopf wirft, teilt es damit sicherlich Wut und Schmerz mit, aber es gibt keinen kommunikativen Inhalt. Selbst das schreckliche »Ich hasse dich« enthält für Eltern keine Mitteilung, mit der sich irgendetwas anfangen ließe. Solche leeren Äußerungen sind ein Zeichen dafür, dass die Kommunikation zwischen Eltern und Kind nicht funktioniert und höchster Aufmerksamkeit bedarf. In solchen Situationen müssen Eltern sich fragen, worum es eigentlich geht, worüber das Kind nicht redet.

Vermeiden Sie leere Kommunikation
Eine unserer ersten Maßnahmen, wenn wir es bei Kindern mit Wut und Aggressionsproblemen zu tun haben, ist: die Familie

zu bitten, jede Form von rauem Spaß zu unterlassen. Kinder bedienen sich häufig derber Ausdrücke – verletzen, statt etwas mitzuteilen –, um Eltern sichtbar zu machen, dass sie wütend auf sie sind. Wenn dies eintritt, sind die Eltern – zumeist Väter die selbst gern ihre Späße treiben – überrascht und verwirrt angesichts der unerwarteten Wut und Feindseligkeit, die sich plötzlich in ihren Kindern zeigen.

Väter zögern oft, ihre spielerischen Kämpfe und Scherze aufzugeben, weil sie es genießen, auf diese Weise ihren Kindern nahe zu sein, ohne das geringste emotionale Risiko einzugehen (auch wenn ihnen Letzteres in der Regel nicht bewusst ist). Doch diese Aktivitäten führen allzu leicht dazu, dass jemand zu fest gedrückt oder zu lange gekitzelt wird oder sich gefangen und ohnmächtig fühlt, und dann blitzt das Bedürfnis auf, es dem anderen heimzuzahlen. Dies nährt einen Teufelskreis aus Schmerzzufügen und -vergelten, in dem es keine Möglichkeit mehr für Kommunikation gibt. Jedes Stück Wut, das Kinder als leere Kommunikation äußern, macht es unwahrscheinlicher, dass sie Ihnen mitteilen werden, was sie wirklich denken oder fühlen.

Was für Eltern gilt, gilt auch für Geschwister. Wenn Sie den Wut- oder Aggressionspegel in dem Spiel Ihrer zwei oder mehr Kinder als zu hoch empfinden, lassen Sie sich nicht mit Floskeln wie »Wir spielen doch nur«, »Wir tun nur so« oder »Wir kämpfen nicht echt« abspeisen. Wenn eine Person wütend genug ist, einer anderen wehzutun, dann gibt es dafür immer einen Grund. Der Grund muss nicht direkt mit dieser Person zusammenhängen, aber es ist nichtsdestoweniger ein Grund.

Das Gleiche gilt für das ungezogene oder aggressive Verhalten von Kindern und Jugendlichen, das sich hinter dem Etikett »Ist nur Spaß!« versteckt. Solches »Nur Spaß!«-Verhalten kann ebenfalls Zeichen einer unausgesprochenen Kommunikation sein. Eltern neigen dazu, auf die Emotion und den Mangel an Respekt zu reagieren, versäumen es aber in der Regel, auf die tiefere kommunikative Bedeutung zu achten. Jede dieser Verhaltensweisen ist eine rote Fahne, die darauf hinweist, dass die Kommunikation wahrscheinlich an einer Stelle missglückt ist.

Achten Sie sorgfältig darauf, wenn Kinder sich selbst herabsetzen

Wir raten Eltern, auf Äußerungen wie »Oh, was ich bin für ein Idiot!« und dergleichen genau Acht zu geben und sie ebenso zu unterbinden, als würde sich ein Kind selbst gegen den Kopf schlagen. Eltern beenden diese Verhaltensweisen oft, wenn sie sie sehen, ohne zu erkennen, dass dies nur ein erster Schritt ist. Diese selbstverletzenden Verhaltensweisen sind ein deutliches Zeichen dafür, dass etwas nicht stimmt und dass Eltern sich darum kümmern müssen. Manchmal genügt die verständnisvolle Zuwendung der Eltern, eine Umwandlung von Wut in Traurigkeit und jene Art von Neujustierung, die es dem Kind erlaubt, produktiv in seiner Aktivität fortzufahren. Andere Male aber kann ein solches Verhalten darauf hinweisen, dass etwas im Leben des Kindes profund im Argen liegt und dass die Eltern sich intensiv damit beschäftigen müssen.

Verhindern Sie keine echte spontane Traurigkeit

Vielleicht weil Traurigkeit auf Verletzlichkeit hindeutet, neigen Eltern dazu, das negative Erlebnis wieder gutzumachen oder das Gefühl zu vertreiben, wenn das Kind sie seine Traurigkeit spüren lässt. Wenn Alex wirklich traurig ist, weil seine Mannschaft verloren hat, versucht seine Mutter ihn aufzumuntern, indem sie ihm sagt, dass er selbst aber toll gespielt habe. Der Vater hingegen wird vielleicht eher auf das Technische des Spiels verweisen und dass die andere Mannschaft »einfach zu stark« war. In beiden Fällen nimmt keiner der Eltern Alex' Traurigkeit wirklich ernst und sie entmutigen damit eine grundlegend gesunde Reaktion auf eine Enttäuschung. Und wie so oft wird sein logisches Wahrnehmungsvermögen heraushören, dass das, was er *fühlt*, falsch ist.

12
Strukturen, Regeln und Grenzen

Stellen Sie sich vor, Sie leben auf dem Land und arbeiten in der Stadt. Jahr für Jahr fahren Sie jeden Wochentag zur nächsten S-Bahn-Station, stellen Ihr Auto ab und nehmen den Zug in die Stadt. Und jeden Tag, mit der Regelmäßigkeit eines Uhrwerks, besteigt eine Frau um die vierzig in Geschäftskleidung und mit Laptop den gleichen Zug wie Sie und kehrt ebenso um 17 Uhr 20 abends zurück.

Doch eines Tages steht die Frau nicht am Bahnsteig. Es fällt Ihnen schwer, sich den Rest des Tages über zu konzentrieren, weil Sie sich immer wieder fragen, was mit der Frau geschehen ist. Ist sie tot? Ist sie weggezogen? Wurde sie Opfer einer Entlassungswelle in ihrer Firma? Nie hat sie bisher ihre Arbeit versäumt. *Was kann ihr zugestoßen sein?*

Doch woher diese plötzliche Besessenheit von dieser Frau in Geschäftskleidung und mit ihrem Laptop? Schließlich hat es außer einem gelegentlichen Lächeln in den ganzen Jahren keinerlei Kontakt gegeben – und doch können Sie sie nicht aus Ihrem Kopf verbannen. Vielmehr machen Sie sich tatsächlich Sorgen um diese irgendwie vertraute Fremde, deren Leben heute für Sie noch genauso ein Rätsel ist wie vor fünf Jahren, als Sie sie zum ersten Mal sahen. Was ist also los?

Erfahrungen strukturieren das Leben. Gleich bleibende Erfahrungen strukturieren das Leben so, dass wir tief davon beeinflusst werden – auch wenn wir, wie im Fall Ihrer täglichen Zugfahrt mit der vierzigjährigen Geschäftsfrau, es erst merken, wenn die Struktur plötzlich verschwindet.

Jedes Kind braucht Strukturen, Regeln und Grenzen, und jedes Kind braucht die Erfahrung von Konsequenz, Kontinuität und Verlässlichkeit in seinem Leben. Dies sind die absolut unverzichtbaren *allgemeinen Grundlagen*, die wie das Spalier für den Wein dem Kind erlauben, die unverwechselbare Struktur seiner Persönlichkeit und seiner kognitiven, emotionalen und zwischenmenschlichen Eigenschaften auszubilden.

Erziehung ohne Konsequenz = Chaos

Es ist halb neun Uhr abends und für die fünfjährige Elisabeth Zeit, ins Bett zu gehen. Es war ein langer und ein wirklich schöner Tag für sie, mit einem Ausflug ins Naturkundemuseum, wo man die Dinge anfassen darf, und mit Einkaufsbummel, bei dem neue Kleidung für die Schule und ein Geschenk für eine Geburtstagseinladung in der nächsten Woche gekauft worden waren.

»Elisabeth«, sagt ihre Mutter freundlich, »es ist Bettgehzeit, zieh dir bitte deinen Pyjama an.«

Elisabeth war die ganze Zeit bester Laune gewesen, während des Abendessens und während der halben Stunde danach, als sie Bilder ausmalte. »Ja, gleich«, sagt sie und fährt mit Ausmalen fort.

»Nein, du hörst JETZT mit dem Ausmalen auf«, sagt die Mutter, diesmal schon etwas strenger, und schaltet den Fernseher aus.

»Ja, ich komm ja schon!«, sagte Elisabeth. Aber sie fährt mit ihrem akribischen Ausmalen fort.

»ELISABETH!« Die Mutter betont nun jedes Wort. »LEG DIE MALSTIFTE WEG UND MACH DICH BETTGEHBEREIT!«

»Bin schon unterwegs!« Elisabeth schüttelt den Kopf, als ob sie sagen wollte: »Du hältst mich wohl für taub!« Zugleich macht sie aber keinerlei Anstalten, aufzustehen und auf ihr Zimmer zu gehen. In dem gleichen Moment, da die Mutter zu ihrer Tochter gehen und sie in ihr Zimmer bringen will, sieht der Vater von seiner Zeitung auf und sagt: »Elisabeth, dein Pyjama« – und Elisabeth legt ihre Stifte weg und geht in ihr Zimmer, um sich für das Bett fertig zu machen.

»Warum«, will die Mutter wissen, »warum reagiert sie nicht, wenn ich ihr sage, dass sie ins Bett gehen soll? Und du brauchst nur ihren Namen zu nennen, deine Stimme zu erheben oder sie nur anzusehen und schon springt sie und macht, was du sagst!« Sie hält inne und fügt dann aufgebracht hinzu: »Und du beschäftigst dich noch nicht einmal mit ihr!«

Die Mutter nimmt an, dass Elisabeth springt, wenn ihr Vater sie anblafft, weil sie sich vor ihm fürchtet. In diesem Fall läge die Technik im Tonfall oder in der Lautstärke der Stimme. Der Vater ist sozusagen größer und barscher, und deshalb folgt sie, wenn er seine Stimme erhebt, aber nicht, wenn die Mutter etwas sagt. Doch das ist *nicht* die Antwort.

Zwar mag der Vater tatsächlich barscher und einschüchternder sein, doch der Schlüssel zum plötzlichen Erfolg, dass Elisabeth seiner Anweisung folgt, liegt ironischerweise in der Bemerkung der Mutter, dass er »sich noch nicht einmal mit ihr beschäftigt«. Das trifft zu. Und weil seine tatsächlichen Interventionen selten und mit großen Zwischenräumen erfolgen, ist der Vater sehr viel konsequenter als seine Frau. Da Elisabeths Vater in den immer gleichen Situationen einzugreifen pflegt, sind auch seine Einmischungen stereotyp. Er albert nicht herum. Und ganz sicher wiederholt er sich nicht drei, vier oder fünf Mal. Er greift einmal ein und das genügt.

Die Mutter dagegen verbringt viel Zeit mit ihrer Tochter, und da hat sie jeden Tag eine Menge Gelegenheit, sich inkonsequent zu verhalten. Sie wird erst nach dem dritten oder vierten Mal ernst und das weiß Elisabeth. Alles, was die Mutter tun muss, um ähnlich effektiv wie ihr Mann zu sein, ist, in ihrem Erziehungs- und Kommunikationsstil von fürsorglicher Inkonsequenz zu fürsorglicher Konsequenz überzugehen. So einfach ist das.

Grenzen

Überall sind Grenzen. Wo immer es ein Außen und ein Innen gibt, gibt es auch Grenzen. Was sich innerhalb Ihrer Haut befindet, sind Sie; was sich außerhalb befindet, sind Sie nicht. Sie leben drinnen, die Welt lebt draußen. Die meisten Familien leben zusammen in einer Wohnung. Wir wissen, dass sich das Wesen einer Familie ändert, wenn ein Teil der Familie in der einen Wohnung und der andere Teil in einer anderen Wohnung lebt. In Wohnungen gibt es Zimmer und Türen. Es gibt das Schlafzimmer der Eltern, es gibt das Zimmer von Achim. Sie sind verschieden. Wenn Achim sein Zimmer teilen muss, dann gibt es darin wahrscheinlich zwei Betten, vor allem wenn er das Zimmer mit einer Schwester teilt. Auch gibt es ein Badezimmer für die Eltern und ein Badezimmer für Achim. Ihre Grenzen sind räumlich fest, aber sozial flexibel: Manchmal ist es okay, hereinzukommen, und manchmal nicht. Und manche Grenzen nehmen Unterscheidungen vor: Der Hund oder die Katze darf ins Wohnzimmer, aber nicht das Pferd, auf dem die Tochter reitet …

Eindringlinge

Es ist merkwürdig, dass in einer Gesellschaft, die so stark davon überzeugt ist, dass Störungen der Aufmerksamkeit und der Impulsivitätskontrolle bei Kindern genetische oder zerebrale Ursachen haben, niemand auf Grenzen achtet, bis sie verletzt werden. Doch wenn sie einmal verletzt werden, regen sich die Leute wer weiß wie auf!

- »Er sieht mich DIE GANZE ZEIT an!«, schreit ein fünfjähriges Mädchen auf dem Rücksitz, während ihr vier Jahre alter Bruder fast einen Meter weiter weg neben ihr sitzt. Kein Finger wurde gerührt, niemand wurde angefasst, kein Spielzeug wurde zerstört, und doch zerreißt Johanna mit einem haarsträubenden Schrei fast Ihr Trommelfell, als ob ihr Brüderchen sie mit einem Bleistift gestochen hätte.

- »Boris hat seinen Fuß in meiner Tür!«, schreit Nick. Um die Invasion noch demütigender und ärgerlicher zu machen, trägt Boris das Snoopy-T-Shirt seines Bruders. Eine Rauferei steht kurz bevor.
- »Susie hat einen roten Legostein auf mein Haus getan!«, schreit ihre Schwester. »Sag ihr, sie soll ihn wegnehmen.«
- »Hör auf, gegen meinen Sitz zu treten!«, schreit die Mutter, als ihr kleiner Sohn sie ablenkt, während sie durch den dichtesten Stadtverkehr fährt.

Schon einmal gehört? Wenn Sie Kinder haben oder Ihre Zeit mit Kindern verbringen, erkennen Sie einen Eindringling auf den ersten Blick. Ist Ihnen schon einmal aufgefallen, dass Ihre Kinder Sie den ganzen Morgen nicht bemerken – aber in dem Moment, da Sie den Telefonhörer abnehmen, erheben sie lautstark Anspruch auf Ihre Zeit und Aufmerksamkeit. Das hat nichts mit Trennungsangst zu tun. Manche Situationen scheinen Eindringlinge regelrecht anzuziehen.

Alle Kinder sind Eindringlinge

Alle Kinder müssen lernen, was sie berühren dürfen und was nicht, wo sie hineingehen können und wo nicht. Wie bei jedem Verhaltensaspekt passen sich manche Kinder bereitwilliger den Regeln und Grenzen an, während andere eher dazu neigen, sich dickköpfig zu widersetzen. Eltern, die von Anfang an ihrem Kind mit freundlicher Bestimmtheit Grenzen setzen und konsequent dafür sorgen, dass diese Grenzen eingehalten werden, haben es beim Aufwachsen ihrer Kinder sehr wahrscheinlich leichter. Leider erkennen manche Eltern erst spät, dass sie die Entwicklung ihrer Kinder konstruktiv hätten beeinflussen können: Sie hätten ihnen einen anderen Umgang mit Strukturen, Regeln und Grenzen beibringen müssen.

Echte Eindringlinge haben Probleme

Echte Eindringlinge sind normalerweise keine sonderlich beliebten Kinder. Sie dringen in den körperlichen und emotionalen Raum eines jeden ein. Sie berühren zu viel (wenn sie klein sind häufig durch Schlagen, Treten und Beißen). Eindringlinge respektieren selten die Unverletzlichkeit des Besitzes oder der geschlossenen Räume von anderen Kindern oder Erwachsenen (seien es Zimmer, Sparbüchsen, Portemonnaies, Spielsachen etc.). Sie hänseln andere Kinder und machen sich über sie lustig – dies ist das verbale Äquivalent dafür, jemandem die Kleider vom Leib zu reißen, um ihn zu beschämen und in Verlegenheit zu versetzen.

Und oft scheinen diese kleinen Eindringlinge in sehr frühen Jahren – vor allem die männliche Spezies – zwanghaft Dinge auseinander zu nehmen. Doch selten haben sie das Interesse, die Uhr, das Radio, das Telefon oder was immer wieder zusammenzubauen (Kinder, die tatsächlich versuchen, die auseinander genommenen Dinge wieder zusammenzubauen, sind keine echten Eindringlinge, sondern zukünftige Ingenieure.)

Weil Eindringlinge dazu neigen, sich bei anderen Kindern unbeliebt zu machen, werden sie oft zu Einzelgängern. Wie sich leicht ausmalen lässt, führt dies zu einem Teufelskreis, in dem sie zu Meistern darin werden, andere Menschen vorsorglich vor den Kopf zu stoßen und eine Ablehnung zu vermeiden, indem sie sie selbst in Szene setzen.

Der Mangel an Respekt vor persönlichen Räumen ist bei einem vierjährigen Eindringling ärgerlich. Bei einem Achtzehnjährigen, der am Steuer eines 2-Tonnen-Lasters sitzt, kann dieser Mangel tödlich sein. (Nebenbei bemerkt: Wenn man die Aggressivität auf den Straßen – die so genannte »Raserei« – heilen will, dann ist es sinnlos, daraus eine neue psychische Störung zu machen, vielmehr muss man diese Eindringlinge kurieren, bevor sie potenziell so tödliche Waffen wie Autos steuern dürfen.)

Echte Eindringlinge sind in der Schule schlecht

Eindringlinge sind keineswegs nur impulsiv und unaufmerksam. Sie respektieren keine Grenzen. Dieser Mangel an Sensibilität und Respekt für Grenzen ist außerordentlich bedeutsam, doch wird er kaum je erkannt und als solcher wahrgenommen. Das liegt daran, dass es in den Theorien, mit denen heute verbreitete Störungen wie ADHS und Lernschwächen erklärt werden, um Impulskontrolle geht, aber nicht um Grenz(be)ziehungen.

Hier folgt ein Gespräch, das sich zu Beginn unserer gemeinsamen klinischen Arbeit zutrug. Eine allein stehende berufstätige Mutter brachte ihren siebenjährigen Sohn, der nicht lesen konnte, weil wir ihm wegen Verhaltensproblemen und seiner Lernbehinderung helfen sollten. Der Vater hatte die Mutter schon lange verlassen, und die Mutter, die selbst nach der neunten Klasse von der Schule gegangen war, musste in drei verschiedenen Jobs arbeiten, um ein Auskommen zu finden. Trotz ihrer geringen schulischen Bildung war diese Mutter recht intelligent.

Nachdem Debbie und der Junge ins Spieltherapiezimmer gegangen waren, fragte Denis die Mutter: »Was ist ein Wort?«

»Was meinen Sie damit: ›Was ist ein Wort?‹«

»Ich meine, woran erkennen Sie ein Wort, wenn Sie es sehen? Wie können Sie sagen, was ein Wort ist und was nicht?«

Die Mutter zuckte mit den Schultern.

»Okay, schauen Sie mal hier in dieses Buch«, sagte Denis. Er langte nach einem russisch-französischen Literatur-Wörterbuch auf dem Bücherbord. Er öffnete das Buch auf einer bestimmten Seite und zeigte auf die russische Übersetzung eines französischen Textauszugs. »Zeigen Sie mir ein Wort«, bat Denis sie und zeigte auf den Absatz.

> **66. passer l'eau et le feu pour...** пойти в огонь и в воду за...:
>
> — Je suis bien aise de vous rencontrer, dit-elle d'un ton résolu. Vous êtes un honnête homme, vous allez me conduire. Je remets mon sort entre vos mains...
>
> — Me voilà, madame, prêt à **passer l'eau et le feu pour** vous et avec vous *(G. Sand, «Horace»)*.
>
> — Я очень рада, что встретила вас, — сказала она решительно. — Вы порядочный человек, я пойду за вами. Моя судьба в ваших руках...
>
> — С вами и ради вас, сударыня, я готов в огонь и в воду.

»Ich weiß nicht«, antwortete die Mutter. »Das kann ich nicht lesen. Was ist das denn? Russisch?« Die Mutter lachte und sagte dann: »Okay, das ist ein Wort«, zeigte auf ein Wort, das »Schicksal« bedeutete.

»Nun, woher wissen Sie, dass es ein Wort ist?«, fragte Denis.

»Ich weiß nicht … weil es von den anderen getrennt steht.«

»Das stimmt. Es ist ein Raum zwischen ihm und dem vorhergehenden Wort und zwischen ihm und dem nachfolgenden Wort. Es ist egal, ob es russisch oder englisch ist, man kann Wörter daran erkennen, dass sie Grenzen haben: Sie grenzen sich ab durch den freien Raum vor und hinter sich. Okay, zeigen Sie mir jetzt mal einen Satz.«

Die Mutter zögerte, dann deutete sie auf den Satz, der mit dem, wie sie sagte, »falsch herum stehenden R« beginnt und mit einem Punkt endet. Daraufhin stimmte sie zu, dass wir Sätze erkennen können, weil sie ebenfalls eine erkennbare Struktur haben und ebenfalls begrenzt sind, nämlich durch einen Großbuchstaben am Anfang und einen Punkt am Schluss. Sie stimmte auch zu, dass sie einen Absatz im Russischen erkennen könne, weil russische Absätze ebenfalls eine erkennbare Struktur aufweisen – selbst Sätze, die »komische und falsch herum stehende Buchstaben« enthalten. Sie folgen ebenfalls bestimmten Regeln und auch sie haben Grenzen. An diesem Punkt fragte Denis die Mutter, ob sie ihm Recht gebe, dass ein Kind, um lesen zu können, Struktur, Regeln und Grenzen wahrnehmen, erkennen und *respektieren* müsse.

»Ja, sicher«, sagte die Mutter. »Das klingt einleuchtend.«

»Und«, fragte Denis, »respektiert Ihr Kind Strukturen, Regeln und Grenzen?«

»Machen Sie Witze?«

»Respektiert er Ihren persönlichen Raum? Hält er sich zu Hause oder in der Schule an die Regeln?«

»Überhaupt nicht!«

»Warum sollte er dann lesen können?«

»Tja«, sagte die Mutter, »wahrscheinlich gibt es keinen Grund, warum er es können sollte.«

Die Erfahrungsvoraussetzungen des Lernens

Stellen Sie sich folgende einfache Frage: Welche Aspekte des Unterrichts, der Hausaufgaben oder des Lernens hängen *nicht* von Strukturen, Regeln und Grenzen ab? Zunächst einmal müssen Kinder zur Schule gehen. Dann müssen sie die meiste Zeit an ihren Tischen sitzen, dürfen ihren Sitznachbarn nicht stören und auch nicht verträumt zum Fenster hinausschauen. Man kann jeden einzelnen Aspekt eines normalen Schultags mit den Begriffen Struktur, Regeln und Grenzen beschreiben – vom Sitzen des Kindes bis zu dem Satz auf der Seite des Schulbuchs, das auf dem Tisch liegt.

Wie man übliche Probleme mit gesundem Menschenverstand angeht

Natürlich macht es nicht den geringsten Sinn, eine wilde Jagd nach sagenhaften Hirnstörungen zu veranstalten, wenn Eltern es in ihrer eigenen Macht haben, Strukturen, Regeln und Grenzen durchzusetzen, um das kognitive und körperliche Verhalten ihrer Kinder zu formen. Doch die meisten Kinder brauchen – unabhängig von ihrem ökonomischen Hintergrund, ihrer Intelligenz und sogar ihrer Kreativität – dringend Hilfe, um Grenzen zu erkennen und einzuhalten. Während die meisten Eltern dies schlicht als selbstverständlich voraussetzen, solange ihre Kinder noch wirklich klein sind, scheinen sie der irrigen Annahme zu erliegen, die größere Autonomie und Unabhängigkeit des Kindesalters bedeuteten, man könnte nun sorglos die Strukturen, Regeln und Grenzen lockern. Die Geburt eines neues Babys, das so intensiv Strukturen und Grenzen braucht, kann ebenfalls dazu führen, dass Eltern ihre Aufmerksamkeit von älteren Kindern abziehen.

Was immer die Ursache sein mag, dieser Fehler kann Eltern teuer zu stehen kommen.

Bringen Sie Struktur in das Leben Ihres Kindes zurück und Sie erhalten ein strukturiertes Kind

Es ist zwar fabelhaft, wenn man von Anfang an konsequent war, aber Eltern können jederzeit Strukturen, Regeln und Grenzen in das Leben ihres Kindes zurückbringen. Es ist genau das, was wir mit impulsiven, trotzigen oder verträumten Kindern tun, die nicht lesen können. Auf keinen Fall führen wir mit ihnen Nachhilfeprogramme durch. Tatsächlich empfehlen wir nur selten solche privaten Nachhilfemaßnahmen. Vielmehr kümmern wir uns einfach um die Dinge, die das Leben des Kindes bestimmen – seinen abwesenden, lieblosen, desinteressierten Vater, seine überarbeitete, erschöpfte und oft ungeduldige Mutter und sein schreckliches Selbstbild angesichts des beschämenden Versagens in der Schule –, einfach so, wie wir uns um jedes Kind, das ähnliche Erfahrungen macht, kümmern würden. Zugleich helfen wir seiner Mutter, Struktur, Regeln und Grenzen, die dem Kind fehlen, wieder herzustellen oder neu aufzubauen, und sie mit solcher Konsequenz und Kontinuität aufrechtzuerhalten, dass die Art von Verlässlichkeit entsteht, die ein Kind in seiner Welt so dringend braucht. Was ist das Ergebnis? Fast alle diese Kinder beginnen zu lesen (oder rechnen, bekommen bessere Noten, weniger Mahnschreiben mit nach Hause usw.).

Die Moral der Geschichte? Es ist nie zu spät, eine vernünftige Struktur, Regeln und Grenzen zu etablieren und durchzusetzen.

Respekt vor Regeln

Respekt ist ein interessantes Wort und Wörter können sehr gute Lehrer sein. Um die tiefere Bedeutung von *Respekt* zu verstehen und um die einfache, aber grundlegende Lektion zu lernen, die es zu lehren hat, müssen wir es einfach in zwei Hälften teilen. Was kommt dabei heraus? *Re-spekt: (aus dem Lateinischen:) zweimal hinsehen.* Was sehen wir – und kleine Kinder –, wenn wir zweimal hinsehen, wie Erwachsene mit den Regeln und Grenzen umgehen, die ihre Kinder wahrnehmen, respektieren und an die sie sich halten sollen?

- Eltern, die ihre zu Hause gebliebenen Teenager nicht anrufen, um ihnen mitzuteilen, dass sie wohlbehalten in der anderen Stadt angekommen sind, obgleich sie für ihre Kinder die Regel »Ruf an, wenn du dort angekommen bist« haben;
- Eltern, die bei der Zubereitung des Essens naschen, obgleich sie ihren Kindern gerade erst gesagt haben: »Vor dem Essen wird nicht genascht!«;
- Eltern, die über die endlosen Telefonate ihrer Kinder klagen, obgleich sie selbst den halben Nachmittag damit zubringen, ihre beste Freundin am anderen Ende der Stadt anzurufen – oder die Telefonleitung blockieren, weil sie im Internet surfen;
- Eltern, die ihren kleinen Kindern im Restaurant Alkohol geben, »weil es ein besonderer Tag ist«;
- Eltern, die schneller fahren als erlaubt, weil »das eine blöde Geschwindigkeitsbegrenzung für diese Strecke ist«;
- Eltern, die ihren Sicherheitsgurt im Flugzeug ablegen, obwohl das »Fasten Seatbelt«-Zeichen noch erleuchtet ist und der Flugkapitän auf eine baldige Turbulenz hingewiesen hat;
- Eltern, die in einer Nichtraucherzone rauchen.

Von Anfang an haben wir in diesem Buch darauf hingewiesen, dass Erwachsene gewohnheitsmäßig den Unterschied zwischen der konventionellen Bedeutung – was sie mitzuteilen beabsichtigen – und der wortwörtlichen Bedeutung dessen, was sie sagen, übersehen. Wir begannen mit Wörtern, weil Sprache das wesentliche Vermögen ist, das uns zu Menschen macht. Doch unser Verhalten ist gewiss ein ebenso mächtiges und *subtiles* Kommunikationsmittel. Und Tatsache ist, dass Eltern und Erwachsene im Allgemeinen Regeln verletzen und Grenzen übertreten, die sie ihren Kindern beibringen wollen. Wieder ist es wie Variationen über ein Thema. Erwachsene brechen die Regeln, an die sich ihre Kinder halten sollen, und überschreiten Grenzen, die ihre Kinder unter allen Umständen respektieren sollen. Und zwar tun sie dies immer wieder, Tag für Tag, Monat für Monat, Jahr für Jahr.

Die bloße Tatsache, dass es Sätze gibt wie »Es ist noch lange nicht das Gleiche, wenn zwei das Gleiche tun«, erinnert uns an die implizite Widersprüchlichkeit unserer Alltagssprache und unseres Alltagsverhaltens. Erwachsene scheinen zu glauben, dass gewaltige, aber subtile doppelte Standards und eine auffallende, aber subtile Inkonsequenz in ihren Worten, in ihrem Verhalten und in den Werten, die ihre Worte und ihr Verhalten spiegeln, ohne jede Folge sind. Erwachsene behandeln Kinder – die komplexesten, detailgenauesten und stärksten Datenverarbeitungsgeschöpfe in unserem Universum –, als wären diese taub und blind.

Wenn Sie das große Entwicklungspotenzial Ihrer Kinder wirklich ernst nehmen wollen, dann müssen Sie sich bewusst werden, dass Ihr eigenes alltägliches Versagen, Regeln zu befolgen und Grenzen zu respektieren, genau das Bewusstsein mitformt, das Sie so gerne schützen und fördern möchten. In unserer klinischen Arbeit ist es für uns meist sehr viel leichter, mit schrecklichen akuten Krisen umzugehen – von Kindesmissbrauch bis zu unerwarteten Todesfällen –, als die Folgen des stetigen subtilen Unterminierens von Grundwerten aufzufangen, das von der täglichen Inkonsequenz und den Regelverletzungen der Eltern ausgeht. Akute Krisen lassen sich am besten und leichtesten akut lösen. Doch die subtile und chronische Inkonsequenz und Widersprüchlichkeit im täglichen Elternverhalten sind eine sehr viel größere Herausforderung.

»Ausnahmen von der Regel« funktionieren nur, wenn es echte Ausnahmen sind

Ausnahmen haben mit *Kontrast* zu tun. Viele Beispiele in der obigen Liste von Regelverletzungen und Grenzübertretungen kommen in einer einzelnen Familie vor, häufig im Verhalten eines einzelnen Elternteils. Obgleich jedes der Beispiele für sich genommen »nicht ernst« sein mag, *entsteht durch die Häufung ein Wertemuster.* Es ist das Alltagsmuster solcher Einstellungen und Verhaltensweisen, die die Grundlage der »Familienwerte« bestimmen – nicht, was die Eltern sagen oder wie oft sie in die Kirche, die Synagoge oder Moschee gehen.

Wenn Sie nicht gewohnheitsmäßig bei gelbem Ampellicht

den Motor aufdrehen und nicht gewohnheitsmäßig Stoppschilder überfahren, wird Ihr Kind verstehen, wenn Sie sich auf Ihrem Weg zur Notaufnahme mit einem schwer verletzten Familienmitglied vorsichtig über eine rote Ampel wagen. Wenn Sie Ihr Kind nicht schlagen, hat es für Ihr Kind eine ganz andere Bedeutung, wenn Sie sagen: »Es wird nicht geschlagen!«, als wenn Sie es tun. Wenn Sie Ihren Kaffee nicht mit ins Auto nehmen, wenn Sie Ihre Kinder morgens zur Schule fahren, klingt die Regel »Kein Essen und Trinken im Auto« sehr viel überzeugender. So einfach ist das. Die Konsequenz, Kontinuität und Verlässlichkeit, mit der Sie jeden Tag Strukturen, Regeln und Grenzen aufrechterhalten, schaffen die Grundlage für sämtliche Werte, die auch angesichts einer notwendigen Ausnahme intakt bleiben. Das Leben nötigt zu Ausnahmen. Sie sind unvermeidlich. Eltern geraten nicht wegen der Ausnahmen in Schwierigkeiten, sondern weil sie es versäumen, ein stabiles Fundament im Alltag zu legen, das die Ausnahme aushält.

Aha! Du nimmst uns nicht ernst, oder?

Hier begegnet uns die alte teuflische Logik wieder. Wir alle sind Meister in spontanen Rationalisierungen und das gilt auch für Eltern. So wird manchen von Ihnen, die dem soeben Gesagten zustimmen, gleichwohl spontan eine Ausnahme zu der Regel einfallen. Dazu brauchen Sie sich nur eine vollkommen logisch klingende Begründung einfallen lassen, warum *diese* Ausnahme erlaubt sein sollte. Solche Ausnahmen zweiten Grades klingen immer absolut logisch. Und in der Tat können solche Ausnahmen innerhalb eines sehr engen Kontexts (vielleicht nur innerhalb des Satzes selbst) logisch *sein*. Zum Beispiel:

- ein fünfjähriges Kind in einen Film mitnehmen, der ab 12 freigegeben ist, weil es »damit umgehen kann«;
- mit einem dreizehnjährigen Jungen, der wegen Prügelns Probleme hat, einen Boxkampf anschauen, weil er weiß, dass es »keine Kinder, sondern Erwachsene sind, die außerdem noch Geld dafür bekommen«;
- einen Drittklässler nach einem verlängerten Wochenende für

drei Tage aus der Schule nehmen, um eine Kurzreise zu unternehmen, weil »er dabei etwas lernt. Außerdem sind die Straßen am Wochenende viel zu voll«.

Eltern gehen nicht in einen Film ab 12 Jahren, weil ihr fünfjähriges Kind »damit umgehen kann«, sondern weil *sie* es wollen. Doch selbst, wenn das Kind »damit umgehen« kann, stellt sich doch die Frage, was das Kind nach diesem Regelbruch jetzt selbst anzettelt.

Wenn Eltern Rationalisierungen vorbringen, um Regeln brechen und Grenzen verletzen zu können, werden sie wahrscheinlich auch Rationalisierungen benutzen, um aus dem Augenblick heraus geborene Regeln und Grenzen zu schaffen. So erleben wir häufig Situationen wie die folgenden:

- An einen Sechsjährigen gewandt: »Diese Spielsachen sind nur zum Anschauen. Man kann sie nicht kaufen.«
- An einen Achtjährigen – der weiß, dass seine Mutter ihn in eine Schulklasse schickt, worin die meiste Zeit des Jahres ein gutes Viertel der Schüler erkältet ist –: »Wir besuchen Oma heute nicht, denn sie hat eine Erkältung.«

Ohne jede Frage bedarf es beträchtlicher Mühe und einer Menge Konzentration, um die Art von grundlegender Konsequenz aufrechtzuerhalten, die nötig ist, um das Fundament für jene Wertvorstellungen und charakterlichen Eigenschaften zu schaffen, die Sie sich für Ihr Kind wünschen. Doch wenn Sie diese Dinge ernst nehmen, werden Sie sehr viel mehr schaffen als nur das. Indem Sie der Entwicklung Ihres Kindes keine Hindernisse in den Weg legen, vermindern Sie radikal die Wahrscheinlichkeit, dass es jene kognitiven Verhaltensmuster entwickelt, die heute regelmäßig diagnostiziert, etikettiert und fehlbehandelt werden.

Grenzen und gemeinsames Schlafen

Wenn kleine Kinder, mit denen wir arbeiten, auf eine deutliche Verbesserung von Strukturen, Regeln und Grenzen in ihrer Familie nicht reagieren, dann ist das oft ein Zeichen dafür, dass eine bestimmte Grenze nicht dicht gemacht wurde – das gemeinsame Schlafen. Abgesehen von gelegentlichen kurzen Kuscheleinheiten im Bett der Eltern vor dem Aufstehen, raten wir Eltern davon ab, bei ihren Kindern zu schlafen oder ihre Kinder bei sich schlafen zu lassen. So natürlich das gemeinsame Schlafen mit kleinen Kindern erscheinen mag, es ist gefährlich und manchmal sogar tödlich.

In einer heute schon klassischen Studie, die von Mitte der Siebziger- bis zur Mitte der Achtzigerjahre durchgeführt und 1978 im *Journal of Forensic Sciences* publiziert wurde, kam der ärztliche Hauptleichenbeschauer im District of Columbia, Dr. James L. Luke, zu dem Ergebnis, dass über 50 Prozent der Fälle von plötzlichem Kindstod beim gemeinsamen Schlafen aufgetreten waren.[1] »Krippentod« war jedenfalls eine Fehlbezeichnung. Luke fand heraus, dass die Mehrheit der Fälle von plötzlichem Kindstod bei Säuglingen eingetreten war, die mit mindestens einem Erwachsenen in einem Bett geschlafen hatten. Er weist in seinem Artikel darauf hin, dass es keine Unterschiede gibt zwischen den groben und mikroskopischen Anzeichen einer subtilen Erstickung (etwa durch Aufliegen auf dem Säugling nach einer Drehung im Schlaf) und den Anzeichen in glaubwürdigen Fällen, in denen die Säuglinge ohne ersichtliche Ursache zu atmen aufgehört hatten.

So natürlich es für menschliche Eltern, vor allem für Mütter, erscheinen mag, mit ihren Säuglingen zusammen zu schlafen, so wie es Hunde und Katzen ja auch mit ihren Welpen und Kätzchen tun, es ist keinesfalls dasselbe. Vierbeiner sind anders gebaut als Zweibeiner. Menschen können sich leicht von einer Seite auf die andere wälzen; Hunde, Katzen, Löwen und Tiger können es nicht. Wenn Welpen und Kätzchen in dem weichen, warmen Raum kuscheln, der von den Beinen und dem Bauch der Mutter gebildet wird, befinden sie sich in einem Schutzraum. Wenn die Katzenmutter sich umwenden will, dann dreht sie sich in die andere Richtung. Und, soweit wir wissen, haben Tiermütter keine anderen Gedanken im Kopf, sie kuscheln nicht mit ihren Gatten während des Stillens und ganz sicher nehmen sie keine sedierenden Substanzen wie Tabletten oder Alkohol zu sich. Es ist einfach unvernünftig, mit Säuglingen in einem Bett zu schlafen.

Doch abgesehen davon verwischt gemeinsames Schlafen wichtige körperliche, persönliche und psychische Grenzen. Separierung, das Sichentfernen von der Mutter, ist ein natürlicher Teil der Entwicklung. Krabbelkinder fangen damit an, wenn sie ihre ersten Ausflüge in die abenteuerliche Wohnungsumwelt unternehmen, dann gelegentlich zurückschauen oder auch zurückkrabbeln, um den Kontakt wieder herzustellen. Irgendwann wandern sie dann auf und davon. Wenn dieser natürliche Trennungsprozess verhindert wird, kann eine *feindlich-abhängige* Bindung entstehen, eine aggressive Überbindung des Kindes an die Mutter.

Beispielsweise kam eines Tages ein Elternpaar mit seinem Sohn zu uns, der an die sechzig Kilo wog und in die vierte Klasse ging. Sie kamen zu uns, weil sich Bruno zu seiner Mutter trotzig-geringschätzig verhielt. Er hatte zu ihr eine feindlich-abhängige Bindung entwickelt. Außerdem landete er, gleichgültig, ob er abends in seinem eigenen Bett oder auf dem Sofa einschlief, immer im Bett seiner Eltern oder einer seiner drei Schwestern. Er drang immerzu in die Sphäre von jemand anderem ein.

Bruno hatte als Baby schrecklich unter Koliken gelitten, und zugleich durfte er aber wegen eines beidseitigen Leistenbruchs, der erst im Alter von zwei Jahren operiert werden konnte, nicht schreien. (Lautes Schreien hat einen ähnlichen Effekt wie übermäßige Anstrengung beim Stuhlgang. Es erhöht den Druck auf den Unterleib – was sehr gefährlich ist, wenn die Leisten es ermöglichen, dass der Darm durch Öffnungen gepresst wird, die bei der Geburt geschlossen sein sollten.) Doch genau das war es, was Bruno die ganze Zeit tat: schreien. Die Sache wurde noch schlimmer dadurch, dass er auf traditionelle Beruhigungsmittel für Kinder nicht ansprach, sondern nur noch gereizter wurde und beim Schreien noch mehr Druck entfaltete. Die einzige Lösung für seine Eltern bestand darin, nachts abwechselnd aufzubleiben und das Baby zu wiegen. Neun Jahre später, als wir Bruno kennen lernten, war er immer noch die ganze Nacht in Bewegung und in seiner Familie lagen die Nerven blank.

Die ständige Bewegung erwies sich schließlich als der Schlüssel zur Lösung für Brunos nächtliche Bettwanderungen, die seine Familie so überforderten. Auf unseren Vorschlag hin besorgten seine Eltern ein Wasserbett für ihn, und zwar die Art, die überall wackelt, wenn man seinen Körper bewegt. In dem Moment, da er zugleich schlafen und gewiegt werden konnte, schlief der Junge tief in seinem eigenen Bett. Und damit ließ auch sein stetes Eindringen in die Sphäre der anderen Familienmitglieder nach.

»Aber Sie haben nicht den Ausdruck blanken Entsetzens in ihren Augen gesehen!«

Der Fall von Bruno war ungewöhnlich. Julies Fall dagegen war eher typisch. Sie war sieben Jahre alt und schlief seit zwei Jahren bei ihrer Mutter, als diese zu uns kam und um Rat fragte. Julie war ein Adoptivkind, das von seinen neuen Eltern einen Tag nach der Geburt aus dem Krankenhaus mit nach Hause genommen worden war. Als sie fünf Jahre alt war, ließen sich ihre Eltern scheiden. Ihre Mutter hatte eine schrecklich schlechtes Gewissen Julie gegenüber. Nicht nur war Julie schon einmal weggegeben worden, jetzt hatte sie wieder einen Elternteil verloren, einen Vater, der nun so gut wie nichts mehr mit ihr zu tun hatte. Und was die Lage noch verschärfte: Julies Mutter war Adoptionsberaterin. Sie hatte das Gefühl, doppelt versagt zu haben: Nicht nur war sie unfähig gewesen, die Ehe zusammenzuhalten, es war ihr auch nicht gelungen, Julie das perfekte Elternhaus zu bieten, das sie verdiente.

Julie nutzte die Schuldgefühle ihrer Mutter gründlich aus. Wenn ihre Mutter sie aufforderte, ihr Zimmer aufzuräumen, antwortete sie nur: »Du hast mir nichts zu sagen! Du bist nicht meine *richtige* Mutter!« Und wenn ihre Mutter auch nur die geringste Verärgerung über solche frechen Antworten zeigte, sagte Julie, die den wunden Punkt ihrer Mutter wie ein Jagdhund erspürte: »Du hast mich angeschrien! Das ist Kindesmisshandlung! Ich rufe die Polizei an!« »Und wissen Sie«, erklärte uns ihre Mutter, »das würde sie wirklich tun!«

Trotz der Totalverweigerung ihrer Tochter und ihrer so treffsicheren Drohungen fiel es Joan außerordentlich schwer, den manipulativen Charakter von Julies Bedürfnis zu erkennen, neben ihr schlafen zu müssen. Als wir Joan sagten, Julies Nachtängste seien unglaubhaft, rief sie aus: »Aber Sie haben nicht den Ausdruck blanken Entsetzens in ihren Augen gesehen!«

»Warum?«, fragte Denis. »Was haben Sie denn in ihrem Zimmer, Frankenstein?«

»Nein«, antwortete Joan. »Aber sie hat wirklich Angst.«

Es gibt kaum ein größeres Geschenk, das Eltern ihrem Kind geben können, als Sicherheit in seinem eigenen Raum. Das eigene Bett eines Kindes ist der Inbegriff eines solchen eigenen Raums, und behaglich darin schlafen zu können ist der Ausweis dafür, dass sich das Kind zu Hause sicher und geborgen fühlt.

Als Erstes musste Joan ihre Schuldgefühle loswerden. Sie füllte das Verantwortungsvakuum, das Julies leibliche Eltern hinterlassen hatten, und zusätzlich das Vakuum, das ihr Exehemann hinterlassen hatte, als er sich gegen seine Ehe und gegen sein Vatersein entschied. Julie folgerte logisch, dass ihre Mutter, wenn sie sich wie eine Schuldige verhielt, auch schuldig *war* – und es verdiente, entsprechend behandelt zu werden. Also musste Joan aufhören, sich schuldig zu fühlen und das Maß von Verantwortung zu übernehmen, das andere Leute von sich gewiesen hatten.

Da Julie nur *durch wiederholte Erfahrung lernen konnte, dass sie in ihrem eigenen Bett vollkommen sicher war*, musste Joan Julie zurück in ihr Bett bekommen. Denn schließlich gab es keinen Frankenstein, keine Vampire, Monstren oder andere Gruselfiguren, die Julies Angst gerechtfertigt hätten.

»Stellen Sie sich darauf ein«, wurde Joan instruiert, »dass Sie in den nächsten drei oder vier Nächten wenig Schlaf bekommen. Es wird ziemlich anstrengend – aber nichts im Vergleich dazu, Julie aus Ihrem Bett zu bekommen, wenn sie zwölf ist! Damit Julie weiß, dass Sie wirklich daran glauben, sie sei sicher in ihrem eigenen Bett, müssen Sie sich so verhalten, *als ob Sie wirklich daran glaubten*, und sie einfach in ihr Bett bringen und so tun, als ob sie die ganze Nacht dort verbringen würde. Wenn sie dann in Ihr Bett kommt, bringen Sie sie zurück – so oft Sie das eben müssen. Wenn Sie sie tragen oder an der Hand zurückbringen, seien Sie nicht böse, werden Sie nicht zornig und wiederholen Sie keine Zubettgehrituale. Nach dem ersten Gutenachtkuss ist Schluss. Stellen Sie sich darauf ein, dass Sie das in der ersten Nacht vielleicht vierzigmal machen müssen. Danach wird es allmählich weniger.«

»Aber sie kriecht ganz vorsichtig in mein Bett, und ich merke es erst, wenn sie gegen mich stößt und ich um drei oder vier Uhr morgens aufwache.«

»Kein Problem. Das macht nichts. Wenn Sie aufwachen, bringen Sie sie einfach zurück in ihr Bett.«

»Und da wir gerade dabei sind«, fuhr Denis fort, »wenn Sie das nächste Mal Julie bitten, ihr Zimmer aufzuräumen, und sie Ihnen antwortet, Sie hätten ihr nichts zu sagen, weil Sie nicht ihre ›richtige‹ Mutter seien, dann sagen Sie ihr: ›Ich *bin* deine *richtige* Mutter. Aber wenn du die andere Frau finden willst, die dich loswerden wollte, werde ich dir sehr gerne bei der Suche behilflich sein – NACHDEM du dein Zimmer aufgeräumt hast.‹«

»Ach, Sie kennen meine Tochter nicht!«, protestierte Joan. »Sie wird mich beim Wort nehmen!«

»Nein, das wird sie nicht.«

»Und ob sie das wird.«

»Nein, das wird sie nicht. Und wenn Sie Julie bitten, die Spülmaschine auszuräumen, und sie schreit: ›Das ist Kindesmisshandlung! Ich rufe die Polizei an!‹, sagen Sie ihr: ›Julie, ich tue nichts lieber, als für dich die Nummer zu wählen – NACHDEM du die Spülmaschine ausgeräumt hast.‹«

»He, Sie kennen meine Tochter wirklich nicht!«, protestierte Joan erneut. »Sie weiß, dass wir in einer sehr kleinen Gemeinde leben. Sie wird mich wieder beim Wort nehmen.«

»Nein, das wird sie nicht. Versuchen Sie es mal. Sie werden schon sehen«, sagte Denis.

In der nächsten Woche war Denis darauf vorbereitet, seine Überzeugungsarbeit fortzusetzen, aber das war nicht nötig. Joan hatte bereits getan, was er ihr empfohlen hatte.

»Es ist nicht zu glauben«, sagte Joan. »Ich hätte es nie für möglich gehalten, aber es hat funktioniert. In der ersten Nacht musste ich etwa zwanzigmal aufstehen, in der nächsten noch elf- oder zwölfmal, und nur noch dreimal in der dritten Nacht. In der vierten Nacht blieb sie in ihrem Bett. Und in der fünften drehte sie sogar das Licht aus.«

»Sie wollen damit sagen, dass Sie die letzten zwei Jahre mit Beleuchtung geschlafen haben?«

»Ja.« Joan lächelte verschämt. »Ich weiß nicht, warum ich es riskierte, aber ich habe sogar das gesagt, was Sie mir empfohlen haben, als Julie ihre ›richtige Mutter‹ ins Spiel brachte und drohte, die Polizei zu rufen. Sie tat, worum ich sie gebeten hatte, und hat seither nicht mehr davon gesprochen.«

Diese Episode mit Joan und Julie spielte sich gut zwanzig Jahre vor der Niederschrift dieses Buches ab. Seit dieser Zeit und in den fünfzehn Jahren, die wir zusammengearbeitet haben, hat es nie länger als eine Woche gedauert, um ein Kind dazu zu bringen, in seinem eigenen Bett zu schlafen, unabhängig davon, wie lange es vorher bei seiner Mutter oder seinem Vater geschlafen hatte. Genauer gesagt, der Prozess dauerte nie länger als vier aufeinander folgende Nächte. Viel länger dauert es jedoch häufig, die Eltern davon zu überzeugen, dass (1.) diese Methode funktioniert und (2.) dass sie keine grässlich unsensiblen Ungeheuer sind, wenn sie angesichts »blanken Entsetzens« und Protesten, sie seien »lieblos und gemein«, konsequent bleiben. Selbst diejenigen Eltern, die die ersten Nächte überaus anstrengend finden, erkennen doch rasch, dass der kurze Kampf, den sie durchgemacht haben, nichts ist im Vergleich mit den Jahren verbaler Überredungsversuche, Streitereien und Frustrationen, die sie sonst erwartet hätten.

Wenn das Kind erst einmal in seinem eigenen Bett liegt (vielleicht zum ersten Mal), sehen wir in der Regel eine Abnahme seiner Widerspenstigkeit, Trotzigkeit, Aggressivität und feindseligen Abhängigkeit. Für Eltern ist es dann viel einfacher, neue Strukturen in der Familie zu etablieren, vorhandene Regeln durchzusetzen und alle Arten von Grenzen aufrechtzuerhalten. Wenn es einmal in seinem Bett angekommen ist, hat das Kind ein richtiges Erfolgserlebnis, und auch tagsüber wird es mehr Zeit in seinem Zimmer verbringen und genießen, was wiederum sein Bedürfnis nach Nähe zu seinen viel beschäftigten Eltern vermindert.

Es ist wichtig, dass Eltern konsequent bleiben und später nicht nachgeben, wenn ein Kind jammert: »Das ist etwas anderes, es ist doch ein Gewitter!«, oder so. Selbst im Fall wirklich Angst erregender Erfahrungen, in denen Eltern vielleicht nachgeben und das Kind in ihr Bett lassen (wie bei Einbruch, Diebstahl in der Nachbarschaft oder einem Baum, der auf einen Teil des Hauses gestürzt ist), ist es wichtig, das Kind so bald als möglich in sein eigenes Bett zurückzubringen, in seinen eigenen sicheren Bereich. Die Rückkehr zur Normalität sorgt für die Festigkeit der Struktur und die Sicherheit der Grenzen.

13
Die Fünf Minuten: Wie Sie sicherstellen, dass Ihr Kind offen mit Ihnen spricht

Viele Eltern erzählen uns, dass ihre Kinder kein Problem haben, offen mit ihnen zu reden. »Mein Sohn nimmt kein Blatt vor den Mund!«, sagt ein Vater.

»Sie wollen damit sagen«, antworten wir, »dass Ihr Sohn keine Probleme hat, unhöflich, frech und respektlos zu sein – dass er Ihnen Widerworte gibt und Ihnen alle Mögliche ins Gesicht sagt?«

»Genau!«, sagt der Vater. Doch wenn wir ihn fragen, *welche wirklich tief gehenden Gedanken, Ängste, Wünsche oder Erfahrungen* sein Sohn ihm in letzter Zeit mitgeteilt hat, fällt es diesem Vater wie so vielen Eltern schwer, auch nur ein einziges Beispiel zu nennen.

»Wann hat Ihr Sohn Sie zum letzten Mal gefragt, warum Sie nie zu seinen Sportveranstaltungen gehen? Oder wann hat Ihr Sohn zum letzten Mal etwas zu Ihnen gesagt wie: Papa, ich glaube, du hast wirklich Angst davor, deinen Job zu verlieren? Oder wann hat Ihnen Ihre Tochter zum letzten Mal gesagt, sie wisse, dass Sie und Ihre Frau gestritten hätten, und sie habe wahnsinnige Angst, dass Sie sich scheiden ließen?«

Selbst in Familien, in denen Eltern und Kinder regelmäßig reden, in denen die Hauptmahlzeiten gemeinsam eingenommen werden, bleibt mehr ungesagt, als je ausgesprochen wird. Sogar in Familien, in denen die Eltern sensibel und auf ihre Kinder eingestimmt sind, können kleine Unachtsamkeiten und Vergesslichkeiten, vorübergehende seelische Verletzbarkeit oder eine gewisse Überbeschäftigtheit den Verdacht wecken, dass sich die Eltern nicht *wirklich* dafür interessieren, was ihre Kinder denken oder sagen. Und auch die fürsorglichsten und verantwortungsbewusstesten Eltern haben ihre eigenen Empfindlichkeiten und Schutzmechanismen – die dazu führen können, dass bei einem Kind die Botschaft ankommt: »Sag mir nicht, was du wirklich denkst!«

»Du kannst mir alles sagen«

Der Vater, den wir gerade kennen gelernt haben, nimmt wie selbstverständlich an, dass das, was er tagtäglich hört, wirklich das ist, was seinem Sohn im Kopf herumgeht. Er macht keinen Hehl daraus, dass es ihm schwer fällt, seinem Sohn zuzuhören, weil ihre Beziehung bereits chronisch angespannt ist. Viele Eltern, insbesondere solche mit kleineren Kindern, wissen, dass sie noch nicht eine solche Ebene von negativer Spannung und gegenseitiger Abneigung erreicht haben, aber sie sind gleichwohl frustriert, weil ihre Kinder ebenfalls nichts sagen. Diese Eltern sind deswegen irritiert, weil sie – wie wir im Laufe der Jahre oft gehört haben – ihren Kindern wiederholt versicherten, dass sie mehr als bereit sind, ihnen zuzuhören. »Natürlich habe ich Interesse an dir«, haben sie ihren Kindern erklärt. »Du kannst mir alles sagen!«

Da sie sich selbst als erreichbar und ansprechbar empfinden, sind diese Eltern traurig und frustriert darüber, dass ihre Kinder ihnen offenbar nichts Wesentliches mitteilen wollen. Sie fühlen sich von den innersten Erfahrungen und Gefühlen ihres Kindes ausgeschlossen.

Mittlerweile erkennen Sie wahrscheinlich, was tatsächlich los ist. Es handelt sich um unsere eingefahrene, man könnte auch sagen »postalische« Art der Kommunikation – bei der die Eltern, wenn sie keine Nachricht oder Botschaft erhalten, von der falschen Annahme ausgehen, es sei auch keine abgeschickt worden.

Doch leider übersehen diese ehrlichen und wohlmeinenden Eltern, dass sie die Lasten der Kommunikation auf die Schultern ihrer Kinder geladen haben – oft noch sehr kleiner Kinder. *Diese Eltern haben ihren Kindern zwar eine Möglichkeit eröffnet, sich ihnen mitzuteilen, aber sie haben nicht die Überzeugung vermittelt, dass sie wirklich da sind, um zuzuhören.*

Calvin and Hobbes © 1992 Watterson. Abgedruckt mit Erlaubnis des Universal Press Syndicate. Alle Rechte vorbehalten.

Das Nachlassen des Interesses

Erinnern Sie sich an die Zeit, als Ihr Kind noch ein Baby war. Erinnern Sie sich, wie Sie buchstäblich in der Betrachtung des kleinen Wesens versinken konnten, wie jede seiner Bewegungen Sie mit Ehrfurcht erfüllte und Sie stundenlang fasziniert und beglückt mit den Blicken an ihm hängen konnten. Erinnern Sie sich, wie wichtig es für Sie war, dass Ihr Baby Sie ansah, und welches Glück Sie erfüllte, wenn Sie das Gefühl hatten, es würde Ihre eigene Person mit seinen Augen förmlich aufsaugen. Und erinnern Sie sich, wie Sie an jedem Laut hingen und hingegeben auf ein erstes richtiges Wort lauschten, in der Hoffnung, es sei »Mama«. Das war eine tiefe Verbindung, eine tiefe Liebe. Wie wunderbar muss es gewesen sein, auf der anderen Seite Ihre hingegebene Aufmerksamkeit und Liebe zu empfangen!

Jetzt fragen Sie sich einmal: Wann habe ich zuletzt mein Kind mit solch verzückter Aufmerksamkeit angesehen? Wann habe ich zuletzt an jedem einzelnen Wort gehangen?

Leider dauert es nicht allzu lange, bis Eltern ihre Kinder als selbstverständlichen Teil ihres Alltagslebens begreifen. Wenn das Kind mehr Autonomie entwickelt, wendet sich die elterliche Aufmerksamkeit in der Regel davon ab, *wer das Kind ist*, und hin zu dem, *was das Kind tut* – ob es das »Richtige« oder das

»Falsche« tut. Für viele Eltern ersetzt das Interesse an den Tätigkeiten des Kindes – Zeichnen, Ausschneiden, Spielen etc. – schrittweise das Interesse an dem, wer sie sind. Und während die Eltern in jenen magischen Babyjahren oft alles stehen und liegen ließen, um sich von ihrem Baby faszinieren zu lassen, unterbrechen sie jetzt nur noch kurz die Hausarbeit oder das Fußballspiel im Fernseher, um im Vorübergehen einen flüchtigen Blick zu werfen oder einen Kommentar darüber abzugeben, was richtig oder falsch, was gut oder schlecht ist.

Das Wunder verliert an Glanz, das Leben wird alltäglich und das Interesse schrumpft. Ist es da überraschend, dass Kinder selten mit ihren Eltern sprechen?

Das Wiedererwecken des Interesses

Müssen Sie die Liebesgeschichte zu Ihrem Kind neu aufleben lassen, um es davon zu überzeugen, dass Sie wirklich da sind, wirklich auf es eingestimmt und an ihm interessiert sind? Nein, und die Strukturen, Regeln und Grenzen in der Gesellschaft machen dies auch recht schwierig. Und ganz abgesehen davon würde eine solche intensive Bindung den wachsenden Bedürfnissen Ihres Kindes nach Unabhängigkeit und Autonomie eher schaden. Wenn also die Intensität nicht notwendig ist, was dann? Müssen Sie sich stundenlang neben Ihr Kind setzen, um es davon zu überzeugen, dass Sie wirklich da und an ihm interessiert sind? Glücklicherweise können wir auch diese Frage verneinen.

Im Grunde ist es ziemlich einfach, Ihr Kind so aufwachsen zu lassen, dass es das selbstverständliche Gefühl hat, es könne Ihnen alles und jedes mitteilen – dass Sie immer da sind, um aufmerksam, voller Verständnis und Anteilnahme zuzuhören. Natürlich ist es am einfachsten, wenn Sie dies gleich von Anfang an tun, aber auch wenn Ihr Kind schon acht, zwölf oder sechzehn Jahre alt ist und nicht mit Ihnen spricht, ist es keineswegs zu spät. Alles, was Sie brauchen, ist Geduld, Ausdauer und die Bereitschaft, anfängliche Frustrationen hinzunehmen.

Die »Fünf Minuten«

Die »Fünf Minuten« sind eine einfache und zugleich stark strukturierte und eng begrenzte Kommunikationstechnik, die Kindern und Adoleszenten eine verlässliche und kontinuierliche Gelegenheit gibt, echtes elterliches Interesse an ihren Empfindungen, Erfahrungen, Ansichten und Wünschen zu erleben. Die Fünf Minuten haben eine Geschichte. Darin spiegelt sich die Entwicklung unseres eigenen Verstehens und Erkennens der subtilen Einfachheit der Eltern-Kind-Beziehungen und ihrer Kommunikation.

Ursprünglich entwickelten wir die Fünf Minuten für Soldatenfamilien, mit denen wir in den 80er-Jahren zusammen arbeiteten. Weil das Leben von Soldatenfamilien einer steten Unsicherheit und vielen Veränderungen unterliegt – von Manövern, Stationierungen, Truppenumstrukturierungen bis zu unerwarteten Mobilisierungen –, war unser Ziel zunächst, dass diese Eltern zumindest jeden Tag eine »Qualitätszeit« mit ihren Kindern verbrachten. Und da viel beschäftigte Eltern (zu schweigen von Alleinerziehenden mit mehreren Kindern) immer darüber klagen, dass sie *keine* Zeit haben, machten wir die Zeitbelastung so gering wie möglich – nur fünf Minuten. Zumindest konnten sie sich da nicht mit dem Grund verweigern, »dass einfach nicht genug Zeit vorhanden« sei.

Trotz des bescheidenen Aufwands schien unsere kleine Technik zu funktionieren. In manchen Familien führte bereits die Tatsache, dass die Kinder jeden Tag einen festen persönlichen Termin mit jedem Elternteil hatten, zu mehr Stabilität und weniger Misshelligkeiten. Je mehr wir über die kindliche Erfahrungswelt, über Sprachlogik und über die subtilen Bedingungen der Eltern-Kind-Kommunikation lernten, desto besser konnten wir aufgrund dieser neuen Erkenntnisse die Fünf Minuten verfeinern und genauer einschätzen, was sich von ihnen vernünftigerweise erwarten ließ.

Echte Kommunikation braucht mehr als nur »Qualitätszeit«

Die meisten Menschen glauben, »Qualitätszeit« sei einfach eine angenehme Zeit, die man zusammen verbringt – so wie ein Picknick oder der Besuch eines Fußballspiels mit dem Dreizehnjährigen. Die Fünf Minuten sind vollkommen anders: Man erwartet im Vergnügungspark keine weltbewegenden Bekenntnisse von seinem Kind, doch während der Fünf Minuten geht es genau darum, persönlich bedeutsame Dinge von seinem Kind zu erfahren.

Die Struktur der Fünf Minuten ist verblüffend einfach.

- Fünf Minuten täglich allein mit jedem Kind verbringen, *an jedem Tag*, außer es ist absolut unmöglich;
- die Fünf Minuten dürfen nicht unterbrochen werden. Kein Fernsehen, Radio, keine Musik, Telefonanrufe, keine Geschwister oder welche Störungen auch immer;
- keine anderen Aktivitäten (Spiele) finden während der Fünf Minuten statt;
- es sind keine Berührungen erlaubt: keine Umarmung, kein Festhalten, kein Wiegen, kein Streicheln;
- auch wenn Sie es »unsere« Fünf Minuten nennen mögen, es ist die Zeit Ihres Kindes, in dem es zu Ihnen spricht, nicht Ihre Zeit, in der Sie mit Ihrem Kind sprechen;
- während seiner Fünf Minuten kann Ihr Kind Ihnen alles sagen, was es für wichtig hält – natürlich auf respektvolle Weise;
- Ihre Antwort ist es, zu verstehen und wahrzunehmen, wie Ihr Kind über das Mitgeteilte denkt und fühlt;
- Sie dürfen die Version Ihres Kindes *nicht* interpretieren, entschuldigen oder korrigieren – selbst wenn es faktisch Unrecht haben sollte.

Die »Fünf Minuten« sind kein Trick und kein Allheilmittel

Die Fünf Minuten sind ein *Prozess*, kein Trick oder schnell wirkendes Patentrezept. Ebenso wenig können die Fünf Minuten all die Dinge ersetzen, die Sie tun können, um die Eltern-Kind-Kommunikation und Ihre Beziehung zu verbessern, auf die wir in diesem Buch bereits hingewiesen haben. Machen Sie sich also bewusst, dass die Fünf Minuten nicht in einem Vakuum stattfinden. Wir erwarten also, dass Sie während des Tages Ihrem Kind sehr aufmerksam zuhören; dass Sie seine Erfahrungen sehr viel besser verstehen; dass Sie sagen, was Sie meinen, und meinen, was Sie sagen; dass Sie mit Struktur, Regeln, Grenzen und Verantwortung und Entscheidung sehr viel sensibler und konsequenter umgehen. Bei aller Wichtigkeit sind die Fünf Minuten nur Teil einer guten Elternstrategie.

Die Fünf Minuten

- kosten nichts, brauchen sehr wenig Zeit und keine Utensilien;
- schaffen eine konsistente und verlässliche Erfahrung;
- haben mit der Zeit eine beruhigende, stabilisierende Wirkung;
- fördern eine ehrliche, offene und vertrauensvolle Kommunikation;
- helfen, eine ehrliche, offene und vertrauensvolle Beziehung aufzubauen;
- definieren die Bedeutung von »Verantwortung«, »Verlässlichkeit«, »Fürsorge«, »Aufmerksamkeit«, »Zuhören« und »Verständnis« in der praktischen Umsetzung.

Um zu funktionieren, müssen die Fünf Minuten:

- regelmäßig über einen langen Zeitraum durchgeführt werden;
- immer nach den Regeln durchgeführt werden, die sie strukturieren.

So einfach ist das.

Wie man die »Fünf Minuten« einführt

Sagen Sie Ihrem Kind, dass Sie jeden Tag *Fünf Spezialminuten* miteinander verbringen wollen, dass es seine Zeit mit Ihnen ist, in der es alles sagen kann, was ihm durch den Kopf geht, und dass Sie einfach nur da sein werden und zuhören wollen. Passen Sie das, was Sie sagen, dem Alter Ihres Kindes und dem bisherigen Verlauf Ihrer Beziehung an.

Bei kleinen Kindern kündigen Sie einfach an, dass Sie die Fünf Minuten durchführen wollen, und dann tun Sie es auch. Sie können die Struktur, Regeln und Grenzen der Fünf Minuten mit der Zeit definieren, so wie wir die Struktur, Regeln und Grenzen unseres therapeutischen Raums mit jedem Kind und seiner Familie im Verlauf der klinischen Arbeit definieren. Detaillierte Erklärungen sind unnötig.

Bei älteren Kindern und Teenagern führen Sie die Fünf Minuten ganz sachlich ein, indem Sie vielleicht darauf hinweisen, wie hektisch das Leben geworden ist oder dass Sie das Gefühl haben, dass Ihnen allerhand aus dem Leben Ihres Kindes zu entgehen scheint.

Wenn Sie wissen, dass Sie bisher *kein* guter Zuhörer gewesen sind, sparen Sie dieses Thema nicht aus. Sagen Sie zum Beispiel: »Ich weiß, ich war ziemlich abgelenkt in letzter Zeit, also lass uns jeden Tag eine Spezialzeit nehmen, in der du mir *alles* sagen kannst – und ich werde da sein und dir hundertprozentig zuhören.« Das beschreibt genau, worum es in den Fünf Minuten geht. Es ist nicht mehr das alte »Du kannst mir alles sagen«, weil Sie diesmal gute Absichten durch wirkliche Taten ersetzen.

Wenn Ihr Teenager antwortet: »Was soll das sein? Ist das wieder so ein Schmus aus einem Buch, das du liest?«, dann fühlen Sie sich nicht angegriffen. Sagen Sie einfach: »Nein, das gehört zu unserer neuen Beziehung.«

Wenn Ihr Teenager antwortet: »Mensch, ›Fünf Minuten‹, das ist doch blöd«, reagieren Sie nicht abwehrend und versuchen Sie sie nicht »einzuschmuggeln«, ohne dass Ihr Teenager es merkt, indem Sie sie anders nennen oder ihnen gar keinen Namen geben. Der Name »Fünf Minuten« ist wichtig. Dieser »blöde« Name enthält nämlich bereits eine Abgrenzung: Er definiert die Fünf Minuten als ausschließliche und von anderen Zeiten unterschiedene Zeit, die sie sonst miteinander verbringen mögen. Namen sind wichtig: Sie verlieren tatsächlich einen Großteil der Wirkung dieser einfachen kleinen Technik, eine einzigartige Beziehung zu definieren und herzustellen, wenn Sie den Namen weglassen oder sie umbenennen. Ausnahmsweise sagen wir hier: »Vertrauen Sie uns einfach.« Wir haben dies tatsächlich schon Hunderte von Malen durchgefochten.

Regeln und Grenzen, die die »Fünf Minuten« strukturieren

Die gemeinsame Zeit darf nur Ihnen und Ihrem Kind gehören und nicht gestört werden. Jeder Elternteil muss seine Zeit mit jedem Kind allein verbringen. »Nicht gestört« heißt buchstäblich, dass Sie während dieser kostbaren fünf Minuten nichts anderes tun oder auf nichts reagieren dürfen, das den Prozess unterbricht: Sie gehen nicht auf die Toilette, nicht ans Telefon und tun auch sonst nichts anderes, als 100 Prozent Ihrer Aufmerksamkeit Ihrem Kind zu schenken.

Suchen Sie sich einen Ort, wo Sie nicht ständig gestört werden. Es ist okay, wenn Sie dafür das Kinderzimmer wählen, aber achten Sie darauf, dass aus den Fünf Minuten kein Bettgehritual wird. Wir werden dies noch näher erklären, wenn wir auf die Details der Fünf Minuten zu sprechen kommen.

Es liegt auf der Hand, dass jedes Kind eine eigene Zeit mit jedem seiner Eltern verdient, aber abgesehen davon haben Kinder zu jedem ihrer Eltern eine unverwechselbare Beziehung. Sie sagen selten zu beiden das Gleiche. Es ist für die meisten Kinder auch sehr schwierig, wenn nicht unmöglich, Gefühle der Wut, Verletzung oder Verlegenheit einem Elternteil gegenüber zu äußern, wenn der andere dabei ist.

Und schließlich, geben Sie ein gutes Beispiel: Wenn Sie nicht wollen, dass Ihr Kind Sie beim Telefonieren oder im Gespräch mit einem Nachbarn unterbricht, behandeln Sie Ihr Kind mit der gleichen Achtung, wenn es in den Fünf Minuten zu Ihnen spricht.

Die »Fünf Minuten« müssen jeden Tag stattfinden. Wenn wir Sie noch nicht von der Wichtigkeit der Konsequenz, Kontinuität und Verlässlichkeit überzeugt haben, fragen Sie sich selbst, was wohl die Reaktion Ihres Kindes ist, wenn Sie den Prozess beginnen und dann plötzlich abbrechen: *»Ich bin dir also nicht einmal fünf Minuten wert!!!«* So kurz die Zeitdauer auch sein mag, sie stellt eine Zusage und eine Haltung der Offenheit, Akzeptanz und des *Interesses* dar, deren Kraft erst dann spürbar wird, wenn sie entfällt.

Sehen Sie es einmal so an: Ein einzelner Stein ist unbedeutend – doch wenn Sie geduldig einen Stein auf den anderen setzen, können Sie ein riesiges Gebäude bauen. Es geht nicht um die Menge der täglich eingesetzten Zeit, die den Fünf Minuten ihre Kraft verleiht, es ist vielmehr die Tatsache, dass Sie sie Tag für Tag, Monat für Monat und Jahr für Jahr durchführen. Es sind die Konsequenz und Kontinuität über einen langen Zeitraum, die Ihrem Kind die absolute Echtheit Ihres Interesses und Ihrer Anteilnahme vermitteln. Es ist die Tatsache, dass Sie immer wieder geduldig zuhören, die Ihr Kind davon überzeugt, dass Sie sich wirklich kümmern und dass es Ihnen wirklich alles sagen kann.

Manchmal sind Unterbrechungen natürlich unvermeidbar. Wenn etwa äußere Umstände Sie dazu zwingen, die Fünf Minuten an drei Tagen hintereinander zu versäumen, sollten Sie dann fünfzehn Minuten nachholen, um den Ausfall wettzumachen? Nein, fahren Sie einfach dort fort, wo Sie aufgehört hatten, und versuchen Sie, die Kontinuität aufrechtzuerhalten, so gut Sie können. Wenn es in den nächsten Fünf Minuten zu einem längeren bedeutungsvollen Moment kommen sollte, dann ist das wunderbar. Aber es ist keine zusätzliche Zeit vonnöten.

Eltern, die nicht zu Hause sein können – die noch bis spät im Büro sitzen müssen, an einer Sitzung teilnehmen oder verreist sind – können die Fünf Minuten auch telefonisch durchführen. Sorgen Sie dafür, dass Sie sie vom Rest des Gesprächs abgrenzen (dem Fußballspiel, der Klassenparty, den Erlebnissen Ihres Kindes bei einem Schulausflug), indem Sie beispielsweise sagen: »Okay, machen wir jetzt unsere Fünf Minuten.« Wir haben mit vielen Familien gearbeitet, denen es gelang, ein wirkliches und zufrieden stellendes Verbundenheitsgefühl in den Fünf Minuten per Telefon herzustellen.

Während der »Fünf Minuten« finden keine anderen Aktivitäten statt. Erwarten Sie nicht, dass irgendetwas von Bedeutung geschieht, solange der Alltag mit seinem ganzen Drumherum – Fernsehen, Radio, Videospiele, wilde Bildschirmschoner auf dem Computer, Schach und Damespiel – in Ihr Gespräch eindringt.

Das heißt auch, dass Sie die Fünf Minuten nicht durchführen können, während Sie Auto fahren oder im Haushalt etwas tun. Wenn Sie irgendetwas anderes tun, machen Sie nicht die Fünf Minuten. Und selbst, wenn Sie auf der Heimfahrt von der Schule die tiefschürfendste und erhellendste Vierzig-Minuten-Diskussion mit Ihrem Kind hatten, *lassen Sie an diesem Tag die Fünf Minuten nicht ausfallen.* Wenn Sie es tun, wird Ihr Kind logischerweise denken: »Das ist ja toll. Ich vertraue mich dir an und rede ganz offen, und was tust du? Du lässt die Fünf Minuten ausfallen!«

Andrerseits brauchen Sie auf Reisen die Fünf Minuten nicht zu verschieben, bis Sie wieder zu Hause sind. Vielmehr können Sie – *aber nur unter dieser Bedingung* – die Fünf Minuten praktisch überall durchführen, selbst in einem Flugzeug oder Warteraum auf dem Flughaufen. Machen Sie nur einen Ort ausfindig, der so geschützt wie möglich ist.

Viele Kinder, vor allem kleinere Kinder, wollen in ihrer »Spezialzeit« Spiele spielen. Erklären Sie, dass es eine Menge Zeit zum gemeinsamen Spielen gibt, aber dass die Fünf Minuten speziell dafür da sind, zu reden und Gefühle mitzuteilen. Fühlen Sie sich nicht zurückgestoßen und glauben Sie nicht, dass der Prozess gescheitert ist, wenn Ihr Kind sagt: »Na gut, dann rede ich eben nicht!« Sagen Sie einfach etwas wie: »Tust du wohl! Du sprichst genau jetzt zu mir. Was hast du noch mal gefühlt, als

…«, und beziehen Sie sich auf etwas, das Ihrem Kind viel bedeutet hat. Wenn Ihr Kind dickköpfig ist und nicht reden will, machen Sie sich keine Sorgen. Es handelt sich um einen Prozess. Es wird schon werden.

In den »Fünf Minuten« sind keine Berührungen erlaubt. Würden Sie jemandem Ihre innersten Gedanken mitteilen, der Ihre Füße streichelt? Nicht im Ernst! Wenn Sie Ihrem Kind in den Fünf Minuten den Rücken massieren, befinden Sie sich als unbezahlter Masseur oder unbezahlte Masseuse zur falschen Zeit am falschen Ort. Glauben Sie also nicht, dass Ihr Kind irgendetwas von Belang äußert, insbesondere etwas, das für Sie schmerzhaft oder beunruhigend ist, wenn Sie es gleichzeitig berühren oder streicheln. Berührung kann auf sehr subtile Weise mitteilen: »Ich bin dir so nah, dass du dich nicht über mich ärgern kannst, oder?« Der Inhalt der Fünf Minuten wird sehr viel reicher sein, wenn Sie auf Ihrem und Ihr Kind auf seinem Platz bleiben. Sie können auf dem Bett Ihres Kindes sitzen – wenn es sonst keine Sitzgelegenheit gibt –, aber es muss Ihre eigene Position für die Fünf Minuten sein und keine Einladung zu einem Bettgeh-Tête-à-Tête.

Unsere Regel ist ernst zu nehmen, aber sie ist nicht absolut. Natürlich können Sie Ihr Kind berühren und trösten, wenn es Ihnen etwas sehr Trauriges oder Traumatisches erzählt. Viele Eltern haben uns gesagt, dass sie in den Fünf Minuten von vergangenen Verletzungen erfuhren, die sie sich nicht hätten vorstellen können. Doch selbst wenn etwas Unerwartetes zur Sprache kommt, reagieren Sie nicht zu schnell, denn vielleicht ist es nicht alles. Wenn Sie Ihr Kind zu rasch trösten, verpassen Sie möglicherweise den Rest. Wenn Ihr Kind allerdings gerne weint und Berührungen liebt, sollten Sie die Regel »Nicht berühren« streng einhalten.

Die »Fünf Minuten« sind die Zeit des Kindes, um zu seinem Vater oder zu seiner Mutter zu sprechen, nicht umgekehrt. Wir geben gerne zu, dass diese Beziehung absolut ungerecht und unausgeglichen ist. Gerechtigkeit bedeutet »Jeder hat seinen gerechten Anteil«, doch in diesem Fall muss das Kind sich vom Erwachsenen verstanden und akzeptiert fühlen, nicht umgekehrt. Zunächst haben manche Eltern den Eindruck, dass ihr Kind endlich ein aktiver Zuhörer geworden ist – aber darum geht es NICHT bei den Fünf Minuten.

Manchen Eltern fällt es schwer, Schweigen zu ertragen, also reden sie oder stellen Fragen, um die Zeit auszufüllen. Widerstehen Sie dieser Versuchung! *Wenn nicht, wird Ihr Kind nicht zu Ihnen reden* – es wird schlicht keine freie Zeit geben. Und ob Sie es wollen oder nicht, das Ausfüllen der Zeit vermittelt Ihrem Kind lediglich, dass Sie sich sowohl mit dem Prozess und mit dem, was es Ihnen sagen könnte, unwohl fühlen. Dies vermindert natürlich die Wahrscheinlichkeit, dass Ihr Kind sich Ihnen jemals öffnet. Wenn Sie sich unwohl fühlen, betrachten Sie die Fünf Minuten als Übung in Geduld und Gewöhnung an Schweigen.

Machen Sie sich keine Gedanken, dass während des Schweigens nichts passiert, weil die Zeit weder verloren noch vergeudet ist. Das Schweigen ist irreführend, weil die meisten Kinder ab drei Jahren recht aktiv denken, während sie kein Wort sagen – *sie sprechen im Kopf zu Ihnen.* Wenn Kinder erst einmal entdecken, dass ihre Gedanken Sie nicht wütend machen, vertreiben oder Sie dazu bewegen können, von Ihrem Kind abzurücken, fangen sie offen zu sprechen an.

Ein paar Kinder allerdings brauchen Wochen oder sogar Monate, bis sie sich öffnen. Zwar sind es nur wenige, aber der Prozess kann sehr frustrierend sein, wenn es sich um Ihr eigenes Kind handelt. *Geben Sie dennoch nicht auf* und *begehen Sie nicht den Fehler, das Schweigen zu unterbrechen.* Sehen Sie einfach darin den Weg, der beschritten werden muss, um die Kommunikation zu eröffnen. Kinder, die lange Zeit brauchen, bis sie sprechen, sind entweder außerordentlich eigensinnig – in welchem Fall das Festhalten an dem Prozess Ihre einzige kreative Alternative ist –, oder sie sorgen oder ängstigen sich wirklich über die Dinge, die ihnen im Kopf herumgehen, oder über Ihre mögliche Reaktion.

Ebenso wie Kinder nur lernen können, dass es vollkommen ungefährlich ist, allein ins Bett zu gehen, indem sie in ihrem eigenen Bett bleiben, kann nur die Erfahrung, dass Sie nicht ausweichen oder den Prozess aufgeben, Ihr Kind davon überzeugen, dass es sicher ist, sich Ihnen mitzuteilen. Bedenken Sie, dass Aufgeben, wenn ein Kind nicht spricht, etwa so ist, *als ob Sie das Kind selbst aufgeben würden*. Da schweigende Kinder noch nichts gesagt haben, was Sie vertreiben könnte, müssen Sie sich dazu verhalten, *wer Ihr Kind ist*, und nicht nur zu seinen Worten. Wenn Sie jeden Tag für Ihr Kind da sind, sagt dies viel stärker, wie wichtig Ihr Kind Ihnen ist, als tausend Worte es könnten.

Schließlich sollten Sie nicht vergessen, dass Kinder, auch wenn sie abwesend wirken, sehr viel mehr registrieren, als gemeinhin angenommen wird. Wenn Eltern aus einer Beziehungsstruktur wie den Fünf Minuten aussteigen wollen, können die Kinder das spielend bewerkstelligen, indem sie nicht sprechen. Wenn dies geschieht, verlieren beide: Kind wie Eltern.

Ihr Kind kann Ihnen während der »Fünf Minuten« alles sagen – natürlich auf respektvolle Weise. Entgegen der anfänglichen Reaktion mancher Eltern haben wir keine Verschwörung gegen Sie vor. Die Fünf Minuten sind keine Zeit, in denen Ihr Kind Ihnen die Leviten liest oder sich respektlos benimmt, sondern um mit Ihnen etwas zu teilen, was es sonst niemals teilt. Auch Wut ist akzeptabel – vorausgesetzt, dass sie respektvoll geäußert wird. Alles, was Sie tun müssen, ist, Ihrem Kind das Gefühl zu geben, dass Sie wirklich verstehen, wie es ihm geht. Die Fünf Minuten sind dagegen *kein* Mittel, mit dem das Kind familiäre Werte und Regeln umstoßen kann.

Sie dürfen die Version Ihres Kindes *nicht* interpretieren, entschuldigen oder korrigieren – selbst wenn es faktisch Unrecht haben sollte. Wir hoffen, dass der Sinn dieser Regel Ihnen nun klar geworden ist. Wenn Sie erklären, entschuldigen oder korrigieren, hört das logisch denkende Kind oder der logisch denkende Adoleszente heraus: »Du hast Unrecht« – Unrecht, zu denken, was es denkt, und Unrecht, zu fühlen, was es fühlt.

Erklärungen: Wenn sich Ihr Fünfjähriger beschwert, dass Sie ihm kein Stück Kuchen aufgehoben haben, widerstehen Sie der

Versuchung, ihn daran zu erinnern, dass Sie ihn zweimal gefragt hatten, ob er Kuchen wolle, bevor Sie das letzte Stück seinem jüngeren Bruder gaben. Sagen Sie ihm einfach: »Ja, es ist traurig, dass du nichts davon abbekommen hast. Ich kann gut verstehen, dass du wirklich wütend bist.«

Entschuldigungen: Wenn Ihr Teenager voller Wut sagt: »Mein Vater hat mich schon wieder angelogen! Er hat versprochen, wenigstens zu einem Spiel zu kommen, und jetzt hat er das letzte Spiel in der Saison verpasst!«, sagen Sie ihm nicht, dass sein Vater in Arbeit erstickt – ob das nun den Tatsachen entspricht oder nicht. Ihr Teenager wird dies persönlich nehmen und sich mies fühlen, dass er so wütend auf jemanden ist, der eine so gute Entschuldigung hat.

Falsche Versionen: Selbst wenn Ihr Kind oder Teenager die Dinge vollständig verdreht, sagen Sie nicht »Aber in Wirklichkeit war es so« oder »Aber das hatte ich nicht gemeint«, weil wiederum die Quintessenz einer solchen Aussage ist: »Du hast Unrecht.« Und mehr hört das Kind oder der Jugendliche gewöhnlich nicht heraus.

Es fällt uns allen schwer, nicht zu erklären, zu entschuldigen oder Perspektiven richtig zu stellen, denn wenn wir es nicht tun, haben wir das Gefühl, wir seien mit dem einverstanden, was die andere Person *sagt*, statt wahrzunehmen, wie sie *sich fühlt*.

Wir erlebten ein schlagendes Beispiel, wie stark die Fünf Minuten wirken können, im Fall eines vierzehnjährigen Jungen, der mit vier Jahren von einem Auto angefahren worden war. Da er monatelang bewusstlos im Koma lag, nahmen die Ärzte schon an, dass er nie mehr aus dem Bett käme, ganz zu schweigen davon, dass er wieder laufen könnte. Als wir ihn kennen lernten, waren schon zehn Jahre vergangen, er hatte sich vom Bett über einen Rollstuhl zu Krücken vorgearbeitet. Bert war spastisch gelähmt, besaß die Koordination einer Lumpenpuppe und litt unter Sprechstörungen. In diesem dramatischen Prozess hatte Bert seinen Vater verloren, einen superathletischen Sportnarren, der kein Interesse an einem Sohn hatte, der seinen Speichelfluss nicht kontrollieren konnte, geschweige denn Tennis spielen.

Berts katastrophales Selbstwertgefühl zeigte sich unter anderem auch darin, dass er seine persönliche Hygiene vernachlässigte und sich um seine eigenen Dinge so gut wie nicht kümmerte. Seine ständige passive Aggressivität spiegelte eine alles beherrschende innere Wut, die er lächelnd leugnete. Er machte sich über seinen Stiefvater lustig und verhielt sich seiner Mutter gegenüber gemein und respektlos. Seit Jahren stritt Bert jede Wut wegen des Unfalls ab. Tatsächlich war Bert nie »wütend«, und doch lernten wir ihn kennen, weil er die Familienkatze in der Mikrowelle geröstet hatte!

Eines Tages, mitten in den Fünf Minuten und ohne jede Vorwarnung lief Bert rot an und schrie seine Mutter an: »Wo zum Teufel warst *du*, als ich angefahren wurde?« Zum Glück verstand Berts Mutter den Zweck der Fünf Minuten und die Gründe für unsere drei Regeln. So schockiert sie war – und auch verletzt –, platzte sie nicht heraus mit dem, was sie so dringend sagen wollte. Berts Mutter hätte wahrheitsgemäß erklären können, dass sie in der Stadt unterwegs war, Lebensmittel einkaufen, so dass sie unmöglich ihren Sohn hatte retten können. Und sie hätte sich damit entschuldigen können – wiederum wahrheitsgemäß –, dass Berts Vater, der auf ihn aufpassen sollte, sich stattdessen hingelegt und einen Mittagsschlaf gehalten hatte und damit seinen Vierjährigen unbeaufsichtigt mit seinem Tretauto in den Berufsverkehr hatte fahren lassen.

Als also die Explosion endlich zum Ausbruch kam, begriff Berts Mutter, was sie zu bedeuten hatte – und vermittelte ihm, wie sehr sie sein Gefühl der Verlassenheit verstand. Ohne Erklärungen und Entschuldigungen, unter Tränen sagte Berts Mutter einfach nur: »Du musst dich *furchtbar* von mir im Stich gelassen gefühlt haben!«

Einige Tage nach seinem Ausbruch gegenüber seiner Mutter, besserte sich Berts körperliche Hygiene und seine ständige passive Aggressivität nahm spürbar ab. Doch noch erstaunlicher war die Tatsache, dass Bert aufhörte, in die Hose zu machen – was er seit seinem Unfall täglich getan hatte. Berts Selbstverunreinigung wurde damit erklärt, dass er darüber keine Kontrolle hätte – als Folge einer Hirnverletzung.

Nicht jede Familie hat so schwerwiegende Probleme zu verarbeiten, doch Berts Geschichte zeigt nichtsdestoweniger, welche enormen Veränderungen eine offene und direkte Kommunikation bewirken kann.

(Antworten auf einige der Fragen, die dieses Kapitel vielleicht aufgeworfen hat, finden sich im Anhang »Elternfragen zu den Fünf Minuten« nach Kapitel 15).

14
Die ersten drei Lebensjahre, schlechte Gene und eine »normale« Entwicklung: Wie viele Gedanken müssen sich Eltern machen?

Was wir bisher gesagt haben, klingt doch recht vernünftig, oder? Wir haben Ihnen eine Ansicht von Kindern und Eltern-Kind-Beziehungen angeboten, die vollkommen neu ist – und zugleich so auf der Hand liegt, dass sie jeder im Alltag leicht überprüfen kann, wenn er sich die Zeit nimmt, zu beobachten, zuzuhören und zu reflektieren.

Wir haben Ihnen gezeigt, dass viele der verwirrenden Probleme, mit denen Eltern täglich konfrontiert werden, eigentlich aus einer vermeidbaren Fehlkommunikation herrühren und daraus, dass wir die Kinder meist nicht auf ihrer eigenen Erfahrungsebene verstehen. Wir haben Ihnen auch gezeigt, dass Sie durch die Minimierung solcher Fehlkommunikation und das zunehmende Erkennen der Komplexität und Subtilität selbst der kleinsten Kinder dieses neue Verständnis nutzen können, um die Sackgassen pädagogischer und psychologischer Etikettierungen und Fehlbehandlungen zu vermeiden.

Wir wissen freilich aus langjähriger Erfahrung, dass Eltern – selbst wenn sie lernen, diese Dinge selbst nachzuvollziehen und zu schätzen, und selbst wenn sie in der Lage sind, viele der Probleme zu lösen, die ihnen zuvor als Eltern das Leben allzu schwer gemacht hatten – immer wieder damit beginnen, sich selbst in Frage zu stellen. Und nicht genug damit, haben wir auch festgestellt, dass das konstante Sperrfeuer neuer Entdeckungen, neuer Theorien, neuer Technologien und alle naselang sich ändernden Expertenmeinungen, die die Medien füllen, häufig das neue Wissen und die neu gewonnene Sicherheit der

Eltern untergraben. Um also dieser verständlichen Neigung zu alten Selbstzweifeln und Vermutungen entgegenzuwirken, wollen wir kurz einen Blick auf ein paar der Problemfelder werfen, die geeignet sind, das Selbstvertrauen von Eltern zu unterminieren.

Sollten Sie sich wegen der ersten drei Lebensjahre und »verpasster Entwicklungsfenster« Sorgen machen?[1]

Wenn etwas wichtig ist, dann ist es das Fundament, auf dem das Leben Ihres Kindes aufgebaut ist, und natürlich sollten Sie alles tun, damit dieses Fundament solide und gesund ist. Doch was, wenn Ihr Kind bereits vier oder vierzehn Jahre alt ist und Sie nun erfahren, dass die ersten drei Lebensjahre absolut entscheidend sind, dass die nächsten sieben Jahre extrem wichtig sind und dass die grundlegende Vernetzung des Gehirns in jenen ersten kritischen Jahren stattfindet? Müssen Sie sich deswegen Sorgen machen? Immerhin sagen viele Experten, dass nach dem dritten (oder zehnten) Lebensjahr alles vorbei ist. Wie viel Sorgen müssen Sie sich also machen, dass Sie Ihrem Kind vielleicht nicht die richtige Art oder Menge von Erfahrungen in diesen »entscheidenden« Jahren zukommen ließen?

Die Antwort lautet: gar keine – es würde Ihnen nicht das Geringste bringen. Die Vergangenheit ist vergangen, aber die Gegenwart steckt voller Chancen. William Greenough von der University of Illinois und dem Beckman Institute, einer der führenden Hirnforscher der Welt, sagte einmal zu uns: »Ihr Hirn ist jetzt nicht mehr das Gleiche wie vor fünf Minuten.« Die Hirnplastizität ist Teil des Lebens. Sie müssen sich *nur dann* Gedanken machen, wenn Ihr Kind in sehr jungem Alter am Sehen, Hören und Berühren gehindert wird und keine soziale Erfahrung einschließlich gesprochener Sprache oder Zeichensprache erlebt. Ansonsten wird das Hirn Ihres Kindes fähig sein, sich in Reaktion auf bedeutsame Erfahrungen ständig neu zu organisieren, und zwar sein ganzes Leben lang. Wir wollen sehen, warum das so ist.

William Greenough und sein Kollege James Black, ebenfalls von der University of Illinois in Urbana-Champaign und vom Beckman Institute, unterscheiden zwischen zwei Arten von Hirnplastizität. Die erste und grundlegende Art scheint auf bestimmten Kategorien sinnlicher Erfahrung wie Licht, Geräusch und Berührung zu basieren – den grundlegenden sensorischen Modalitäten, die uns erlauben, die physikalische Struktur der Welt zu erkennen. Über Millionen und Abermillionen von Jahren hat die Evolution das Hirn dahingehend gebildet, bestimmte fundamentale sensorische Erfahrungen von Lebensbeginn an zu »erwarten«. Selbst bei gut funktionierenden Augen und Ohren werden jene Teile des Hirns, die den visuellen und auditiven Input verarbeiten, nicht die für eine gesunde Funktion notwendigen Schaltkreise aufbauen, wenn sie nicht durch den »erwarteten« sensorischen Input stimuliert werden. Ohne diese frühe Stimulierung wäre Ihr Kind nicht fähig, das, was es hört und sieht, sinnvoll zu interpretieren. Das ist der Grund, warum in den ersten Lebensjahren, während das Hirn sich in einem massiven Aufbau von Schaltkreisen befindet, die Muttersprache erlernt werden muss.

Die gute Nachricht ist jedoch, dass das Hirn für fast alles andere über eine zweite Art von Plastizität verfügt, die sich auf neue und veränderte Umstände einstellen kann. Diese Art der Hirnplastizität »erwartet« keine bestimmten Erfahrungskategorien, vielmehr »hängt sie ab« von veränderten und unvorhersehbaren Erfahrungen, um ihre neurale Organisation voranzutreiben. Dies ist die Art von Hirnplastizität, die wir täglich zum Lernen und zum Umgang mit der Welt brauchen. Weil Ihr Kind sein ganzes Leben lang fähig sein muss, sich an eine sich ständig ändernde Welt anzupassen, ist diese Art der Hirnplastizität »erfahrungsabhängig« und sie wird das ganze Leben hindurch im Einsatz sein.

Also machen Sie sich keine Sorgen, wenn Sie Ihrem Kind keine Mozartsinfonien vorgespielt haben, als es noch klein war! Die Tür ist nicht verschlossen und die Schaltkreise sind nicht für alle Zeiten festgelegt. Außerdem wissen wir bereits aus allem, was wir an früherer Stelle in diesem Buch erörtert haben, dass Kinder auf *Bedeutung*, nicht nur auf Klänge reagieren. Wenn Sie also an einem gewissen Zeitpunkt im Leben Ihres Kindes wollen, dass klassische Musik – oder irgendeine andere Musik – eine gewisse formative Rolle spielt, dann müssen Sie sie *bedeutungsvoll* machen, indem Sie sie mit Ihrem Kind teilen, darüber sprechen oder sich gemeinsam daran erfreuen. Nur Mozart oder Frank Zappa einfach abzuspielen hat auf das Hirn Ihres Kindes keinerlei positive Auswirkung.

Warum aber kann Musik die Art von Hirnentwicklung fördern, die vielleicht auch andere Aspekte des Denkens unterstützt? Weil Musik reine Struktur ist – rhythmische und klangliche Struktur. Die meisten Menschen sind zumindest ein wenig empfänglich für die Strukturen, aus denen Musik besteht, und zumeist kann man diese Empfänglichkeit erhöhen, wenn man die individuelle Bedeutsamkeit erhöht. Die Lektion des so genannten Mozarteffekts hat nicht so sehr mit Musik zu tun als vielmehr mit der bedeutungsvollen Erfahrung von Strukturen und diese Art der Erfahrung begleitet uns unser ganzes Leben lang.

Deshalb ist es wichtig, *jetzt* Nutzen zu ziehen aus der Fähigkeit Ihres Kindes und seines Hirns, auf Bedeutung zu regieren. Aber Sie müssen dazu keine Forschungen über die Auswirkungen klassischer Musik auf die Entwicklung des Hirns anstellen. Erinnern Sie sich einfach an die Rolle, die die Bedeutung in der Formung von Aufmerksamkeitsstilen bei Kindern spielt (vgl. Kapitel 6, 7 und 8). Sie werden sehen, dass das tägliche Leben Ihnen viele Gelegenheiten für bedeutungsvoll strukturierte Erfahrungen bietet.

Das ist der Grund, warum Sie mit Ihrer eigenen Kommunikation und Ihren Interaktionsstilen im Leben Ihres Kindes von Anfang an ein »organisiertes Hirn« oder ein »desorganisiertes Hirn« produzieren können. Oder Sie können den gegenwärtigen Aufmerksamkeitsstil Ihres Kindes durch die Art Ihrer Kommunikation und Beziehung *verändern* – auch wenn Ihr Kind zwölf oder sechzehn ist.

Wir können hier lernen, dass das Potenzial Ihres Kindes nur durch bedeutungsvolle Erfahrungen geweckt werden kann. Beachten Sie, dass es keine Rolle spielt, ob die Erfahrung positiv oder negativ, kreativ oder destruktiv ist. Wenn Sie die Strukturen, Regeln und Grenzen, über die wir in Kapitel 12 sprachen, weglassen und sich nicht um Konsequenz, Kontinuität und Verlässlichkeit in der Welterfahrung Ihres Kindes kümmern, formen Sie eine bestimmte Art von Hirn. Wenn Sie jedoch die Wichtigkeit von Strukturen für eine gesunde Entwicklung kennen und danach handeln, formen Sie eine andere Art Hirn. Wenn Sie im Alltag einen ineffektiven und dissoziogenen Kommunikationsstil pflegen, dann fördern Sie die Entwicklung eines »ADS-artigen« Hirns. Wenn Sie dagegen wirklich sagen, was Sie meinen, und genau das meinen, was Sie sagen, schaffen Sie die Erfahrungsgrundlage, die einen organisierten Aufmerksamkeits- und Kognitionsstil begünstigt. Jedes Mal, wenn es Ihnen gelingt, den kognitiven Verhaltensstil Ihres Kindes zu modifizieren durch die Art, wie Sie kommunizieren, Erfahrungen strukturieren und Unterstützung und Verständnis zeigen, spielen Sie eine positive Rolle in der Vermittlung von Erfahrungen, die das Hirn Ihres Kindes zur Selbstorganisierung nutzt. Da die Evolution Ihr Kind mit einem Hirn ausgestattet hat, das auf Erfahrungen antwortet, können Sie ebenso gut aus diesem Potenzial Nutzen ziehen.

Was ist »normale« Entwicklung?

Öffnen Sie irgendwelche Lehrbücher aus der Psychologie, Psychiatrie oder Pädagogik, und Sie werden Kapitel über normale Entwicklung finden, die Tabellen von Meilensteinen der Normalentwicklung enthalten. Was ist, wenn Ihr Kind mit dem Sprechen oder Gehen oder in der Entwicklung feinmotorischer Kontrolle spät dran ist? Müssen Sie sich Sorgen machen? Wenn Ihr Kind keinerlei Interesse an seiner Umgebung zeigt, dann ja, dann ist es Zeit, Ihren Kinderarzt aufzusuchen. Oder wenn Ihr Baby mit einem Jahr noch nicht einmal krabbelt. Doch dies sind Extrembeispiele. Zumeist brauchen sich Eltern aus dem einfachen Grund keine Sorgen zu machen, *weil es keinen »richtigen« oder »korrekten« Fahrplan für die individuelle Entwicklung gibt.*

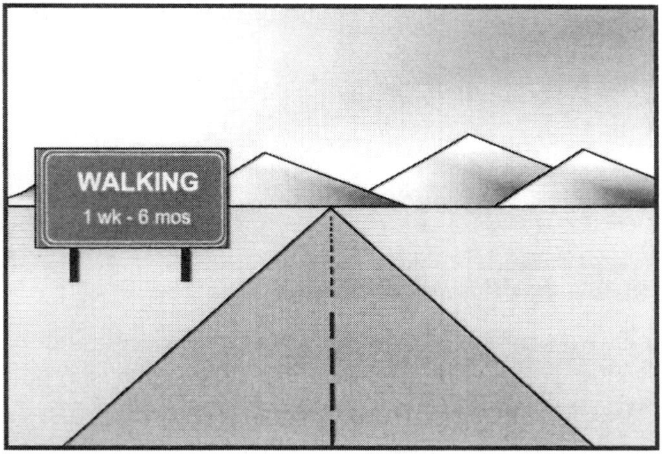

Esther Thelen und ihre Kolleginnen Barbara Ulrich und Linda B. Smith haben aus der Perspektive komplexer adaptiver Systeme einen neuen Blick auf die Kindesentwicklung geworfen.[2] Da sie sich vor allem für motorische Entwicklung interessierten, haben sie umfassende Forschungen darüber durchgeführt, wie kleine Kinder vom Krabbeln zum Gehen kommen. Was sie herausfanden, sagt uns eine Menge über Entwicklung im Allgemeinen.

Die traditionelle Sichtweise siedelt die entwicklungsgemäße Aneignung einer Fähigkeit auf einem Entwicklungspfad an und misst den Fortschritt des Kindes mittels so genannter »Meilensteine« auf diesem Entwicklungspfad. Ein Kind, das direkt auf das Ziel zuschreitet und es rechtzeitig erreicht, wird als »normal« angesehen, während das Kind, das anders vorgeht oder länger braucht, schnell eine »anormale Entwicklung« attestiert bekommt. Je mehr Zeit es braucht oder je atypischer die Merkmale seiner Entwicklung sind, desto »anormaler« ist dieses Kind.

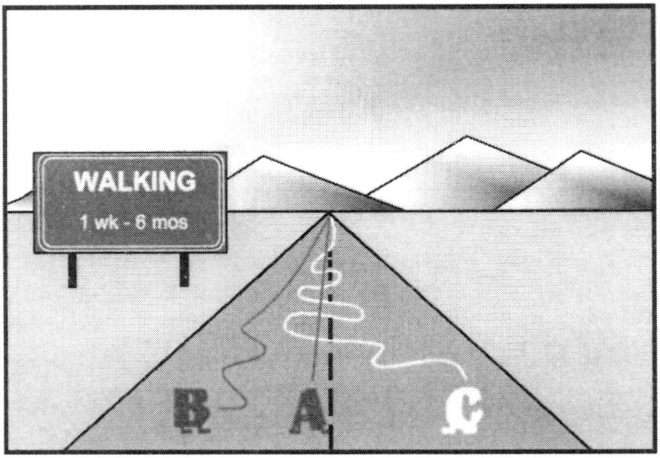

Nehmen wir an, dass die Straße in der zweiten Abbildung den Entwicklungspfad vom Krabbeln zum Gehen versinnbildlicht und dass die Linien A, B, und C verschiedene Entwicklungspfade darstellen. Welche Entwicklung würde wohl als »normal« angesehen? Und welche würde als »stark anormal« klassifiziert? Die Antwort ist natürlich klar – A wird als »normal« und C wird als »stark anormal« gelten.

Dies ist nicht nur ein akademisches Spiel, denn die Pädagogik und die Psychologie gehen im Allgemeinen davon aus, dass es eine »richtige« Art der Entwicklung gibt.

Kinder werden routinemäßig zur Teilnahme an bestimmten Lernangeboten gedrängt. Oder sie werden nach ihrer Fähigkeit oder Unfähigkeit beurteilt, unterschiedliche Bildungsangebote benutzen zu können, je nachdem, wo sie »entwicklungsgemäß« gerade stehen.

Jedes Jahr werden Kinder, die von dem vermeintlich direkten Entwicklungspfad abweichen, in die Sackgasse von pädagogischen »Spezial«-Programmen und psychologischen Behandlungsplänen gezwungen.[3]

Nun stellen Sie sich einmal vor, Sie würden Leute auf der Straße fragen und dabei diese Begriffe verwenden. Wie würden diese Leute wohl reagieren? A wäre auf dem »direkten« Pfad, während C natürlich der Kandidat für eine »abweichende« Entwicklung wäre, da sein Weg ihn in Schlangenlinien über die ganze Straße führt.

Und doch könnte nichts weiter von der Wahrheit entfernt sein, weil es für keinen Aspekt der Entwicklung einen »korrekten« Weg gibt. Thelen und ihre Kolleginnen entdeckten, dass *keine zwei Kinder den gleichen Entwicklungspfad nehmen* – dies ergibt sich, wenn man nur aufmerksam wirklichen Kindern zusieht und dabei nicht alle unverwechselbaren Merkmale ihrer individuellen Entwicklung statistisch nivelliert. Und dabei spielt es keine Rolle, ob man zwei, zwanzig, zweihundert oder zweitausend Kinder studiert: Keine zwei werden sich auf gleiche Weise und im gleichen Zeitraum entwickeln. Auch wenn C also im Zickzack über den ganzen Entwicklungspfad gelaufen ist, wird er, wenn er das Ziel des Laufens erreicht hat, nicht anders als A aussehen, der es vermeintlich »richtig« gemacht hat. Jede individuelle Entwicklung ist einzigartig. Wenn Sie eine »normale« Entwicklung sehen wollen, müssen Sie alles Charakteristische und Einzigartige aus den Daten entfernen.

Thelen und ihre Kolleginnen entdeckten ein weiteres faszinierendes Merkmal der kindlichen Entwicklung, das sich in das standardisierte Entwicklungsmodell nicht einfügt – aber es fügt sich in das ein, was über das Verhalten komplexer nichtlinearer dynamischer Systeme bekannt ist. (Dies ist die gleiche Chaos-Theorie, die Ian Malcolm in *Jurassic Park* benutzt, um zu erklären, dass das Klonen von Dinosauriern ein sehr unvorhersehbares und risikoreiches Unterfangen ist.) Komplexe dynamische Systeme neigen dazu, in »Anziehungsstadien« (*attractor states*) zu verweilen. Anziehungsstadien sind relativ stabil. Doch damit sich ein System neu organisieren kann, muss es sich desintegrieren – d. h. ein wenig lockern –, bevor neue Strukturen zusammentreten können. Zum Beispiel befindet sich ein schlafendes Baby in einem Anziehungsstadium, doch wenn es aufwacht, bewegt es sich in ein neues Anziehungsstadium, in dem es bleiben wird, bis es wieder zu einem weiteren übergeht. Der Übergang von einem relativ stabilen Anziehungsstadium zu einem anderen wird Phasenübergang (*phase transition*) genannt. (Sie erleben einen Phasenübergang, wenn Sie sich selbst beim Einnicken erwischen.) Sowohl die Entwicklung im Allgemeinen als auch spezifische Verhaltensweisen sind durch relativ stabile Anziehungsstadien gekennzeichnet, die von Phasenübergängen unterbrochen werden, von denen einige lang und manche so kurz sind, dass sie kaum wahrgenommen werden.

Thelen und ihre Kolleginnen kamen nun zu dem Ergebnis, dass jedes Mal, wenn ein Kind sich von einem Niveau motorischer Kompetenz zu einem nächsten, »höheren« Niveau – auf dem Pfad von Krabbeln zu Gehen – bewegte, das Verhalten des Kindes instabil wurde. Es wurde »schlimmer«. Man könnte sagen, dass die stabile Struktur der kindlichen motorischen Leistung aufzubrechen begann, sich auflöste, bis sie vollständig desintegriert war – nur um sich dann in neuer Form zu reorganisieren. Das ist für niemanden eine Neuigkeit, der je Fahrradfahren gelernt hat. Kaum schafft es jemand mit eleganter Mühelosigkeit, von der künstlich erhaltenen Stabilität durch Stützräder sich zur selbsterhaltenden bequemen Balance auf zwei Rädern fortzuentwickeln. Vielmehr durchleben die meisten von uns eine Phase der Wackligkeit. Diese Wackligkeit ist die Instabilität des Phasenübergangs zwischen der Unfähigkeit, oben auf dem Sattel zu bleiben, ohne umzufallen, und dem, was wir als normales Fahrradfahren ansehen.

Wenn es allerdings irgendetwas gibt, was die meisten von uns nicht ertragen können, dann sind es Unvorhersehbarkeit und Instabilität. Also können wir uns vorstellen, was geschieht, wenn Eltern, Lehrer oder Psychologen die Instabilität, die für eine adaptive Veränderung nötig ist, mit einer Störung oder Dysfunktion verwechseln. Wir wissen, was dann geschehen würde: Sie würden wahrscheinlich versuchen, die Instabilität zu »reparieren«, indem sie sie entweder unterdrücken oder indem sie das System in einen früheren stabilen Zustand zurückversetzen. In der Sprache dynamischer Systeme wird der Prozess, der einen Phasenübergang verhindert, »Dämpfung« oder »Entmutigung« des Systems genannt.

Und das ist genau das, was ein großer Teil der Erziehung, Schule und psychologischen Behandlungen tut. Was immer sie sonst noch tun mögen, die meisten Psychodrogen dämpfen einfach das System – sie schließen das System künstlich in einem bestimmten Anziehungsstadium ein. (Wenn jemand ein Kind, dem Medikamente verabreicht werden, als gedämpft bezeichnet, dann beschreibt er damit ein gedämpftes System, das unfähig ist, sich adaptiv und kreativ auf eine veränderte Umgebung einzustellen.) Während Medikamente wie z.B. Stimulanzien die störende Instabilität beseitigen mögen, verhindern dämpfende Mittel zugleich, dass sich das System neu organisiert. Wenn freilich das System sich nicht reorganisieren und zu einem von Erwachsenen bevorzugteren stabilen Status fortschreiten kann, nehmen Eltern, Lehrer und Psychologen fälschlich an, das System sei »beschädigt« und folgern, dass sein »Steckenbleiben« ein Beweis für seine »inhärente Unfähigkeit zur Veränderung« sei.

Die Instabilitätsstörung *par excellence* ist natürlich ADHS. Kinder, die dieses Etikett aufgedrückt bekommen, werden gewöhnlich mit Ritalin behandelt. Ritalin ist der König unter den systemdämpfenden Medikamenten. Sie dämpfen die Übergangs- und Umformungsfähigkeiten des Kindes, was natürlich Eltern, Lehrer und Psychologen glücklich macht, weil das Kind sich nicht mehr so störend verhält. Durch das Dämpfen des Systems wird das Verhalten der Kinder schlicht akzeptabler – *aber das ist alles, was Stimulanzien leisten.* Stimulanzien haben keinerlei positiven Effekt auf Kognition, Lernen oder schulische Leistungen, der länger als ein paar Wochen anhält.[4] Auf diese Weise verwandelt sich die systemdämpfende Wirkung der Stimulanzien, die das abstoßende Verhalten der Kinder für Erwachsene erträglicher macht, in eine lebenslange »Hirnstörung«, die selbst mit den »richtigen« Medikamenten nicht geheilt werden kann.

Die Welt ist voller intelligenter, kreativer Menschen, deren Kindheit durch eine anormale – und manchmal extrem anormale – Entwicklung gekennzeichnet war. Der Nobelpreisträger Richard Feynman begann erst mit zweieinhalb Jahren zu sprechen und selbst als Erwachsener konnte er rechts und links nicht unterscheiden.[5] Wichtig ist der Gesamtprozess – nicht der Zeitplan von Stunde zu Stunde, von Monat zu Monat, dem die

Entwicklung des Kindes angeblich folgen muss. Wie auch immer sich Ihr Kind entwickelt, es ist Ihre Herausforderung, sein Potenzial maximal zu entwickeln.

Entwicklung bedarf keines »Mikromanagements«

Die Zeit von der Geburt bis zum dritten Lebensjahr ist weder ein Minenfeld der Entwicklung, das Eltern nicht überqueren könnten, ohne etwas in die Luft zu sprengen, noch ist Entwicklung ein standardisierter Test, bei dem viele normale Kinder durchfallen. Da Kinder komplexe adaptive *sich selbst organisierende* Systeme sind, ist es für Erwachsene schlicht und einfach überflüssig, ihre Entwicklung mikromanagen zu wollen. Also hören Sie auf, sich Sorgen über eine »normale« Entwicklung zu machen. Und versehen Sie die Instabilität, die für jede adaptive Veränderung notwendig ist, nicht mit negativen, pathologischen Begriffen.

Erinnern wir uns an all die Themen, die wir in den letzten dreizehn Kapiteln erörtert haben. Der größte Teil des Materials sollte Eltern helfen, ihre eigenen Kinder besser zu verstehen und zu erkennen, wie viele Probleme ganz unnötig aus alltäglichen Missverständnissen und fehlgeleiteter Kommunikation entstehen. Es sollte inzwischen klar geworden sein, warum ein Eingreifen in intrinsisch sich selbst organisierende Prozesse überflüssig ist. Erziehung und Schulunterricht sind zunächst und vor allem ein Prozess, das den Kindern eigene Potenzial zum Lernen, zu Wachstum, Adaptation, Gesundheit und Veränderung zu beschützen und zu fördern. Deswegen kann man nicht deutlich genug darauf hinweisen, dass das, *was Eltern über Kinder wissen müssen*, das grundlegende Fundament ist, auf dem das Expertenwissen und Expertenhandeln aufbauen sollte – nicht umgekehrt. Keine der Entwicklungsnormen, die Pädagogen und Psychologen routinemäßig auf Kinder anwenden, gründet auf einem fundamentalen und realistischen Verständnis der kognitiven, kommunikativen, attentionalen und affiliativen Verhaltensstile der Kindheit, so wie sie alle Eltern kennen lernen können.

Da Ihre Kinder die gleiche Umgebung teilen, müssen alle Unterschiede zwischen ihnen genetische Ursachen haben, nicht wahr?

Falsch! Dies ist ein Mythos aus der Mottenkiste der gemeinsamen Umwelt. Keine zwei Kinder teilen die gleiche Umgebung – noch nicht einmal eineiige Zwillinge. Vielmehr kann bereits der Mutterleib ein so ungemütlicher Ort für einen der Zwillinge sein, dass die britische Kinderärztin und Zwillingsforscherin Dr. Elizabeth M. Bryan[6] feststellt, dass nicht selten in der Plazenta eines einzelnen gesunden Babys »die zusammengedrückten Reste eines Fötus« gefunden werden. In solchen Fällen, schreibt Bryan, weiß die Mutter gewöhnlich nicht, dass sie eine Zwillingsschwangerschaft hatte. In anderen Fällen wiederum wird niemand je wissen, dass ein Zwilling verloren wurde, weil der Tod eines Fötus im ersten Schwangerschaftsdrittel in der vollständigen Resorption dieses Fötus endet. Etwa doppelt so viele Zwillinge kommen tot zur Welt, was bedeutet, dass viele von uns einmal Zwilling gewesen sein können. Und selbst wenn beide Zwillinge ihre intrauterine Reise gesund überstehen, ist da immer noch die Geburt und die Bewältigung dieses wunderbaren Lebensweges stellt für jeden Zwilling eine andere Herausforderung dar.

Die bloße Schulphysik klärt uns bereits darüber auf, dass zwei Körper nicht den gleichen Raum zur gleichen Zeit einnehmen können. Das mag auf den ersten Blick kleinlich erscheinen, aber es enthält doch eine für uns sehr wichtige Erkenntnis, denn nicht nur können zwei Menschen nicht den gleichen physikalischen Raum einnehmen, vielmehr können zwei Menschen auch nicht den gleichen *psychologischen Raum* oder den gleichen *Erfahrungsraum* einnehmen.

Um zu sehen, wie treffend diese eigentlich selbstverständliche Aussage ist, stellen wir uns zwei Schwestern vor – die eine ist die leibliche Tochter ihrer Eltern, die andere adoptiert. Wir wissen, dass die beiden nicht die gleichen genetischen Informationen haben können, weil sie nicht miteinander verwandt sind. Doch teilen sie die gleiche Umgebung? Wenn wir die reale Erfahrung wirklicher Kinder ernst nehmen, kommen wir zu dem Ergebnis, dass die eine Schwester seit ihrer Geburt mit Sicherheit gewusst hat, wer ihre Eltern sind, wie sie aussehen und wie sie sich ihr gegenüber verhalten. Der anderen Tochter wurde erklärt, dass ihre »leibliche Mutter« sie wegen ihrer Lebensumstände zur Adoption freigegeben hat. Somit hat eine der Schwestern eine Mutter und die andere hat zwei Mütter. Die eine Schwester erlebte Schwierigkeiten in der Familie und Krankheiten mit der Sicherheit, dass ihre Eltern zu ihr hielten, während der anderen gesagt worden war, dass ihre »leibliche Mutter« sie exakt wegen Schwierigkeiten in der Familie oder einer Krankheit weggegeben hat. Beiden Schwestern war von ihren Eltern immer gesagt worden, dass sie sie liebten, doch eine hatte zudem erfahren müssen, dass ihre leibliche Mutter sie »so sehr geliebt hat, dass sie sie zur Adoption freigegeben« hat. Beide Schwestern wuchsen in einer Familie auf, die ihr leibliches Kind behalten hatte, während einer Schwester gesagt worden war, dass sie weggegeben worden war, weil ihre leibliche Mutter »wollte, dass sie eine Familie hätte«. Vom leiblichen Vater war nie die Rede. Die ältere Schwester war vier Jahre alt, als ihre Schwester adoptiert wurde – das bedeutet, dass die beiden Schwestern zehn und sechs Jahre alt waren, als ihre Mutter tödlich erkrankte und ans Bett gefesselt war.

Hier nun die Frage: Was bedeuten *Mutter, Vater, Familie, Liebe, Fürsorge, Bindung, Zugehörigkeit, Unglück* und *Verlust* für diese beiden Schwestern?

Wir sprechen hier nicht über Wörter – wir sprechen über Konzepte und wirkliche persönliche Erfahrungen. Haben also, im Sinne der wirklichen Erfahrung, beide Schwestern *eine Mutter*?

Haben beide Schwestern die *gleiche Mutter*? Haben beide Schwestern *einen Vater*? *Gehören* beide Schwester der *gleichen Familie* an? Haben beide Schwestern die *gleiche mütterliche Liebe* erfahren? Haben beide Schwestern die *gleiche elterliche Fürsorge* erfahren? Haben beide Schwestern die *gleiche mütterliche Hingabe* erfahren? Haben beide Schwestern das *gleiche Unglück* und den *gleichen Verlust* erfahren? Und schließlich, wenn ihre Mutter an der Krankheit gestorben wäre, hätten beide Schwestern den *gleichen Verlust einer Mutter* erlitten?

Die Antwort auf all diese Fragen lautet: Nein. Jeder einzelne Aspekt der familiären Umgebung hat für diese beiden Mädchen eine andere Bedeutung – und es ist, wie wir uns erinnern, die Bedeutung, die die Hirnplastizität antreibt. Macht es also irgendeinen Sinn zu erwarten, dass diese zwei radikal unterschiedlichen psychischen Erfahrungsumwelten die gleiche Wirkung auf die beiden Schwestern haben sollten? Erneut lautet die Antwort: Nein.

Wie wir in Kapitel 4 gesehen haben, ist die Welt, in der Kinder leben, ganz anders, als Erwachsene sich gewöhnlich vorstellen. Und leider sind Komplexität, Subtilität und Raffiniertheit der kindlichen Erfahrung in der Welt der Kinderforschung allgemein so gut wie unbekannt. Daher kann es auch nicht überraschen, dass sie in der hochabstrakten, auf Statistik basierenden Unter-Unter-Spezialwissenschaft der Verhaltensgenetik keinerlei Rolle spielen.

Also fordern wir Sie noch einmal auf: Nehmen Sie die individuellen Welten Ihres Kindes – jedes Ihrer Kinder – ernst. Nur wenn Sie dies tun, sind Sie in der Lage, ihren individuellen Bedürfnissen zu entsprechen.

Was ist dran an »Stoffwechselstörungen im Gehirn«

Viele Eltern kommen mit der Überzeugung zu uns, dass ihre Kinder an einer »Stoffwechselstörung im Gehirn« leiden. Häufig wurde ihnen dies von Ärzten oder Psychotherapeuten eingeredet – manchmal nach Konsultationen, die nur Minuten dauerten. Und selbst wenn es uns gelungen ist, einem Kind zu radikalen Änderungen in seinem Verhalten, seinen schulischen Leistungen oder seinen Beziehungen zu verhelfen, sagen die beunruhigten Eltern immer noch: »Ja, aber glauben Sie nicht, dass da dennoch eine Hirnstörung vorliegen könnte?« Bevor Sie diese Dinge allzu ernst nehmen, lassen Sie uns einen Blick auf die Gedankengänge werfen, die hinter der Behauptung stecken, dass den Verhaltensproblemen unserer Kinder ein Art »chemisches Ungleichgewicht« zugrunde liege.

»Wir wissen, dass Kinder mit psychischen Störungen eine Störung im Hirnstoffwechsel haben, das aus einer genetischen Anormalität herrührt«,[7] schreibt der Arzt Dr. Harold S. Koplewicz in seinem Buch *It's Nobody's Fault: New Hope and Help for Difficult Children and Their Parents.* Doch kaum hat Koplewicz den Eltern versichert, was der Grund für die psychischen Störungen sind, fügt er hinzu: »Aber wir wissen nicht, um welche spezifische Anormalität es sich handelt.« Das klingt mehr nach einer Glaubenssache als nach Wissenschaft. Und die Begründung klingt verblüffend ähnlich:

Kinder, die die Standardkriterien für eine psychische Störung erfüllen, haben eine psychische Störung

und:

»Wir wissen, dass Kinder mit psychischen Störungen an einer Dysfunktion im Gehirn leiden, das aus einer genetischen Anormalität herrührt.«

Also

haben Kinder mit solcherart standardisierten psychischen Störungen eine Hirnstörung, die von einer genetischen Anormalität herrührt.

Das dürfte nun schon recht vertraut klingen! Dies ist das gleiche logische und inhaltlich im Kreis verlaufende Denken, das Kinder anwenden, um ihre Eltern mit Spitzfindigkeiten zu widerlegen – auch wenn sie vollkommen falsch liegen. Es ist die gleiche Art von Begründung, die folgender Aussage zugrunde liegt: »Ich habe Kopfschmerzen. Ich nehme zwei Kopfschmerztabletten, und meine Kopfschmerzen verschwinden. Also wurden meine Kopfschmerzen von einem Mangel an Kopfschmerztabletten verursacht.« Superlogik, miserables Denken!

Es ist wichtig, sich klar zu machen, dass das Denken nicht aufgeteilt ist in Denken der einfachen Leute auf der einen Seite und wissenschaftlich-professionelles Expertendenken auf der anderen Seite. Es gibt nur gutes und schlechtes Denken. Leider führt weder eine höhere Bildung noch eine Spezialistenausbildung zu Immunität gegen schlechtes Denken. In gewisser Weise wird durch die Ausbildung zum Spezialistentum das schlechte Denken sogar gefördert, indem der Eindruck erzeugt wird, der Lernende bekomme jeweils »die neuesten«, »die anspruchsvollsten« oder »die spezialisiertesten« Erkenntnisse mitgeteilt. Kaum je werden Studenten, gleich welchen Semesters, routinemäßig ermutigt, Autorität in Frage zu stellen und ihre Lehrer oder Dozenten kritisch zu hinterfragen – mit einem Wort, Ungewissheit, Skepsis und sachlich strenge Kritik zu ihrer vorrangigen Lernmethode zu machen. Üblicherweise werden Spezialwissenschaften gelehrt, um Expertenwissen zu vermitteln, nicht um dieses zu hinterfragen. Statt einer unabdingbaren Skepsis, die ein ausgewogenes und gesundes Lernen ermöglicht, vermittelt die Spezialausbildung in erster Linie Autorität, Expertentum und Gewissheit.

Eltern brauchen eine solche Gewissheit nicht: Sie brauchen vielmehr reale Lösungen für reale Probleme.

Gleichwohl, während wir dies schreiben, gibt es keinen einzigen stichhaltigen und zuverlässigen Labortest, mit dem sich psychische Störungen diagnostizieren ließen. Damit bilden Psychologie und Psychiatrie eine Ausnahme unter den medizinischen Spezialfächern. Das heißt aber, dass Eltern traditionell davon abhängig sind, dass Experten ihnen die Verhaltensprobleme ihrer Kinder erklären, da es keine Labortests gibt, die objektiv das Vorliegen einer psychischen Störung belegen könnten. Wenn Sie sich also nicht in einem geschlossenen Kreislauf leerer Logik verirren wollen, suchen Sie nicht nach »Funktionsstörungen im Gehirn«, die von Koplewiczs *»No-Fault Brain Disorders due to DNA-Roulette«* (etwa: nichtverursachte Hirnstörungen aufgrund des DNS-Roulettes) (seine Worte, nicht unsere) verursacht wurden und die definitiv *keine* »neue Hoffnung und Hilfe für schwierige Kinder und ihre Eltern« mit sich bringen. Denn alles, was Sie finden werden, sind kategorisch festgelegte Behandlungen für kategorisch festgelegte Störungen.

Je komplexer die Diagnosetechniken werden, desto mehr rücken ironischerweise die vier apokalyptischen Reiter der Kinderpsychologie in den Vordergrund: Krankheit, Störung, Dysfunktion und Behinderung. Eine Diagnose hergeleitet von Koplewiczs *»No-Fault Brain Disorders due to DNA-Roulette«* führt zu keinerlei Lösung; sie führt unweigerlich zu Resignation, Sichabfinden und der Bereitschaft, mit den lebenslangen Folgen des Urteils zurande zu kommen, dass das eigene Kind an einer genetisch bedingten »Hirnanomalie« leidet.

Bevor Sie also irgendjemandes Versicherung akzeptieren, Ihr Kind habe eine *»No-Fault Brain Disorder«* oder eine »Stoffwechselstörung im Gehirn«, halten Sie nach einfachen und vernünftigen Erklärungen Ausschau, die auf einem realistischen Verstehen Ihres Kindes und seiner spezifischen Lebensumstände basieren – und dann wenden Sie die Techniken an, die wir skizziert haben, um Ihr Problem zu lösen.

Das »ADHS-Hirn« – Mythos oder Wirklichkeit?

»Das klingt alles sehr richtig, was Sie sagen«, haben uns Eltern erklärt, »aber wir haben den Beweis gesehen, dass es diese Störungen wirklich gibt.« Unten sehen Sie eine der Ikonen unseres gegenwärtigen Zeitalters abgebildet – ein Positronen-Emissions-Scan, das ein »normales« und ein »ADHS-Hirn« zeigt, erstmals veröffentlicht von Alan Zametkin und seinem Team am National Institute of Mental Health.[8] Der Artikel im *New England Journal of Medicine* aus dem Jahre 1990 wurde unzählige Male zitiert, von der American Academy of Child and Adolescent Psychiatry in ihrem »Practice Parameters for the Assessment and Treatment of Children and Adolescents with Attention Deficit/Hyperactivity Disorder« bis zu Hunderten von populärpsychologischen Büchern. Das Bild selbst ist der absolute Renner bei Selbsthilfegruppen, im Fernsehen und in den Printmedien.[9]

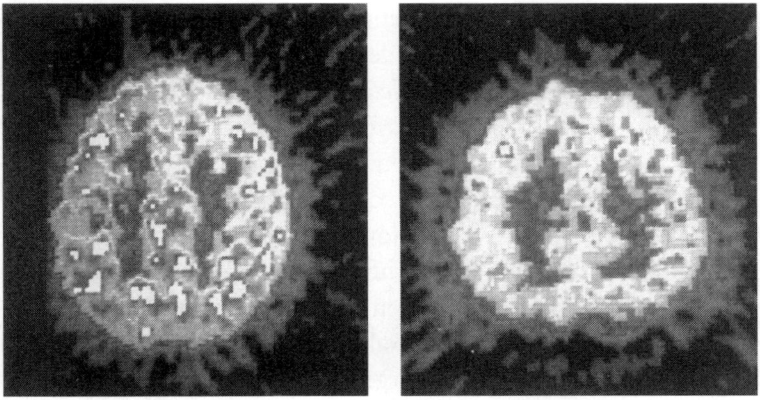

Welches Bild, so mag man sich fragen, zeigt das »normale« Hirn und welches das »ADHS-Hirn«? *Das ist völlig egal, weil es niemandem gelungen ist, Zametkins Befunde zu replizieren.* Schlimmer noch, die Schlussfolgerungen des Artikels werden von den Daten des Artikels nicht einmal gestützt.

Werfen wir einen kurzen Blick auf die Geschichte. Ursprünglich berichteten Lou, Henriksen und Bruhn in den *Archives of Neurology*, dass 100 Prozent von elf Kindern mit einer ADHS-Diagnose eine verminderte Blutzirkulation im Frontallappen des Hirns aufwiesen und dass 70 Prozent im Vergleich zu ihren Geschwistern eine verminderte Blutzirkulation in einem Teil des Hirns aufwiesen, der für Aufmerksamkeit, Erinnerung und Emotionen zuständig ist und Schweifkern (*nucleus caudatus*) genannt wird.[10] Ritalin erhöhte angeblich den Stoffwechsel im Schweifkern. Doch 1989 fand dieselbe Forschergruppe *bei allen Messungen des Frontallappens keine Unterschiede zwischen einer ADHS-Gruppe und einer Kontrollgruppe.* Sie berichteten lediglich von inkonsistenten Befunden in einem anderen Teil des Hirns, dem rechten Striatum, doch nicht im linken.

Was sollen also Eltern, Lehrer und Therapeuten denken, wenn ADHS-Experten wie John Hallowell und Russell Barkley die erste Untersuchung des Lou-Henriksen-Teams zitieren, aber unterschlagen, dass die gleiche Gruppe nicht in der Lage war, ihre Ergebnisse zu replizieren?[11] Oder wenn sie nicht erwähnen, dass es in der zweiten Untersuchungsreihe keinerlei Unterschied beim Vigilanztest gab, was eindeutig zeigte, dass in der ADHS-Gruppe *kein Aufmerksamkeitsdefizit* vorlag? Diane McGuinness, emeritierte Professorin für Psychologie an der University of Florida, wies in ihrer umfassenden Literaturübersicht »Ritalin and the Cocaine Connection« darauf hin, dass Zametkin und seine Kollegen, als sie eine Follow-up-Studie mit sieben der ursprünglichen Teilnehmer durchführten, als einzige konsistente Wirkung von Ritalin nachweisen konnten, dass es den Glukosestoffwechsel in allen acht Basalganglien im Hirn der Untersuchungsteilnehmer *senkte* – Ergebnisse, die im direkten Gegensatz zu dem standen, was das Lou-Henriksen-Team 1984 berichtet hatte. Wie McGuinness trocken bemerkt: »Bei angemessener Analyse der Daten ergibt sich eindeutig, dass keinerlei Gruppenunterschiede feststellbar sind. Im Lichte dieser außerordentlich inkonsistenten Ergebnisse ist schwer zu begreifen, warum diese Untersuchungen so viel Staub aufgewirbelt haben.«

Dass verschiedene Forscher die Ergebnisse, die gewöhnlich als Beweis für die biologische Ursache von ADHS ausgegeben werden, nicht replizieren können, ist keineswegs ein Einzelfall. Im Gegenteil ist die Unmöglichkeit von Replikationen an der Tagesordnung. Es ist tatsächlich so, wie Dr. Elliot Gershon vom National Institute of Mental Health laut einem Artikel aus dem Jahre 1989 – »Confidence Wanes in Search for Genetic Origins of Mental Illness«[12] (Die Zuversicht in die Entdeckung genetischer Ursachen für mentale Störungen schwindet) – gesagt hat: »Das Hauptproblem sind all die fehlenden Replikationen.« Es handelt sich hier keineswegs um ein untergeordnetes Problem, der Artikel spricht sogar von einer »Epidemie von Nichtbestätigungen« und stellt fest, dass die Forscher sich noch nicht einmal darüber einigen können, in welchem Teil des Chromosoms die verschiedenen »schuldigen« Gene lokalisiert werden sollen. Bis jetzt, so schließt der Artikel, »ist die Beweislage so uneindeutig, dass kompetente Beobachter jegliche glaubwürdige genetische Basis für irgendwelche größeren psychischen Erkrankungen bestreiten«.

Wir wiederholen also: Wenn Sie die Probleme Ihres Kindes wirklich lösen wollen, wäre es sehr viel klüger, all die neuen Erkenntnisse und die ganze übertriebene Technologie zu vergessen. Kehren Sie stattdessen zurück zu den Grundlagen eines realistischen Verständnisses der Eltern-Kind-Kommunikation. Lernen Sie verstehen, wie und warum sich Kinder verhalten und wie sie die Welt erfahren. Dort lassen sich die allermeisten Lösungen finden.

15
Eine Mahnung an Lehrer und Therapeuten

Therapeuten, die mit Kindern arbeiten, sehen sich mit den gleichen Herausforderungen konfrontiert wie Eltern, einfach deswegen, weil diese Herausforderungen eine unvermeidliche Folge des Menschseins sind. Wir alle gebrauchen Sprache als Werkzeug, ohne uns jedoch bewusst zu machen, dass die Sprache uns formt. Wir alle verhalten uns so, als würde die konventionelle Bedeutung für jeden auf der Hand liegen. Und wir neigen alle zu der Annahme, dass andere verstehen, was wir intendieren – ob unsere Worte und Handlungen nun mit unseren Intentionen übereinstimmen oder nicht.

Erwachsene, ob sie nun Eltern sind oder nicht, sind so weit von ihrer eigenen Kindheit entfernt, dass es buchstäblich einer Art anthropologischen Talents bedarf, um sich auch nur vorstellen zu können, wie und was kindliche Erfahrung tatsächlich ist. Und zum Unglück für Erwachsene und Kinder enthalten bis heute keine Therapeutenausbildung und kein psychologischer oder pädagogischer Studiengang irgendeinen Aspekt, der einen direkten Zugang zu einem solchen Verstehen eröffnen würde.

Kinderexperten sind zwar Menschen wie alle anderen auch, doch sehen sie sich zusätzlichen Herausforderungen gegenüber. Die erste ist die, dass ihre Ausbildung sie zwar mit komplexen Kenntnissen über Entwicklungstheorien und -modelle, über Denken, Verhalten, Beziehung, Pathologie und Interventionstechniken versehen hat, sie zugleich aber erkennen müssen, *dass diese Abstraktionen nicht identisch sind mit dem, was in den Kindern vorgeht.*[1] Außerdem vermittelt die Ausbildung ein Gefühl von Sicherheit und Autorität, das oft geradezu verhindert, das Offensichtliche zu sehen, insbesondere wenn das Offensichtliche mit lieb gewonnenen Theorien und Praktiken kollidiert.

Wenn Sie also zustimmen, dass das, worüber wir geschrieben haben, für ein realistisches Verstehen von Kindern wesentlich ist, lassen Sie dieses Wissen nicht einfach nur freundlich neben den Theorien, Modellen und Praktiken bestehen, die dieses Buch in Frage stellt. Vielmehr überprüfen Sie Ihre Grundannahmen und fragen Sie sich, wie viel von dem, was Sie bisher für selbstverständlich hielten, möglicherweise falsch ist.

Wir selbst mussten dies tun und es hat uns sehr viel aufmerksamer und sehr viel effektiver in unserer therapeutischen Arbeit gemacht.

Glauben Sie wirklich an das menschliche Potenzial?

Die Bewohner der westlichen Welt neigen zu der Annahme, dass ihre Gesellschaft von allen Gesellschaften der Erde diejenige ist, die sich am meisten um die Verwirklichung menschlicher Potenziale bemüht. Und doch ist unsere Ansicht von der Perfektionierung des Individuums vielleicht nicht ganz so positiv, wie wir gerne glauben.

1991 wollten wir wissen, ob die besonders in den USA anzutreffende Vorstellung von einer epidemisch um sich greifenden Kindheitspathologie überall gültig sei, und wandten uns an Harold W. Stevenson, Professor für Psychologie an der University of Michigan und einer der anerkanntesten Fachleute für Erziehung in Asien.[2] Stevenson hatte soeben die Ergebnisse einer zehnjährigen Studie über die schulischen Leistungen vergleichbarer Gruppen amerikanischer, japanischer und chinesischer Schüler publiziert. Da Stevenson und sein Team im Lauf der Jahre Tausende von asiatischen Schülern persönlich interviewt und getestet sowie zahllose Klassenzimmer in Japan, China und Taiwan besucht hatten, baten wir ihn, uns zu sagen, wie viele Fälle von Aufmerksamkeitsstörung, Lernbehinderungen und Hyperaktivität er in japanischen Klassenzimmern gesehen habe. »Nicht nur sieht man sie nicht«, antwortete er, »es gibt auch keine Bezeichnung dafür.«[3] Kurz danach erwähnten wir Stevensons Bemerkung gegenüber einem Freund, der damals als Direktor für die Ausbildung von Kinder- und Jugendpsychiatern war. »Schau einer an!«, sagte er. »Weil sie kein Vokabular haben, mit dem sie diese Störungen beschreiben können, können sie sie auch nicht *sehen*! Also werden diese Kinder auch nie identifiziert.«

Freilich sind amerikanische Pädagogen und Psychologen, die japanische Vorschulen besuchen, schockiert von dem Chaos und der Aggressivität, die dort herrschen, sowie davon, dass japanische Erzieherinnen die Kinder kaum anleiten und nur selten eingreifen.[4] Wie Stevenson uns versicherte, haben die Japaner exakt die gleiche Anzahl von verträumten, geistesabwesenden, spastischen, unaufmerksamen, sinnvoll angepassten, organisierten, desorganisierten, freundlichen und aggressiven Kindern wie wir. Es liegt also nicht daran, dass die Japaner »gute Gene« und die Amerikaner »schlechte Gene« hätten; selbst innerhalb eines kulturellen Rahmens ist Verhaltensvielfalt die Norm. Der entscheidende Unterschied ist, dass japanische Pädagogen solche chaotischen Kindergartenkinder nicht identifizieren, diagnostizieren, etikettieren, verfolgen, separieren, in falsche Schulen sperren und einer falschen Behandlung unterziehen. Stattdessen *ändern sie sie*, und zwar ab dem sechsten Lebensjahr.

Merry White, Professorin für Anthropologie an der Boston University, die vor allem vergleichende Studien über japanische und amerikanische Kindheit, Familien und Erziehungsfragen durchgeführt hat, formuliert es so: »Amerikaner glauben an *festgelegte Eigenschaften*, und zugleich glauben sie daran, dass man sich jederzeit neu erschaffen kann; Japaner glauben an *offene Möglichkeiten*, zumindest in dem Ausmaß, in dem jemand fähig ist, sich anzustrengen.«[5] Die amerikanische Sicht festgelegter Eigenschaften mündet in die Ansicht, dass ein gestörtes oder behindertes Kind sein ganzes Leben lang so bleiben wird. Dies schlägt sich beispielsweise in dem gegenwärtigen Boom von »ADHS bei Erwachsenen« und in der zunehmenden Diagnostik weit verbreiteter »sanfter« Formen von ernsten und sogar gefährlichen psychischen Störungen nieder.[6]

Im Gegensatz zu den Japanern akzeptieren Amerikaner einmal wahrgenommene Beschränkungen. Stevenson und seine Kollegen nennen eines der »erschreckendsten Ergebnisse« ihrer zehnjährigen Studie, dass nur sehr wenige chinesische oder japanische Mütter mit den schulischen Leistungen ihrer Kinder zufrieden waren, dagegen 40 Prozent der amerikanischen Mütter die Leistungen ihrer Kinder sehr lobenswert fanden. Während amerikanische Mütter die schlechten mathematischen Leistungen ihrer Kinder mit der Begründung akzeptieren, dass ihre mathematische Begabung eben nicht weiter reiche, sehen japanische Mütter immer Möglichkeiten für eine Steigerung – selbst wenn ihr Kind die besten Noten schreibt. Als Ergebnis können die *schlechtesten* japanischen Schulen auf höhere mathematische Leistungen verweisen als die *besten* amerikanischen Schulen.[7]

Wir müssen nun nicht das Erziehungssystem in Asien oder speziell in Japan unkritisch nachahmen, aber wir sollten daraus die Lehre ziehen, *dass die Anschauung, das menschliche Potenzial sei inhärent (d.h. genetisch) begrenzt, zu tragisch schlechten Ergebnissen führt.* Das heißt nicht, dass wir die Kinder »antreiben« und sie mit vier Jahren Tennis und Golf spielen lassen sollten. Aber es heißt, dass die Erwartungen amerikanischer Psychologen und Pädagogen an ein Kind mit der Diagnose »psychische Störung« oder »Lernbehinderung« auf das Konzept einer lebenslangen Störung zugeschnitten sind, nicht auf das genuine Potenzial des Kindes.

Für unser Vorurteil »genetisch festgelegter« Fähigkeiten bei Kindern zahlen wir einen sehr hohen Preis – und nicht nur im Vergleich mit der Qualität der Schulleistungen in Japan. Die Daten der *Third International Mathematics and Science Study* von 1998 zeigen, dass wir in der mathematischen Leistung weit hinter dem Rest der Welt liegen. Von den vierzig Staaten, die an dem Test für die 8. Klasse teilnahmen, *wurden die USA in allgemeinen mathematischen Kenntnissen nur von Zypern und Südafrika unterboten* – und an dieser Runde nahmen Länder aus Asien noch nicht einmal Teil. Selbst Achtklässler aus den ehemaligen Ostblockstaaten, die sich bekanntlich zurzeit in einem massiven Umwälzungsprozess unter ökonomisch und sozial instabilen Bedingungen befinden, waren besser als ihre amerikanischen Kollegen.[8]

Die Wichtigkeit von Sprache und Kommunikation

Wenn Sie beschlossen haben, dass Sie in Ihrer Arbeit mit Kindern wirklich Wesentliches bewirken können, dann denken Sie sorgfältig über die Rolle der Sprache und der Kommunikation in Ihrem Bereich nach. Fast alles in der Schule, in der Therapie und in der kindrelevanten Forschung ist auf das Engste mit Kommunikation verknüpft und ein Großteil dieser Kommunikation ist gesprochene Sprache. Dazu gehören neben anderem:

- Interviews mit Kindern und Eltern;
- verbales Kommunikationsverhalten in Schule und Therapie sowie Kommunikation in Gesprächen;
- das Verstehen und Befolgen schriftlicher Instruktionen;
- mündliche Instruktionen in der Schule oder während pädagogischer bzw. psychologischer Tests;
- die Beurteilung des verbalen Verhaltens bei einer Routineuntersuchung der Intelligenz;
- die Informationsaspekte im Unterricht und die therapeutischen Aspekte in der klinischen Arbeit.

In der Tat wird nahezu alles, was in kinderzentrierten Berufen stattfindet, durch Sprache vermittelt. Angesichts der Missverständnisse und Fehlkommunikationen, die den alltäglichen Austausch zwischen Erwachsenen und Kindern kennzeichnen, müssen wir uns fragen, wie effektiv die Kommunikation zwischen Psychologen, Pädagogen und Kindern verläuft und wie häufig die Schlussfolgerungen, die Erwachsene über kognitive und das Verhalten betreffende Fähigkeiten anstellen, zutreffend sind. Eine Anekdote, die sich in Tausenden von Klassenzimmern in unserem Land ereignet haben könnte, unterstreicht die Wichtigkeit dieser Fragen.

Als wir uns dem Ende der Arbeit an diesem Buch näherten, brachte uns eine Mutter die »verhauene« Arbeit ihres achtjährigen Sohnes. Sie zeigte uns eine Kopiervorlage, die aus einem Bild bestand, das ausgemalt werden sollte, sowie aus vier Handlungsvorgaben. Die ersten drei dieser Vorgaben wiesen das Kind an, drei verschiedene und genau spezifizierte Farben für bestimmte Teile von drei Schiffen zu verwenden. Die vierte Vorgabe lautete einfach: »Male das Bild zu Ende aus.« Der Junge folgte exakt den Vorgaben, benutzte die richtigen Farben in der richtigen Reihenfolge. Doch weil er beim »Zu-Ende-Ausmalen« – der vierten Vorgabe – einige der gleichen Farben verwendete, bekam er für seine Arbeit eine große 6. »Sehen Sie«, sagte der Lehrer zu dieser Mutter, »Ihr Sohn hat eine ›zentrale Verarbeitungsstörung‹. Er kann verbale Vorgaben nicht folgerichtig umsetzen.« Doch nichts hätte weiter von der Wahrheit entfernt sein können. In den Instruktionen für diese Drittklassaufgabe wurde einfach davon ausgegangen, alle Kinder wüssten, dass der Rest des Bildes in anderen Farben ausgemalt werden sollte – *obwohl nirgendwo davon die Rede war.*

Auf den ersten Blick mag die Behauptung absurd erscheinen, dass viele Probleme, die unsere Kinder heute heimsuchen, solch simple Ursachen haben sollen. Doch andererseits wurde schon vieles Absurde behauptet – beispielsweise, dass die Erde rund und keine Scheibe ist. Wenn Sie genau darauf achten, was Sie und Ihre Kollegen tatsächlich zu den Kindern sagen, werden Sie entdecken, dass Missverstehen und Fehlkommunikation in der Kindertagesstätte, im Klassenzimmer und im klinischen Setting sehr viel verbreiteter sind, als gemeinhin angenommen. Diese Art von Fehlkommunikation zwischen Erwachsenen und Kindern (in diesem Fall die gedruckten Vorgaben) und Missverstehen (die Schlussfolgerung des Lehrers) haben immer wieder zur Folge, dass vollkommen normale, logisch denkende Kinder mit vernichtenden psychologisch-pädagogischen Diagnosen etikettiert werden, die in die Sackgasse führen. Wenn ein Kind wie unser Drittklässler danach definiert wird, was er angeblich »nicht verstehen und tun kann«, dann werden seine schulischen und therapeutischen Möglichkeiten genauso definiert.[9] Das Verständnis für sprachliche Logik und für die kindliche Denkweise kann die Zahl fehldiagnostizierter und falsch behandelter Kinder, die täglich in sonderpädagogische und psychiatrische Einrichtungen überführt werden, drastisch senken.

Das Bereinigen der Kommunikationsstile

Wenn Sie nicht bereits begonnen haben, besonders aufmerksam darauf zu achten, was Sie sagen und wie Sie es sagen, dann lesen Sie bitte noch einmal die Kapitel 1, 2 und 3 und setzen Sie die dort beschriebenen Prinzipien in die Tat um. Viele Lehrer und Therapeuten haben uns berichtet, wie überraschend sich die Reaktionen bei den Kindern verändert hätten, als sie (die Erwachsenen) Fragen, leere Aussagen und andere konventionelle »Kommandos« aus ihrem Sprechrepertoire entfernt hatten.

Bevor Sie zu dem Schluss kommen, dass ein Schüler, eine Versuchsperson, ein Klient oder Patient Aufmerksamkeitsprobleme oder dissoziative Störungen hat, achten Sie sorgfältig auf Ihr eigenes Sprechen und überprüfen Sie Ihren Interaktionsstil. In unserer Alltagssprache ist so vieles dissoziogen und amnestogen, dass es an ein Wunder grenzt, dass Kinder überhaupt irgendwelche Anweisungen befolgen und sich noch an etwas erinnern können! Wenn Sie genau zuhören, werden Sie feststellen, dass die Kommunikationsstile sowohl von Lehrern (einschließlich Erzieherinnen) wie von Kindertherapeuten – z. B. Stile, die dazu da sind, »Gemeinschaft zu fördern« oder »den autoritären Ton zu mildern« wie das kollektive Wir oder das Sprechen von sich selbst in der dritten Person – häufig die Grenzen von Urheberschaft und Verantwortung verwischen. Wenn Sie wollen, dass Ihr Kind Sie versteht und Ihnen gehorcht, drücken Sie sich genau aus und klar. Stellen Sie keine Fragen; geben Sie stattdessen (höfliche) Anweisungen – und schließen Sie sich dabei nicht selbst in die Anweisung mit ein. Vergessen Sie nicht, dass Fragen Zweifel auslösen und geradezu Einladungen sind, sich *nicht* zu erinnern, *nicht* zu antworten, *nicht* zu gehorchen. Wiederholte Fragen können sogar noch dissoziogener wirken, und dies auf subtile, aber dafür umso stärkere Weise. Also achten Sie auf diese Aspekte in Ihren Kommunikations- und Interaktionsmustern.[10] Alle Themen, die wir in den Kapiteln 6 bis 8 besprochen haben, wenden sich gleichermaßen an Erzieherinnen, Lehrer, Therapeuten, Forscher und Eltern.

Fordern Sie scheinbar pathologisches Verhalten heraus

Es gibt zwei verbreitete Arten, wie schlecht angepasste Verhaltensweisen unabsichtlich gefördert werden. Die erste und häufigste ist das einfache Akzeptieren des Verhaltens, d. h., das Verhalten für bare Münze zu nehmen. Wenn Kindertherapeuten die oberflächliche Erscheinung akzeptieren, beginnen sie sich damit zu arrangieren. Dazu gehört die Anpassung pädagogischer oder therapeutischer Techniken und Erwartungen an den Zustand des Kindes – etwas, das Sinn macht, wenn das Kind blind oder an den Rollstuhl gefesselt ist, aber nicht, wenn das Kind scheinbar nicht versteht, gehorcht oder sich erinnert. Solche Anpassungen definieren das Kind bereits in den Kategorien des Defizits bzw. Mangels. Leider ist diese Praxis zur Norm geworden, wie der Titel einer wissenschaftlichen Arbeit unterstreicht, die 1987 auf der jährlichen Versammlung der National Association for the Education of Young Children vorgestellt wurde: *You Can't Help Me Until You Know What I Can't Do*[11], zu Deutsch: Du kannst mir nicht helfen, solange du nicht weißt, was ich nicht kann. Doch sobald Sie anfangen, in solchen Kategorien zu denken, haben Sie im Grunde schon das Handtuch geworfen. Solange Sie also nicht der Meinung sind, Dissoziation und Aufmerksamkeitsstörungen seien gut für Kinder, *akzeptieren, unterstützen und verstärken Sie sie nicht und machen Sie keine angebliche Störung zum Sündenbock!* Stattdessen: Bekämpfen Sie sie!

Die Bekämpfung problematischer Verhaltensweisen besteht nicht darin, dass man immerzu schimpfen muss oder behaupten, die Symptome seien nicht real. Es bedeutet vielmehr, dass man sie *austestet*. Hierzu braucht man nur seinen Kommunikationsstil leerer Aussagen/Fragen, die wiederholte logische Antworten ohne bewusste Anteilnahme erlauben, in einen höflichen, aber bestimmten Aufforderungsstil umzuwandeln, in dem »Sag mir …« anstelle von »Kannst du mir sagen …?« tritt.

Und benutzen Sie einfach Ihren gesunden Menschenverstand. So einfach ist das.

Was die Welt der schulischen und psychischen Fähigkeiten betrifft: Jedes Mal, wenn Sie ein Kind dazu bringen, etwas zu sagen, was es angeblich nicht weiß, oder etwas zu tun, was es angeblich nicht kann, jedes Mal, wenn Sie ein Kind dazu bringen, sich an etwas zu erinnern, das angeblich einer Amnesie unterliegt, haben Sie erfolgreich ein symptomatisches Verhalten bekämpft. Scheinbar pathologisches Verhalten freundlich herauszufordern kann sehr effektiv sein und kostet nichts.

Die zweite verbreitete Art, schlecht angepasste Verhaltensweisen unabsichtlich zu fördern, besteht darin, sie fortbestehen zu lassen, um sie »dokumentieren« zu können. Wenn Sie solches Verhalten verstärken wollen, benutzen Sie Skalen zur Verhaltensmessung oder pseudodiagnostische Fragebögen wie die Child Dissociative Checklist (CDC).[12] Viele der Items auf der CDC sind Varianten normaler kindlicher Verhaltensweisen, die sich alle durch Eingreifen von Erwachsenen beeinflussen lassen. Der Rest befasst sich mit Verhaltensweisen, mit denen man sich auseinander setzen muss, oder mit Verhaltensmerkmalen, die auf potenziell lösbare Probleme hinweisen und keineswegs eine »Pathologie in der psychischen Entwicklung« darstellen, die dokumentiert werden müsste – noch dazu über einen längeren Zeitraum. Viele der Verhaltensweisen auf der CDC lassen sich rasch ändern, wenn ein Erwachsener sich die Mühe gibt, sich aufmerksam dem Kind zuzuwenden, allen Spuren zu folgen und zu intervenieren.

Vergessen Sie nicht, warum Sie mit Kindern arbeiten

Halten Sie sich stets vor Augen, *warum* Sie mit Kindern arbeiten. Ob Sie in einer Schule oder in Therapieräumen arbeiten: Wenn Sie pathologische Erscheinungen feststellen wollen, dann verwenden Sie Skalen, Checklisten und diagnostische Fragebögen.

Wenn Sie jedoch Problemverhalten *verändern* wollen, dann behandeln Sie die Kinder wie Kinder, stellen Sie hohe Ansprüche, fordern Sie das symptomatische Verhalten heraus und achten Sie dabei auf die Spezifika der kindlichen Erfahrung – wie es Eltern täglich tun können.

Ziehen Sie Nutzen aus Strukturen, Regeln und Grenzen

In den letzten fünfzehn Jahren haben wir zahlreiche Ausbildungsstätten besucht und dort mit vielen Lehrern und klinischen Psychologen gesprochen. Uns fiel dabei auf, dass es an diesen Orten – ob in psychiatrischen Zentren oder therapeutischen Praxen – an einer für die Kinder bedeutungsvollen Struktur mangelte. Wenn Sie in einer Ecke Ihres Sprechzimmers oder im Spieltherapiezimmer all die empfohlenen Gegenstände versammelt haben – von Sandkästen bis zu Puppen, Knetmasse und Spielgewehren –, so mag das für Erwachsene eine bedeutungsvolle Struktur sein, doch für Kinder ist es einfach nur ein Haufen Zeug. Wenn Sie dafür sorgen, dass Ihre eigenen Räume eine gewisse Funktionalität bewahren – so wie es Eltern unseres Erachtens tun sollten –, dann setzen Sie nicht einfach voraus, Kindern wäre ein wunderbares Wissen angeboren, was sie mit all dem Zeug anfangen sollen. Erwachsene, die an irgendeine mystische »Heilkraft des Spiels« glauben, überlassen es Kindern, Struktur und Inhalt eines Prozesses zu entwickeln, für den eigentlich der Erwachsene Verantwortung tragen sollte.

Alles in dem Raum, für den Sie die Verantwortung tragen – sei es nun ein Klassenzimmer, das Sprechzimmer oder der Therapieraum –, ist Teil Ihrer Struktur. Die Art und Weise, wie Sie den Inhalt Ihres Raums benutzen, zeigt Ihre Regeln und Grenzen. Wenn Sie auf das adaptive selbstorganisatorische Potenzial von Kindern Wert legen, dann müssen Sie für diesen Raum die Verantwortung übernehmen. Häufig kommt es bei Workshops mit unseren Kollegen vor, dass einer von ihnen protestiert und sagt, all die Regeln für den »therapeutischen Raum«, die wir in unserem Buch *Healing the Hurt Child* dargestellt haben, seien unrealistisch und »in der wirklichen Welt« nicht anwendbar.[13] Besonders zwei der dreizehn Regeln erregen diesen Protest:

- Alles im Spieltherapiezimmer hat seinen Ort und dieser Ort ändert sich nie;
- alles im Spieltherapiezimmer sollte am Ende der Sitzung wieder an seinen Ort geräumt werden. Zwar muss das Kind dies nicht selbst tun, doch es sollte so lange im Zimmer bleiben, bis die ursprüngliche Ordnung wieder hergestellt ist.

Zwar erkennen unsere Kollegen das Grundprinzip an, dass ein Kind keinen unordentlichen Raum verlassen soll, aber unsere erste Regel halten die meisten für vollkommen unrealistisch. »Sie wissen einfach nicht, was es heißt, wenn man sich mit acht oder neun Therapeuten den gleichen Therapieraum teilen muss«, wurde uns erklärt. »Wir können nicht entscheiden, *was* in dem Spielzimmer sein soll, zu schweigen davon, *wo* es hingehört.« Nun, wir verstehen sehr wohl, was das heißt, denn wir haben beide in Settings gearbeitet, wo ein einziges Spieltherapiezimmer von vielen Mitarbeitern benutzt wurde. Aber es gibt eine Lösung, und diese basiert auf der *Raumerfahrung des Kindes*, nicht auf der von Erwachsenen.

Da Sie Ihre Therapieräume mit vielen anderen Mitarbeitern teilen, können Sie nicht Stunde für Stunde und Tag für Tag die Ordnung im Spieltherapiezimmer kontrollieren. Zerbrechen Sie sich darüber nicht den Kopf, es liegt außerhalb Ihrer Macht. Was Sie aber kontrollieren *können*, ist die Erfahrung jedes Ihrer kleinen Patienten. Nehmen wir einmal an, Sie arbeiten jede Woche mit fünfzehn Kindern. Da wir wissen (siehe die Kapitel 6 und 8), dass Kinder normative Dissoziatoren sind und dass sie mühelos alles ausschalten, was sie nicht interessiert, suchen Sie einfach vier Gegenstände aus, die eine bedeutsame Rolle in Ihrer Therapie spielen – *und dann sorgen Sie dafür, dass diese vier Gegenstände zu Beginn jeder Therapiestunde sich am gleichen Ort befinden.* Sie werden feststellen, dass die Kinder, mit denen Sie arbeiten, das übrige Chaos ausblenden und sich auf die bedeutsame Konsistenz, Kontinuität und Verlässlichkeit einlassen, die Sie bereitstellen. So wie es immer den einen oder anderen Aspekt menschlichen Potenzials gibt, der mobilisiert werden kann, gibt es auch immer ein gewisses Maß an eigenständiger

Freiheit in der Kontrolle Ihrer Lebensumwelt. Geben Sie nicht auf, nur weil das Gesamtbild chaotisch ist. Greifen Sie vielmehr die Punkte heraus, die eine potenzielle Stabilität und Kontinuität der Erfahrung gewährleisten – und dann nutzen Sie sie.

Glauben Sie auch nicht, dass Sie keinen bedeutenden Einfluss haben können, weil die Lebensumwelt eines Kindes chaotisch ist. Kinder sind wie Schwämme: Sie saugen jedes Tröpfchen kreativer Erfahrung und Stabilität auf, dessen sie nur habhaft werden können. Wir haben die Erfahrung gemacht, dass sich auch mit Kindern aus unglaublich chaotischen und zerfahrenen Verhältnissen arbeiten lässt. Die meisten dieser Kinder lassen sich auf unsere konsequente und vorhersehbare Struktur ein und fangen genau dort an, wo sie in der vorigen Woche aufgehört haben. Wenn Sie die Möglichkeit haben, das Verständnis eines Elternteils oder eines anderen verantwortlichen Erwachsenen zu gewinnen, können Teile einer verlässlichen Struktur in die häusliche Erfahrungswelt des Kindes eingebracht werden und beides stützt sich dann synergetisch. Doch auch wenn Sie als Erzieher/-in, Lehrer/-in oder Therapeut/-in auf sich allein gestellt sind, gehen Sie in jedem Fall davon aus, dass viele der Kinder, mit denen Sie arbeiten, von Ihrer Struktur und Ihrer Konsequenz profitieren, einfach weil diese Erfahrung jetzt ein Teil ihrer Wissensbasis geworden ist. Die Kinder werden von sich aus weiter darauf aufbauen, und diese Erfahrung wird ihnen wiederum dabei helfen, ähnliche Erfahrungen in der Welt zu erkennen und sich zunutze zu machen.

Wie bewertet man die »neuesten« Entdeckungen?

Trotz ihres Fachwissens ist es für Menschen, die berufsmäßig mit Kindern zu tun haben, eine ähnliche Herausforderung wie für Eltern, die Unmenge neuer Theorien, Forschungsdaten und Erziehungstechniken zu bewerten. Nur schon die Korrektheit der neuesten wissenschaftlichen Ergebnisse zu überprüfen würde selbst diejenigen, die Zugang zu guten Universitätsbibliotheken (oder dem Internet) haben, eine Unmenge von Zeit kosten.

Sie müssten ja diese Ergebnisse verifizieren, doppelt überprüfen und alternative oder sogar widersprechende Ergebnisse berücksichtigen – wie sollen also Lehrer, Therapeuten und andere, die berufsmäßig mit Kindern arbeiten, sich verhalten? Ganz einfach: Seien Sie kritisch gegenüber jeder Art von »autoritativen« und »exakten« Forschungsdaten oder Expertenmeinungen und -ratschlägen – und seien Sie dessen gewiss, dass die Grundlage für diese Haltung sich dem gleichen realistischen und vernünftigen Verständnis von Kindern verdankt, das wir Eltern so dringend empfehlen.

Als beispielsweise inmitten der Welle von Schulschießereien Berichte über die jüngsten Kinder auftauchten, denen Mord zur Last gelegt wurde, sagten die Experten, Siebenjährige seien ihrem Entwicklungsstand nach nicht in der Lage, die Permanenz des Todes zu verstehen und sollten deshalb auch nicht nach erwachsenen Maßstäben beurteilt werden. Dieses Statement klingt recht vernünftig, zumal es mit der berühmten Feststellung in Freuds *Traumdeutung* übereinstimmt, dass derjenige, der es ernst nehme, wenn Kinder jemand anderem den Tod wünschen, »übersehen hat, dass die Vorstellung eines Kindes vom Tod mit unserer nichts gemein hat als das Wort«[14]. Schließlich sagen das Experten. Doch wie sieht diese Feststellung aus, wenn wir sie in einen realistischen Kontext stellen und uns vorzustellen versuchen, wie sich ein Kind solch einem Glauben nach verhalten würde? Wenn ein siebenjähriges Kind wirklich glauben würde, dass der Tod nicht von Dauer ist, dann müsste es annehmen, dass tote Personen zum Leben zurückkehren, aufstehen und herumlaufen, aufs Klo gehen und alles das tun, was lebendige Menschen auch tun. Glauben Siebenjährige das *wirklich*? Immerhin findet man das in Büchern und vielleicht antworten sogar manche kleinen Kinder so auf eine entsprechende Frage. Doch stimmt ihr Verhalten mit einem solchen Glauben an die Nichtpermanenz des Todes überein? *Das* ist die Antwort auf die Frage.

Warum gab es keinen Aufschrei des Protests aus dem Lager der Kinderexperten, als einer aus ihren Reihen sich wiederholt im überregionalen Fernsehen zeigte und eine Ansicht vortrug, die wirklich keinerlei Sinn macht? *Weil es beim Expertenwissen über Entwicklung, Denken, Verhalten, Fähigkeiten von Kindern nicht um wirkliche Kinder geht.* Wenn Sie also kritisch die neuesten Entdeckungen, Theorien, Erklärungen oder Empfehlungen, welche die Medien und die Berufswelt überschwemmen, beurteilen wollen, nehmen Sie sich ein realistisches Bild von Kindern zum Ausgangspunkt.

Last but not least: Lassen Sie sich nicht unterkriegen!

Ein entscheidender Unterschied zwischen der Erfahrung von Eltern und der Erfahrung von beruflich mit Kindern Befassten – insbesondere denen, die »an der Front« stehen wie Erzieherinnen in Kindertagesstätten, Lehrerinnen und Therapeuten – ist der, dass Eltern nur eines oder mehrere Kinder haben, während Sie dasselbe immer wieder mit vielen Kindern erleben können. Ohne Zweifel kann der scheinbar endlose Strom desinteressierter, desorganisierter Kinder – häufig aus benachteiligten, chaotischen oder gewalttätigen Familien – außerordentlich demoralisierend sein.

Wir erleben die gleichen Kinder und Familien wie Sie – doch unsere Köpfe hält die Tatsache über Wasser, dass wir bei der großen Mehrheit der Kinder, mit denen wir arbeiten, signifikante Verbesserungen sehen. Wenn dies nicht wäre, würden wir uns über kurz oder lang einen anderen Job suchen. Wir hoffen, dass die Perspektive, die wir in diesem Buch zu vermitteln versuchen, und die realen und oft einfachen Dinge, die Sie tun können, um die Dinge zu bessern, Ihnen helfen werden, Ihren Kopf ebenfalls über Wasser zu halten.

Anhang
Elternfragen zu den »Fünf Minuten«

Im Laufe der Jahre haben wir durchgehend die Erfahrung gemacht, dass die Schnelligkeit und Effektivität unserer therapeutischen Fortschritte davon abhängen, ob die Eltern die Fünf Minuten durchführen oder nicht. Wir erklären den Eltern sogar, dass wir anstreben, uns selbst überflüssig zu machen – *also beschleunigen Sie den Prozess und führen Sie die Fünf Minuten durch!*

Wenn wir ins Stocken geraten, obwohl wir es mit klugen, liebevollen Eltern und bereitwillig mitarbeitenden Kindern zu tun haben, dann fragen wir uns zuallererst, ob wir etwas übersehen haben – und dann fragen wir, ob sie immer noch die Fünf Minuten durchführen. Meistens tun sie es nicht. Wenn die Eltern dann die Fünf Minuten wiederbeleben und dabei bleiben, bekommt auch unsere Therapie wieder Fahrt.

Eltern stellen Fragen

Von all den komplexen Themen, die wir im Laufe der Jahre bei Eltern zur Sprache gebracht haben, sind es immer die Fünf Minuten, die die meisten Fragen aufwerfen. Einige Fragen gelten der Struktur und dem Sinn der Fünf Minuten, doch die meisten haben mit Situationen zu tun, die für jedes Kind und jede Familie besonders sind. Die Struktur der Fünf Minuten ist eigentlich sehr einfach. Dennoch erinnert uns jede Frage daran, dass selbst simple Dinge sich in komplexen menschlichen Situationen abspielen, in denen scheinbar »geringe« Veränderungen die Beteiligten mit großen Herausforderungen konfrontieren. Außerdem bietet jede Frage die Möglichkeit, sich ein Problem vorstellen zu können, ohne dass man es selbst erleben muss, so dass man, wenn ähnliche Situationen auftreten, leichter damit umgehen kann.

Zuerst fanden wir es ermüdend, dass sich manche Fragen ständig wiederholten. »Manche Leute kapieren es wohl nie!«, sagten wir zueinander. Doch dann erinnerten wir uns an unsere eigene klinische Erfahrung und erkannten, dass etwas Altbekanntes völlig neu wirkt, wenn sich der Kontext verändert. Und schließlich ist der Lebenskontext ständig im Fluss. Das bedeutet, dass wir alle die scheinbar gleiche Lektion viele Male in unterschiedlichen Kontexten lernen müssen. Haben Sie also Geduld, wenn es Ihnen so vorkommt, als würde dieselbe Frage nur leicht verändert mehrfach gestellt. Die Eltern, die diese Fragen stellten, erfuhren jeden noch so feinen Unterschied als eine völlig neue Herausforderung für ihr Verständnis oder ihre Möglichkeiten der Problemlösung. Haben Sie auch Geduld mit Fragen, deren Antworten platt auf der Hand zu liegen scheinen; manche dieser Fragen wurden von Eltern gestellt, die einen Doktortitel trugen.

Wann sollte man am besten mit den »Fünf Minuten« anfangen?

Hier gilt das Gleiche wie für den Beginn einer Diät oder die Eröffnung eines Sparkontos: Heute!

Ist eine bestimmte Tageszeit besser oder schlechter geeignet?

Es gibt keine »besseren«, aber gewiss gibt es »schlechtere« Zeiten. Letztere sind immer dann, wenn alle unter Druck stehen – typischerweise morgens, wenn jeder in der Familie in Eile ist, um pünktlich zur Schule oder zur Arbeit zu kommen. Viele Eltern führen die Fünf Minuten gerne abends durch, da das Zu-Bett-Gehen kein so fester Termin ist wie der Arbeits- oder Schulbeginn. Allerdings sollten Sie sich die Fünf Minuten nicht bis zum letzten Moment aufheben, denn sonst vermischen sie sich mit den Bettgehritualen. Sie müssen übrigens nicht täglich exakt zur selben Zeit stattfinden; die Hauptsache ist ihre Regelmäßigkeit und Verlässlichkeit.

Bei uns gibt es bereits einen Familienrat und wir reden auch als Familie jeden Abend beim Abendessen. Brauchen wir da die Fünf Minuten überhaupt noch?

Ja. Ändern Sie aber nichts an Ihrem Familienrat und dem gemeinsamen Abendessen! Beides ist ein wunderbarer Teil des Familienlebens, der leider in unserer Gesellschaft im Schwinden begriffen ist. Dennoch erfüllen sie nicht dieselben *individuellen* Bedürfnisse wie die Fünf Minuten. Kinder brauchen eine einzigartige private Beziehung zu jedem Elternteil genauso sehr wie eine allgemeine Beziehung zur ganzen Familie.

Sie haben einfach nur formalisiert, was ich schon längst mit meinem Kind mache; warum sollte ich es denn formalisieren?

Es gibt zwei Gründe: Erstens kann man annehmen, dass Sie Antworten in diesem Buch suchen, weil das, was Sie tun, nicht funktioniert. Zweitens wissen wir aus den religiösen Bräuchen, dass *ein Ritual jede Erfahrung bedeutungsvoller macht als die Summe ihrer Teile.* Ebenso ist es mit den Fünf Minuten. Außerdem machen ihre einfache Struktur, ihre Regeln und Grenzen sie im Lauf der Zeit viel wirkungsvoller als zufällige Alltagserfahrungen.

Wenn wir nun aber an diesem Tag bereits stundenlange inhaltsreiche und bedeutungsvolle Gespräche geführt haben?

Sie müssen die Fünf Minuten als »Kommunikations- und Verständnisgenerator« sehen. Sie setzen den Prozess in Gang und halten ihn am Laufen. Manche Kinder vertrauen sich ihren Eltern nur während der Fünf Minuten an, während andere sich allmählich auch außerhalb des eng umgrenzten kurzen Zeitraums öffnen. Schalten Sie also den »Generator« nicht ab!

Muss ich die »Fünf Minuten« mit allen meinen Kindern durchführen?

Unbedingt! Die Fünf Minuten sind keine spezielle »Therapietechnik«. Sie helfen eine Beziehung aufbauen und fördern auf einfache und effektive Weise die Kommunikation. Beides braucht und verdient jedes Kind.

Ist ein dreijähriges Kind nicht noch ein bisschen zu klein für die »Fünf Minuten«?

Ein Vater fand die Fünf Minuten eine tolle Idee für seinen fünfjährigen Sohn, meinte aber dann: »Jo hat eine dreijährige Schwester. Bei der würde das ja wohl keinen Sinn machen, oder?«

Wenn Sie möchten, dass Ihrem Kind im Laufe seines Heranwachsens selbstverständlich ist und bleibt, Ihnen einfach alles erzählen zu können, dann fangen Sie früh mit den Fünf Minuten an. Drei ist für viele Kinder ein gutes Anfangsalter. Ihre Dreijährige wird nicht auf dieselbe Art und Weise mit Ihnen reden wie Ihr Fünfjähriger, aber wenn sie selbst fünf ist, werden die Fünf Minuten bereits ein integraler und natürlicher Bestandteil ihres Lebens sein. Zu Beginn ist es für Ihr Kind sowieso viel wichtiger, zu wissen, dass Sie da sind und ihm Ihre uneingeschränkte Aufmerksamkeit widmen, als alles, was es Ihnen erzählen könnte. Bedenken Sie, dass viele Kinder nicht offen mit ihren Eltern reden, weil sie sie nicht in Verlegenheit bringen oder verletzen wollen. Nichts zeigt so deutlich wie unser kleines tägliches Ritual Ihre Bereitschaft, anzuhören, was Ihr Kind zu sagen hat, und Ihr Akzeptieren alles dessen, was gesagt werden könnte. Es wird ein wichtiger Baustein Ihrer gemeinsamen Beziehung werden, dass Ihr Kind sich darauf verlassen kann, offen und ehrlich zu Ihnen sprechen zu dürfen.

Sollen beide Eltern die Fünf Minuten durchführen?

Unbedingt. Die Fünf Minuten sollen Kommunikation fördern und eine Beziehung zwischen Kind und Mutter bzw. Vater aufbauen. Das bedeutet, dass Mutter und Vater jeweils einzeln die Fünf Minuten mit jedem Kind durchführen sollten.

Ich weiß, dass man die »Fünf Minuten« mit jedem Kind gesondert durchführen soll, aber ich bin in einer besonderen Situation. Kann ich die »Fünf Minuten« mit meinen Zwillingen zusammen machen?

Nein. Sie sollten jedes Ihrer Kinder als einzigartiges Individuum ansehen, ob es nun Zwillinge oder »Einlinge« sind. Wenn Sie bei Ihren Zwillingen Gleichartigkeit fördern, dann werden sie den negativen Erfahrungen, die das Leben jedem Einzelnen zuteilt, viel verletzlicher gegenüberstehen. Besonders spätere Jahre können entsetzlich schmerzhaft werden für Zwillinge, die zusammenhängen. Wenn einer krank oder behindert wird, leiden beide. Wenn einer stirbt, kann der andere völlig am Ende sein.

Wenn Sie also wissen, dass Sie Zwillinge erwarten, sollten Sie sich mit diesen Tatsachen bereits vor der Entbindung auseinander setzen. Wenn eineiige Zwillinge, die zusammen aufwachsen und sich ständig sehen, auch noch von Geburt an gleich angezogen werden, haben sie es viel schwerer, individuelle, autonome Identitäten zu entwickeln. Bereiten Sie sich also vor! Lesen Sie *The Nature and Nurture of Twins* und *Twins in the Family* von Dr. Elizabeth Bryan.[1]

Was ist, wenn ich geschieden bin und die Kinder die Hälfte der Woche bei ihrem Vater und die andere Hälfte bei mir sind?

Viele Eltern und Kinder fänden ein solch unstetes Leben äußerst mühsam, aber manche kommen sehr gut damit zurande. Die Kontinuität kann aufrechterhalten werden, indem man täglich die Fünf Minuten telefonisch durchführt.

Ich sehe mein Kind nur jedes zweite Wochenende. Was sollen da »Fünf Minuten« bringen?

Zwei Wochen sind eine lange Zeit für Teenager und größere Kinder und eine *sehr* lange Zeit für kleine Kinder. Selbst kleine Kinder wissen, dass Eltern und Kinder sich unter normalen Umständen täglich sehen und sprechen. Wenn Sie in derselben Stadt wohnen und keinen regelmäßigen täglichen Kontakt pflegen, dann bekommen besonders jüngere Kinder den Eindruck, sie wären Ihnen unwichtig und würden zwischen den Besuchen buchstäblich vergessen.

Wenn Sie also die Fünf Minuten nicht von Angesicht zu Angesicht durchführen können, dann machen Sie es telefonisch, und zwar wenn möglich täglich. Sprechen Sie sich mit dem anderen Elternteil des Kindes ab, damit beide Seiten den Zweck der Anrufe kennen und dafür sorgen, dass das Kind ungestört ist. Danach erklären Sie den Vorgang Ihrem Kind. Das kann die Beziehung nur bereichern.

Meine Tochter erzählt mir Dinge über ihren Vater (ihre Mutter), von denen ich gar nichts wusste. Was soll ich tun?

Wenn Sie den Eindruck haben, dass Ihr Kind (und nicht Ihr/-e Ex) versucht, Ihnen Schuldgefühle zu machen, dann erklären Sie ihm einfach, dass Sie verstehen, dass es Wut auf Sie hat. (Vergessen Sie nicht: Das ist kein Schuldeingeständnis, sondern nur Ausdruck Ihres Verständnisses.) Dies ist umso wichtiger, wenn der andere Elternteil keinerlei Verantwortung übernimmt. Wenn Ihr/-e Ex jede Verantwortung von sich weist und alles auf Sie schiebt, Sie selbst aber die Gefühle Ihres Kindes nicht zur Kenntnis nehmen, dann wird alles noch schlimmer, weil Ihr Kind versuchen wird, Druck auf Sie auszuüben, damit Sie das Verantwortungsvakuum füllen.

Zu guter Letzt: Kommen tatsächlich während der Fünf Minuten gefährliche oder illegale Aktivitäten zutage, müssen Sie entsprechende Schritte ergreifen in Bezug auf Sorge- und Besuchsrecht oder sogar die Polizei verständigen.

Sollten auch Stiefeltern oder der Lebensgefährte eines Elternteils die »Fünf Minuten« durchführen?

Ja, aber mit einer wichtigen Vorsichtsmaßregel. Die Beziehungen müssen echt und dauerhaft sein. *Nur wer eine dauerhafte Rolle im Leben des Kindes spielen möchte, sollte die Fünf Minuten durchführen.* Wenn Sie also wissen, dass die Beziehung mit Ihrem Partner wackelt und er oder sie wahrscheinlich auf dem Absprung ist, dann sollten Sie keine *künstliche Beziehung* fördern, die nur zu Problemen für Sie und das Kind führt, wenn sie zusammenbricht.

Mein Sohn erwartet die Fünf Minuten immer sehnsüchtig. Er redet die ganze Zeit, sagt aber nie etwas Substanzielles. Muss ich einfach immerzu nur dasitzen und zuhören, wie er eigentlich gar nichts sagt?

Manche Eltern behaupten zwar, sie würden alles dafür geben, dass ihr Kind mit ihnen spräche, in Wirklichkeit haben sie aber eher Angst davor. Da sie sich unwohl oder leicht angegriffen fühlen durch das, was das Kind sagen könnte, füllen sie die Zeit mit Fragen oder Kommentaren aus. Als Resultat wird nie etwas Wichtiges gesagt. Um die Wahrscheinlichkeit zu minimieren, dass so etwas immer wieder geschieht, haben wir die Fünf Minuten absichtlich ungerecht – »Gerechtigkeit« bedeutet in diesem Fall, dass beide Seiten die gleiche Rolle spielen – und ungleichgewichtig konzipiert. Es handelt sich um die Zeit, in der das *Kind* sagen kann, was es im Sinn hat, nicht der Erwachsene. Meistens funktioniert die Struktur der Fünf Minuten sehr gut und die Kinder beginnen sich ihren Eltern gegenüber zu öffnen.

Wenn Sie allerdings keinerlei Probleme haben, Ihrem Kind zuzuhören, und es redet dennoch nicht, dürfen Sie ruhig ein Gespräch in Gang bringen. Wenn Sie kein wichtiges Thema kennen, das das Kind bisher vermieden hat, dann fangen Sie mit seinem Tageslauf an. Bringen Sie es auf die Schule, aber nur durch Stichworte, nicht durch spezifische Fragen. *Was war das Beste, was heute in der Schule passiert ist. Erzähl mir das Interessanteste, was du in der Schule erlebt hast. Erzähl mir das Schlimmste, was heute in der Schule geschehen ist.* Oder noch allgemeiner: *Was war das Beste, was du heute erlebt hast?* etc.

In jedem Kinderleben gibt es Dinge, über die nie geredet wurde. Sie können die Fünf Minuten dafür nutzen, genau solche Erfahrungen anzusprechen, die Ihr Kind immer für sich behalten hat. Sagen Sie einfach etwas wie »Erzähl mir, wie du dich gefühlt hast, als …« oder »Du musst wirklich traurig gewesen sein, als …« oder »Du warst bestimmt wahnsinnig sauer, wie …«. Selbst wenn Ihr Kind antwortet: »Da habe ich gar nichts gefühlt« (was, wie Sie wissen, keineswegs stimmt), vermittelt ihm Ihre Frage mehr als irgendeine verbale Versicherung, dass Sie sich kümmern und an ihm Anteil nehmen.

Wenn Sie Ihr Kind direkt auffordern, sich zu etwas zu äußern, statt eine Frage zu stellen, erhöhen Sie die Wahrscheinlichkeit beträchtlich, dass Ihr Kind über das Thema oder Ereignis, das Sie angesprochen haben, nachdenkt. Das ist bereits ein großer Schritt in die richtige Richtung. Das macht es Ihrem Kind auch schwerer, emotionale Reaktionen abzuspalten und Sie als Elternteil auszublenden. Ihr Ziel ist nicht, Ihrem Kind Gefühle vorzuschreiben oder ihm zu erklären, was es denkt, sondern es spüren zu lassen, dass Sie es wirklich verstehen, dass Sie wissen, dass es starke Gefühle in Bezug auf entscheidende Erlebnisse hat, und dass Sie wirklich davon erfahren wollen. Wenn Sie Ihre »Fragen« offen formulieren (»Erzähl mir, wie du dich gefühlt hast …«, »Du musst ziemlich wütend gewesen sein …«, »Es muss dir ganz schön zu schaffen gemacht haben«), brauchen Sie nicht zu befürchten, dass Sie zu suggestiv wirken oder völlig danebenliegen. Bei Ihrem Kind kommt an, dass Sie sich um es kümmern, dass Sie wissen, dass es Gefühle hat, und dass Sie diese respektieren. Wenn Sie sich geirrt haben, wird es das höchstwahrscheinlich sagen. Vielleicht nicht während der Fünf Minuten, aber irgendwann.

Fangen Sie aber auf keinen Fall sofort damit an, die Zeit mit solcherart Fragen zu füllen. Geben Sie Ihrem Kind die Zeit, zu lernen, dass es sich auf Ihre Anwesenheit und Aufmerksamkeit verlassen kann.

Wenn nun mein Kind einfach nur stumm dasitzt?

Ob Ihr Kind nun redet oder nicht, so vermittelt ihm doch Ihre gemütliche regelmäßige Gegenwart die Tatsache, dass Sie offen sind, bereit, ihm zuzuhören und sich ganz auf es einlassen. Wenn fünf Minuten vergangen sind, dann sagen Sie z.B. einfach: »So, jetzt sind unsere Fünf Minuten um. Ich wette, nächstes Mal hast du mir einen Haufen zu erzählen.« Lassen Sie sich nicht entmutigen! Klingen Sie positiv und aufmunternd; mehr braucht es nicht. Unserer Erfahrung nach öffnet sich jedes Kind irgendwann, wenn die Eltern nicht zu früh aufgeben.

Wenn ich mit den »Fünf Minuten« anfangen will, dann geht mein Sohn in sein Zimmer, knallt die Tür zu und lässt mich nicht hinein. Was soll ich tun?

Zuerst einmal dürfen Sie das nicht persönlich nehmen und wütend werden. Diese Art von Benehmen ist erstens ein dramatischer Versuch, Ihre Schaltknöpfe zu betätigen, und zweitens ein Zeichen dafür, dass es schwierig ist, echte Gefühle jemandem mitzuteilen. Holen Sie sich einfach einen Stuhl und sagen

Sie: »Ich sitze hier vor deiner Tür. Wir haben immer noch unsere Fünf Minuten.« Wenn Ihr Kind herausspickt, um nachzuschauen, ob Sie noch da sind, dann können Sie z.B. sagen: »Magst du dich zu mir setzen?«, selbst wenn es eine »Herrgott, bist du immer noch da?«-Miene macht. Bleiben Sie einfach sitzen, bis die Zeit um ist. Dann sagen Sie: »So, die Zeit ist um; die Fünf Minuten sind vorbei. Ich freue mich schon darauf, wenn ich nächstes Mal die Fünf Minuten auf deiner Seite der Tür verbringen kann.«

Achten Sie darauf, dass wir Ihnen nicht vorschlagen, zu sagen: »Ich freue mich schon darauf, wenn wir nächstes Mal die Fünf Minuten *zusammen* haben«, denn damit würden Sie Ihrem Kind zubilligen, dass es Sie als abgesondert definieren kann, indem es die Tür zuschlägt. Sie hingegen definieren Ihre Beziehung aktiv als Zusammensein, auch wenn eine Wand dazwischen ist. Das klingt vielleicht nach Haarspalterei, doch wenn Sie solchen negativen Reaktionen nachgeben, fügen Sie einer negativen Beziehung einen weiteren negativen Baustein hinzu. Jedes Mal hingegen, wo Sie das Glas der Beziehung als »halb voll« definieren, unterstützen Sie einen Prozess, der Sie schließlich einander näher bringen wird.

Wenn Ihr Kind auf die Fünf Minuten mit Türenschlagen reagiert, dann schlägt es Ihnen vermutlich auch sonst im buchstäblichen und übertragenen Sinn Türen vor der Nase zu. Vergessen Sie nicht: Die Fünf Minuten sind kein Allheilmittel. Sie sind Teil einer umfassenderen Beziehung – und einer breiter angelegten Strategie. Wir gehen natürlich davon aus, dass Sie auch auf all die anderen Dinge achten, die wir in diesem Buch angesprochen haben und viele Veränderungen in Ihrem Kommunikations- und Beziehungsstil vornehmen. Bedenken Sie auch, dass es bei Kindern, die zu solchen Wutreaktionen neigen, extrem wichtig ist, das Augenmerk weg von Frustration und Wut hin zu Traurigkeit und dem Mitteilen von Gefühlen zu lenken.

Halt! Wir können uns vorstellen, was Sie denken: »Das klingt doch entsetzlich verlogen, besonders für ein größeres Kind oder einen Jugendlichen! Eigentlich«, so denken Sie vielleicht, »könnte das direkt einer Comedyserie entstammen.«

Der Vater verkündet, dass er mit seinem Kind zusammen eine Art von »Qualitätszeit« verbringen will. Das Kind antwortet pampig: »Haste was Neues beim Briefkastenonkel gelernt?«, und das Publikum kichert. Das Kind geht in sein Zimmer und macht die Tür zu, Papa setzt sich also davor auf den Boden und lehnt sich an die Wand und sagt: »Ich sitze hier vor der Tür. Wir haben immer noch unsere Fünf Minuten.«

Nun kommt Mami vorbei und fragt: »Was ist los, hast du es nicht mehr bis aufs Klo geschafft?« Konservengelächter.

»Nein«, sagt der Papa, »ich probiere gerade eine neue Kommunikationstechnik aus.«

»Mit der Wand?« Wieherndes Gelächter und die Szene wird ausgeblendet.

Wenn man mit einem abweisenden, widerstrebenden Kind die Fünf Minuten anfängt, mag das wohl einer Sitcom ähneln, aber es kann ein völlig anderes Ergebnis dabei herauskommen. Bei der Sitcom gibt es einen Szenenwechsel und damit hat sich die Sache. Der Papa kriegt sein Fett ab, nimmt schnell Vernunft an und lässt die ganze Sache fallen, ehe er die Gelegenheit bekommt, sich noch lächerlicher zu machen. Aber was geschieht, wenn Sie die Szene im wirklichen Leben so spielen? Ihr Teenager legt sich selbst aufs Kreuz. Er gewinnt und verliert im selben Augenblick. Zuerst blamiert er Sie bis auf die Knochen, dann stellt er kurzerhand Ihre Aufrichtigkeit und Entschlossenheit auf die Probe – und Sie machen einen Rückzieher, ehe Sie überhaupt angefangen haben, weil Sie sich schämen und wie ein Idiot vorkommen.

Und darauf hatte er es abgesehen. *Also geben Sie nicht auf! Überleben Sie einfach seinen genialen Versuch, Sie wie einen Volldepp aussehen zu lassen.*

Sehen Sie in solchen Momenten eine faszinierende – wenn auch momentan unangenehme – Herausforderung an Ihre Kreativität und keine kategorische Ablehnung. Sagen Sie etwas im Stil von: »Hey, dir kommt das vielleicht blöd vor, aber ich meine es ernst. Ich will wissen, was du denkst.« Nach unserer

Erfahrung haben Eltern, die unter solchen Umständen nicht klein beigeben, viel mehr Erfolg dabei, eine bedeutungsvolle und produktive tägliche Begegnung zu etablieren, selbst mit den abweisendsten Kindern.

Was ist, wenn mein Kind während der »Fünf Minuten« niemals redet?

Das kommt darauf an, daher müssen wir die Nichtredner in zwei Gruppen einteilen.

Zunächst die echten Nichtredner. Wir haben Hunderte von Kindern erlebt, deren Eltern die Fünf Minuten durchführten, und davon haben nur zwei oder drei wirklich nie geredet. Aber selbst diese Kinder wurden außerhalb der Fünf Minuten offener. Wenn Sie die Fünf Minuten als Motor eines Kommunikationsprozesses und des Aufbaus einer Beziehung sehen und nicht als Selbstzweck, dann ist es nicht so wichtig, ob das Kind während des kurzen fünfminütigen Zusammenseins redet.

Nun zu den redseligen Kindern, die einfach nicht sprechen. Solche Kinder sprechen, wenn man den richtigen Schlüssel findet.

Auf diesen Gedanken und die Lösungsmöglichkeiten für solche Probleme kommen wir aber erst zu sprechen, wenn wir sicher sind, dass die Eltern den Prozess der Fünf Minuten verstehen und nicht versuchen, das Schweigen zu füllen. *Erst dann* empfehlen wir, dass der Erwachsene aktiver wird und Dinge aufs Tapet bringt, von denen er glaubt oder weiß, dass sie bedeutungsvolle Erfahrungen für das Kind waren. »Du musst sehr enttäuscht gewesen sein, als …«, kann er sagen, oder: »Ich wette, du warst recht verletzt, als …« Diese Kommentare – man beachte, dass es sich nicht um Fragen handelt – teilen dem Kind mit, dass der Erwachsene sich auf es eingestellt hat und versteht, dass das Geschehene bei dem Kind etwas ausgelöst hat. Außerdem wird dem Kind damit implizit nahe gelegt, an diese Vorfälle zu denken und seine Gefühle mitzuteilen. Dadurch steigt die Wahrscheinlichkeit, dass das Kind darüber nachdenkt, ob es seine Gedanken nun laut äußert oder nicht. Viele Eltern stellen fest, dass mehr gar nicht nötig ist, um ihr Kind zum Sprechen zu bringen. Sobald der Knoten geplatzt ist, muss man aufpassen, nicht immerzu Stichworte zu liefern.

Ich halte die »Fünf Minuten« für ein sehr überzeugendes Konzept, aber irgendwie schaffe ich es nicht, damit anzufangen. Ich weiß nicht, warum, aber ich vermeide es sogar, überhaupt daran zu denken.

Wenn man von der allgemeinen Hektik des Lebens einmal absieht, ist es für die meisten Eltern deshalb so schwierig, mit den Fünf Minuten anzufangen, weil sie sich davor fürchten. Viel mehr Eltern, als Sie glauben, haben richtiggehend Angst davor, zu erfahren, was ihr Kind wirklich denkt – über sie, über die Welt und über sich selbst. Viele Eltern befürchten, das Kind könnte ihnen Vorwürfe machen wegen Dingen, die sie getan oder unterlassen haben. Andere möchten ihren Kindern gegenüber nicht zugeben, dass sie sich unfähig fühlen, ihr Leben besser zu machen. Manche Eltern haben Schuldgefühle, weil sie so wenig Zeit für ihre Kinder haben oder emotional nicht verfügbar sind, wegen der hohen Anforderungen eines neuen Jobs, einer neuen Beziehung, einer Krankheit oder gar Depression. Manche Eltern befürchten, dass ihre Kinder sie nicht mögen. Andere, besonders Mütter, wollen nicht, dass ihre Kinder seelischen Schmerz empfinden und vermeiden dieses Thema vollständig. Sie fürchten, dass die Fünf Minuten die Büchse der Pandora öffnen und Trauer, Ängste und offene Wunden freisetzen, an denen sie selbst nichts ändern können.

Wenn Sie die Gefühle Ihrer Kinder zur Kenntnis nehmen, so bedeutet das *nicht*, dass Sie die Verantwortung dafür übernehmen oder sich bereit erklären, alles wieder gutzumachen. Nichts davon ist notwendig. Zum Glück brauchen Eltern nicht die Welt ins Lot zu bringen, um die Dinge sehr, sehr viel besser zu machen. Was Kinder am nötigsten brauchen – was jeder am nötigsten braucht –, ist das Gefühl, wahrgenommen, verstanden und geliebt zu werden.

Mein Sohn *hasst* die »Fünf Minuten«. Warum soll ich fortfahren mit etwas, das ihm so zuwider ist?

Welches Kind lässt sich gern impfen? Wie viele Kinder versuchen Ende August die Schultore aufzubrechen, um hineinzukommen? *Hören Sie nicht auf, eine wohlwollende Autorität im Leben Ihres Kindes darzustellen, bloß weil es etwas nicht mag oder gar hasst.* Betrachten Sie dies wiederum als Prüfstein Ihres Engagements für Ihr Kind und für echte Kommunikation. Sehr viele Kinder sagen zu Anfang, sie hassten die Fünf Minuten, doch wenn die Eltern nicht aufgeben, setzen nur sehr wenige ihre Proteste fort.

Mein Kind hat keine wirklich weltbewegenden Dinge mehr zu sagen, aber es quasselt mir die Ohren ab!

Die Fünf Minuten sind, wie der Name schon sagt, ein *fünfminütiger* Zeitraum des Tages, mit dem Ihr Kind rechnen kann. Doch sie verlieren ihren speziellen, privilegierten Charakter, wenn sie einfach zu einer gewöhnlichen Unterhaltung verkommen. Wenn es Ihnen Spaß macht, sich eine volle Stunde pro Tag mit Ihrem Kind zu unterhalten, dann ist das gut und schön – aber gewöhnen Sie sich nicht an, sich bloß leeres Gerede anzuhören, das nichts anderem dient, als Sie festzuhalten. Das ist unproduktiv. Wenn also Ihr Kind einfach nur plappert, weil es so gerne mit Ihnen redet, dann können Sie guten Gewissens freundlich und bestimmt sagen: »Okay, unsere Fünf Minuten sind vorbei«, und die Sache damit beenden.

Meine Neunjährige redet plötzlich nicht mehr mit mir. Was ist los?

Sie haben wahrscheinlich mit den Fünf Minuten aufgehört. Obwohl wir sehr deutlich machen, dass die Fünf Minuten vor allen Dingen eine *Beziehung* sind, eine *Erfahrung von Vorhersehbarkeit, Verlässlichkeit und Offenheit*, sehen viele Eltern darin so etwas wie einen Trick. Tricks sollen funktionieren wie Schlüssel: Man benutzt sie einmal, öffnet die Tür und dann braucht man sie nicht mehr. Beziehungen überdauern die Zeit. Genau wie die Fünf Minuten.

Es passiert uns immer wieder, dass Eltern einige Monate nach Beendigung der Therapie anrufen und sagen, sie müssten noch einmal kommen, da das Verhalten ihres Kindes sich wieder »verschlechtert« hätte. Auch sie haben mit den Fünf Minuten aufgehört. Wenn wir nach dem Grund fragen, antworten sie: »Wir dachten, das sei ein Teil der Therapie.« »Nein«, betonen wir, *»es ist Teil Ihrer Beziehung*. Fangen Sie mit den Fünf Minuten wieder an und lassen Sie uns in zwei oder drei Wochen wieder telefonieren, wie es läuft.«

Meistens brauchen diese Familien dann nicht mehr zurückzukommen.

Meine beiden Söhne streiten sich immer, wer abends als Erster die »Fünf Minuten« machen darf.

Vor allem sollten Sie die Fünf Minuten nicht für spät abends aufheben. Schauen Sie sich an, ob die unterschiedlichen Zeitpläne Ihrer Söhne nicht erlauben, dass Sie für jeden eine eigene Zeit finden, wo es keinen Streit geben kann.

Wenn eigene Zeiten nicht realisierbar sind, dann lassen Sie die beiden sich abwechseln. Sie können täglich oder wöchentlich wechseln. Wir plädieren eher für einen wöchentlichen Wechsel, da man sich bei abwechselnden Tagen zu leicht irrt. Kinder können auch leichter geduldig sein, wenn ein (relativ kurzer) Zeitraum eine festgelegte Struktur hat.

Wir raten überhaupt dazu, das Abwechseln zur Familienpolitik zu machen. Damit vermeidet man z.B. auch den »Ich war aber zuerst da«-Kampf darüber, wer im Auto vorne sitzen darf (vorausgesetzt Ihre Kinder sind groß und alt genug, um überhaupt vorne sitzen zu dürfen).

Was ist, wenn mein Kind unbedingt Körperkontakt haben will? Soll ich ihm den verweigern?

Diese Frage bedeutet: Sie haben sich als jemanden bezeichnet, der etwas verweigert, statt als wohlwollende Autorität. Dies ist eine Variation des Themas »Mein Kind hasst die Fünf Minuten«.

Sagen Sie Ihrem Kind einfach, dass Sie im Lauf des Tages jede Menge Zeit zum Schmusen und Auf-dem-Schoß-Sitzen haben. Sie brauchen sich nicht schlecht zu fühlen, bloß weil Sie die Erfahrung Ihres Kindes strukturieren und nicht jedem seiner »Bedürfnisse« nachgeben.

Ich habe immer das Gefühl, in den »Fünf Minuten« würde ein Schuldgeständnis von mir verlangt.

Ja, es kann sich tatsächlich so anfühlen. Aber wenn Sie sagen: »Ich verstehe, wie du dich fühlst«, dann bestätigen Sie die Gefühle des Kindes, Sie bestätigen keineswegs, dass seine Behauptungen oder Erinnerungen zutreffen. Wenn Sie etwas sagen, das vielleicht noch spezifischer klingt, wie: »Ich kann sehr gut verstehen, dass dich das aufregt«, übernehmen Sie immer noch keine Verantwortung für die Tatsache, über die sich das Kind aufregt. Sie vermitteln ihm nur, dass Sie seine Gefühle wirklich verstehen. Selbst wenn es die Tatsachen vollständig verdreht – und Sie keinen Streit provozieren, indem Sie versuchen, die Dinge richtigzustellen –, vergrößern Sie so die Wahrscheinlichkeit, dass es später irgendwann zu Ihnen kommt und sagt: »Ich weiß, dass es eigentlich gar nicht so war. Ich war bloß so furchtbar wütend.«

Mein Sohn ist nicht einfach nur kritisch, sondern weiß, dass ich fünf Minuten schweigend dasitzen und mir seine Frechheiten anhören muss.

Was nicht stimmt. Es trifft zwar zu, dass die Fünf Minuten die Zeit des Kindes sind, in der es sagen kann, was es denkt, und nicht der Erwachsene, und dass es sagen kann, was es will, aber es muss es *respektvoll* sagen. Erinnern Sie Ihren Sohn daran, dass Sie sehr wohl da sitzen, um ihn anzuhören, dass er sich aber respektvoll äußern muss. Hier kommen wieder Struktur, Regeln und Grenzen ins Spiel. Eine der Regeln lautet, dass er sich respektvoll benehmen muss, während Sie zuhören müssen (ohne zu erklären, zu entschuldigen oder ihm zu sagen, er denke zu Unrecht, was er denkt, und fühle zu Unrecht, was er fühlt). Nehmen Sie sich die Zeit, diesen Sachverhalt außerhalb der Fünf Minuten mit Ihrem Kind zu besprechen. Füllen Sie nicht die Fünf Minuten mit Protokollfragen.

Okay, ich erkläre und entschuldige also nichts und stelle nichts richtig. Was soll ich denn dann tun?

Bei den Fünf Minuten geht es nicht ums *Tun*. Es geht darum, dass Sie da sind, zuhören und verstehen. Deshalb ist es vollkommen unnötig, dass Sie etwas *tun*. Wenn Ihnen dieses scheinbare »Nichtstun« so unangenehm ist, dann stellen Sie sich einmal vor, wie hibbelig Ihr Kind sein muss! Schon unsere mickrigen Fünf Minuten tragen dazu bei, sprunghaft-spastische kognitive Verhaltensstile zu beruhigen.

Mein Kind spricht über praktische Probleme zu Hause, in der Schule usw. Sollte ich da keine Lösungen anbieten?

Verwechseln Sie nicht die Lösung eines praktischen Problems mit dem Zweck der Fünf Minuten – nämlich dem Schaffen einer Umgebung, in der das Kind sich verstanden und akzeptiert fühlt. Dennoch liegt ein großer Nutzen der Fünf Minuten darin, dass Eltern endlich von wichtigen Dingen erfahren, die sonst vielleicht nie zur Sprache gekommen wären.

Ein Schulanfänger, der sich bis dahin immer nur beschwert hatte, seine Lehrerin sei »gemein«, erzählte seiner Mutter während der Fünf Minuten, dass die Lehrerin regelmäßig Arbeitsblätter, die sie unmöglich fand, mit großer Geste zusammenknüllte und in den Papierkorb neben ihrem Pult warf. *Während der Fünf Minuten* ließ die Mutter ihren Sohn wissen, dass sie sehr gut nachvollziehen konnte, wie entmutigt er sich fühlte, wenn ihm das passierte. *Außerhalb der Fünf Minuten* rief die Mutter, bewaffnet mit der Information, die sie erhalten hatte, andere Mütter an und erfuhr, dass ihr Sohn nicht als Einziger unter dem Benehmen der Lehrerin litt. Sie brachte die Sache vor den Rektor, und ihr Sohn wurde in eine andere Klasse versetzt, wo es ihm gut ging. Der Vertrag der fraglichen Lehrerin wurde nicht verlängert.

Mein Sohn versucht mich während der »Fünf Minuten« auf jede nur erdenkliche Weise zu ärgern – er kommt zu mir herüber und starrt mich an, holt sich etwas zum Spielen oder fängt an zu malen und ignoriert mich einfach.

Wenn solches Benehmen während der Fünf Minuten auftritt, dann tritt es auch sonst im Laufe des Tages auf. Das bedeutet, dass Struktur, Regeln und Grenzen im Laufe des Tages untergegangen sind und/oder dass Ihr Kind aus irgendeinem Grund sehr wütend auf Sie ist. Lassen Sie also zuallererst den Tag Revue passieren. Setzen Sie Struktur, Regeln und Grenzen wieder in Kraft. Dann – natürlich noch am selben Tag – erinnern Sie Ihr Kind freundlich an die Regeln für die Fünf Minuten. Lassen Sie sich auf keinen Streit oder Machtkampf ein. Stehen Sie die Fünf Minuten einfach durch und erklären Sie Ihrem Kind, dass Sie hoffen, dass es morgen weniger Mühe hat, Ihnen zu erzählen, was es beschäftigt.

Wenn dieses respekt- und distanzlose Verhalten nur während der Fünf Minuten auftritt, dann nutzen Sie tagsüber eine günstige Gelegenheit, um etwas aufs Tapet zu bringen, von dem Sie glauben, dass es Ihr Kind verletzt, geärgert, enttäuscht oder frustriert haben könnte. Verknüpfen Sie das Thema nicht mit den Fünf Minuten und fragen Sie es nicht nach möglicherweise beunruhigenden Geschehnissen aus. Häufig werden Sie herausfinden, was Ihr Kind quält. Wie auch immer, machen Sie mit den Fünf Minuten einfach weiter wie immer.

Vor drei Monaten habe ich mit den »Fünf Minuten« angefangen. Plötzlich fällt mir auf, dass meine Tochter mich nicht mehr ständig nervt. Besteht da ein Zusammenhang?

Viele Eltern klagen darüber, dass ihre Kinder bestimmte Dinge tun, um »Aufmerksamkeit zu erregen«, ziehen aber aus ihrer Beobachtung nicht die richtigen Schlüsse. Sobald einem Kind die fünf Minuten selbstverständlich geworden sind, hat es gelernt, dass es wirklich jeden Tag *mit der Aufmerksamkeit seiner Eltern rechnen kann.* Wenn diese Sicherheit erst einmal hergestellt ist, dann vermindert sich das »aufmerksamkeitsheischende« Verhalten oft drastisch. Geben Sie also Ihrem Kind die Aufmerksamkeit, die es braucht – auf die effizienteste und zeitsparendste Methode, die sich denken lässt: Führen Sie die Fünf Minuten durch.

Was soll ich tun, wenn mein Teenager mir etwas erzählt – z.B. von einem Diebstahl in der Schule oder einem Ladendiebstahl –, was normalerweise elterliche Maßnahmen nach sich ziehen würde?

Solche Eröffnungen können zwei unterschiedliche Bedeutungen haben. Wenn Ihr Teenager Ihnen während der Fünf Minuten von einem Diebstahl erzählt *und* hinzufügt, dass er/sie ein schlechtes Gewissen habe, dann haben die Fünf Minuten ihren Zweck erfüllt: Sie haben es möglich gemacht, dass Ihr Kind sich Ihnen anvertraut.

Wenn Kinder etwas stehlen, was sie ohne weiteres auch so bekommen hätten, dann kann man mit Sicherheit annehmen, dass sie sich wertlos fühlen oder nicht glauben, Sie könnten positiv auf sie reagieren. Selbst wenn Kinder das Gefühl haben, dass sie im Vergleich zu anderen Gleichaltrigen materiell zu kurz gehalten werden, existiert meistens noch eine weitere Komponente: das Empfinden, dass sie von ihren Eltern nicht das bekommen, was sie in der Beziehung bräuchten. Hier eröffnet sich nun ein ganz neues Feld für Gespräche. Um sicherzugehen, dass Sie keine doppelten Botschaften senden, helfen Sie Ihrem Teenager, herauszufinden, wie er/sie das Gestohlene zurückgeben oder ersetzen kann, falls es weggeworfen oder verbraucht wurde. Wir haben die Erfahrung gemacht, dass die Geschädigten unter diesen Umständen meistens Verständnis haben und das Vergehen entschuldigen.

Wenn Ihr Sprössling allerdings weiß, dass er Schwierigkeiten bekommen wird, weil er gestohlen hat, und die Fünf Minuten ganz bewusst manipulativ ausnutzt, dann unterbrechen Sie die Fünf Minuten, denn für solche Themen sind sie nicht gedacht. Sagen Sie etwas wie: »Auszeit! Wir machen die Fünf Minuten später. Jetzt müssen wir dieses Problem lösen.« Man darf nicht vergessen, dass *Verständnis und Akzeptanz eine Person nicht von ihrer persönlichen und rechtlichen Verantwortung entbinden.*

Manchmal gehen Eltern in solchen Fällen in die Falle. Dennoch haben die meisten Eltern keine Schwierigkeiten, eine seelisch bedeutende Eröffnung von Manipulation zu unterscheiden. (Wenn das zu nachgiebig klingt, dann bedenken Sie, dass die Fünf Minuten kein Allheilmittel sind, sondern *einen Teil Ihrer Beziehung zu Ihrem Kind darstellen.* Seien Sie einfach dankbar, dass Sie überhaupt erfahren haben, was los ist, aber erwarten Sie von den Fünf Minuten keine Lösung solch komplexer Probleme.)

Was soll ich tun, wenn mein Sohn mir erzählt, dass ein Freund ihm etwas Böses angetan hat, und mir dann beschreibt, wie er sich an ihm rächen wird?

Wenn Ihr Kind noch kein Teenager ist und bislang noch nicht als Gewalttäter oder gewohnheitsmäßiger Regelverletzer in Erscheinung getreten ist, dann lassen Sie es wissen, dass Sie gut nachvollziehen können, wie verletzt oder enttäuscht er ist. Wenn es sich allerdings um einen Jungen handelt, der ohne weiteres tatsächlich jemanden verletzen würde, dann äußern Sie Verständnis für seine Gefühle – und dann ergreifen Sie entsprechende Maßnahmen (es kann sein, dass Sie in der Schule oder bei anderen Eltern Bescheid sagen müssen, dass etwas im Busch ist.)

Was mache ich, wenn mein Teenager mir von möglicherweise gefährlichen Entscheidungen berichtet, wie Drogenkonsum, ungeschützten Sex (für manche Eltern ist jede Art von Sex potenziell gefährlich), körperlichen Misshandlungen durch den Freund etc.?

Dann haben die Fünf Minuten wieder ihre Wirkung getan – Sie haben etwas extrem Wichtiges aus dem Leben Ihres Teenagers erfahren. Dadurch sind Sie nun in der Lage, ihm oder ihr dabei zu helfen, diese Probleme anzugehen, was wahrscheinlich dazu führen wird, dass Sie auch andere wichtige Dinge zusammen lösen werden.

Meine Tochter hat mich um zehn Uhr abends vom Haus ihrer Freundin aus angerufen, wo sie über Nacht bleiben wollte, um ihre »Fünf Minuten« abzuhalten. Ich mache mir Sorgen, dass sie zu abhängig von dieser »Fünf Minuten«-Angelegenheit geworden ist.

Hier müssen wir zuerst einmal fragen, warum Sie die Fünf Minuten nicht abgehalten haben, bevor Sie Ihre Tochter zu ihrer Freundin brachten. Es klingt so, als hätten Sie den Ball der Kommunikation in Ihrer Beziehung fallen lassen. Zweitens lässt der Ausdruck »Fünf-Minuten-Angelegenheit« darauf schließen, dass Sie sich damit nicht wohl fühlen – was möglicherweise erklärt, warum Sie nicht konsequent damit umgehen.

Zu guter Letzt verraten Sie uns, worum es Ihnen wirklich geht bei Ihrer Sorge, dass Ihre Tochter »zu abhängig« werden könnte. Ihre Tochter ist nicht abhängig von den Fünf Minuten, *sie ist abhängig von Ihnen.* Das, so müssen wir argwöhnen, ist Ihnen eigentlich unangenehm.

Wir schlagen vor, dass Sie sich einmal das Thema »Abhängigkeit« durch den Kopf gehen lassen. Ist Abhängigkeit gut oder schlecht? Kann irgendjemand von uns zu einer autonomen, unabhängigen Person heranwachsen, ohne vorher eine gesunde, verlässliche Abhängigkeit erlebt zu haben?

Von etwas abhängen heißt *an etwas hängen.* Babys hängen an ihrer Mutter, Ranken hängen am Spalier, und beide werden stark *als Folge von* – nicht trotz dieser kreativen Abhängigkeit.

Fragen Sie sich selbst, ob Sie Ihre eigene kindliche Abhängigkeit nicht als Sicherheit, Geborgenheit und Kreativität erlebt haben. Wünschen Sie sich insgeheim immer noch, Sie könnten vollkommen abhängig von jemandem sein, der Sie bedingungslos akzeptiert und liebt? Oder halten Sie Abhängigkeit für eine Falle – aus der Sie nie wieder freikommen, wenn Sie ihr einmal nachgegeben haben?

Die positivste und produktivste Sichtweise auf Ihre Situation ist die Erkenntnis, dass Ihre Tochter Sie offensichtlich lieb hat und ihre tägliche Zeit mit Ihnen vermisst. Schlagen Sie daraus Profit! Nutzen Sie die Fünf Minuten, um eine starke Beziehung aus Offenheit und Vertrauen aufzubauen. Wenn Sie das tun – und wenn wir mit unseren obigen Annahmen richtig liegen –, werden Sie entdecken, dass Sie sich selber runder und autonomer fühlen, wenn Sie für Ihre Tochter tun, was für Sie selbst nie getan wurde.

Seit wir damit angefangen haben, will mein Kind jedes Mal, wenn es emotional aufgewühlt ist, seine »Fünf Minuten« abhalten.

Schlaues Kerlchen! Ihr Kind ist offensichtlich ein Kurzzeitstratege. Diese Reaktion tritt übrigens häufig bei intelligenten Kindern auf, die erkannt haben, dass ihre Eltern ihnen in den Fünf Minuten wirklich zuhören, und diese Tatsache zu ihrem

Vorteil nutzen wollen. Hier brauchen Sie nur zu sagen: »Nein, wir machen unsere Fünf Minuten später wie immer; also hebe dir das, was du sagen willst, bis dahin auf.« Seien Sie neutral und sachlich. Dadurch wird Ihr Kind lernen, dass die Fünf Minuten nicht dazu dienen, es mit einem aufmerksamen Publikum zu versorgen, wo es sich durchsetzen kann, sondern eine fortgesetzte Beziehung darstellen, wo es sich darauf verlassen kann, dass Sie immer zuhören und verstehen werden.

Ich weiß, dies ist eine Technik für Kinder, aber könnte ich die »Fünf Minuten« nicht auch mit meinem Partner machen?

Natürlich. Viele Eltern, mit denen wir gearbeitet haben, benutzen die Fünf Minuten auch füreinander. Es gibt allerdings Unterschiede und es müssen einige Modifikationen vorgenommen werden.

Erstens finden es Eheleute und Lebenspartner miteinander noch schwieriger als bei ihren Kindern, *nur still dazusitzen und zuzuhören, ohne sich zu verteidigen oder zu erklären.* Vielleicht fällt es Eltern leichter, den positiven erzieherischen oder therapeutischen Wert des Zuhörens und Anerkennens von Gefühlen bei Kindern zu sehen. Eltern suchen bei Kindern keine Anerkennung, sondern eher Anzeichen, dass sie es richtig machen. Lebenspartner gleichen eher Kindern als Eltern, insofern als sie jeder beim anderen grundlegende Anerkennung suchen. Wenn man die Fünf Minuten getreu nach den Regeln durchführt, müssen die Partner echte Reife zeigen. Es kann eine gute Erfahrung sein, sich diese Regeln zu erarbeiten.

Die größte Veränderung hat mit dem täglichen Rhythmus der Fünf Minuten zu tun. Es ist nahezu unmöglich, dass beide Erwachsene täglich ihre Fünf Minuten bekommen, denn für den zweiten ist es sehr schwierig, seine Fünf Minuten nicht für die Zurückweisung dessen zu nutzen, was in den ersten Fünf Minuten gesagt wurde. Wir haben die Erfahrung gemacht, dass solche »Du hast deine Gelegenheit gehabt, aber jetzt bin ich dran«-Versionen der Fünf Minuten die Sache schlimmer machen statt besser. Die Lösung ist, tageweise abzuwechseln. Nach einer formalen Periode der Fünf Minuten werden Erwachsene, denen der Prozess wirklich etwas bringt, sowieso zu besseren Zuhörern und können ihre Anerkennung und Unterstützung besser äußern und mehr ist oft gar nicht nötig. Wenn es so weit ist, ändert sich der Kommunikationsstil und die Fünf Minuten sind unter Umständen gar nicht mehr nötig. Diese Veränderung gilt aber nur für die Kommunikation unter Erwachsenen, *nicht* für die mit Kindern. Eltern-Kind-Beziehungen sind ganz anders, daher dürfen Sie bei Ihrem Kind nie mit den Fünf Minuten aufhören.

Anmerkungen

1. »Was habe ich gerade gesagt!?!«

1 Laut Expertenmeinung schlagen Eltern nicht mehr oder zumindest geht der Trend von Schlägen und körperlicher Züchtigung definitiv hin zu ausgefeilteren Techniken des Verhaltensmanagements. Die Experten scheinen nie in Spielwarenläden oder Supermärkten einzukaufen.

3. Das kindliche Denken und die Logik der Sprache

1 In den Kapiteln 1 und 2 unseres Buchs *Healing the Hurt Child* (Donovan und McIntyre, 1990) haben wir die Unterscheidung zwischen Sprachlogik und dem kindlichen Denken einerseits und Piagets Begriff der »formalen Operationen« andrerseits eingeführt. Die konventionelle Auffassung versteht unter Logik *vernunftgemäßes Denken*, während Logik eigentlich ein Prozess des Schließens und Beweisens ist, der sich in einem relativ geschlossenen System von aufeinander bezogenen Grundannahmen vollzieht, die wahr oder nicht wahr sein können. Bis auf den heutigen Tag verwechseln Pädagogen und Psychologen *logisches Denken* und *vernunftgemäßes Denken*, eine Verwechslung mit langer Tradition, die aber gewiss zum eisernen Bestand dessen gehört, was »korrektes« Denken genannt wird.

2 Worte können alle möglichen Bedeutungen annehmen, dank der *Beliebigkeit des linguistischen Zeichens*, wie es Ferdinand de Saussure, der Begründer der modernen Linguistik, genannt hat (Saussure, 1972/1916). Da Wortbedeutungen beliebig sind, wandeln sie sich im Lauf der Zeiten und abhängig vom Kontext. Dies ist ein weiterer Grund, warum der unablässige Nachdruck, den Pädagogen und Psychologen auf »korrekte« Sprache legen, so wenig Sinn macht. Ein Beispiel, wie Experten kommunikative und zwischenmenschliche Verhaltensweisen von Kindern missverstehen, bieten Cantwell und Baker (1987). Cantwell und Baker verwechseln Sprache und Sprechen, korrekte Grammatik und die zweckgebundene Wirklichkeit von Kommunikation – und hören nicht, was ihre kleinen Untersuchungsteilnehmer sagen. Ein Beispiel dafür, dass Kinder die wissenschaftlichen Experten nicht verstehen, gibt Jean-Jacques Breton (1993, 1995). Er zeigt, dass neun- bis elfjährige Kinder nur 38 Prozent der Fragen in dem angesehenen Diagnostic Interview Schedule for Children verstehen, einem Fragebogen, mit dem psychiatrische Diagnosen für große Populationen von Kindern gestellt werden.

4. Kinder leben in einer vollkommen anderen Welt

1 Die erste Zeile der »Grundfrage der Metaphysik«, mit der Heideggers *Einführung in die Metaphysik* (1961) beginnt, lautet: »Warum ist überhaupt Seiendes und nicht Nichts?« »Essentia« (Wesen, Sosein) sind »existentia« (Dasein, Dass-Sein) oder schlicht »Dinge, die sind« (Seite 1).

2 Die Menschen handeln in Übereinstimmung mit dem, was sie wissen. Es ist leicht, über Jaspers Fragen hinwegzugehen. Es ist sehr viel schwieriger, über die Bedeutung des Selbstmords eines Mannes hinwegzugehen, der vom HIV-Status einer anderen Person erfahren hat. Sowohl der Erwachsene, der sich das Leben genommen hat, als auch der kleine Jasper können nur auf der Basis der Informationen urteilen, die ihnen gegenwärtig verfügbar sind.

5. Logik, Erfahrung und Kindheitsängste

1 siehe Bettelheim (1977).

2 Gruber und Vonèche (1977, S. XXIV–XXV).

3 Bringuier (1980, S. 28–33) gibt die Transkription eines faszinierenden Interviews wieder, das eine von Piagets Assistentinnen, Cathérine Dami, mit einem sechsjährigen Mädchen namens Taïma geführt hat. Es geht in dem Gespräch um die Erhaltung der Masse – den Umstand, dass die Masse sich nicht ändert, wenn man einen Ball aus Knetmasse zu einer Wurst oder einen Stab rollt und dann wieder in einen Ball zurückverwandelt. Das Überraschendste an dem Interview ist nicht, dass das Kind an einer von Piagets Entwicklungsaufgaben scheitert, sondern dass das Kind und die Erwachsene ebenso gut zwei völlig verschiedene Sprachen hätten sprechen können. (Das taten sie auch, nämlich Kindersprache und Erwachsenensprache.) Cathérine Dami nahm es schlicht als gegeben an, dass die Worte und Sätze, die sie im Mund führte, für die kleine Taïma *exakt die gleiche Bedeutung* hätten wie für sie, die Erwachsene. Wir sehen hier ein sehr schönes Beispiel von Fehlkommunikation, das Piaget für eine ebenso schöne Demonstration seiner Konzepte hält. Eigentlich war das ganze Gespräch ein glänzendes Exerzitium epistemologischer Sinnlosigkeit.

4 Huang und Lee (1945). Es wird niemanden überraschen, dass Kommunikation eine große Rolle spielt für die Art der Resultate, die Forscher schließlich gewinnen. Beispielweise kann die Wortwahl bei Fragen die Richtigkeit der Antwort beeinflussen. Die Frage »Ist es lebendig?« hat eher richtige Antworten bekommen als »Lebt es?« (Klingensmith, 1953). Ähnlich führen Wie-Fragen zu weniger magischen und animistischen Antworten als Warum-Fragen (Nass, 1956). Auch finden Kinder häufiger zu natürlichen Erklärungen, wenn sie die betreffenden Objekte oder Materialien in die Hand nehmen oder berühren konnten (Mogar, 1960). Wiederum ist es wenig überraschend, dass Kinder eher natürliche Erklärungen geben, wenn sie ein Phänomen se-

hen können, als wenn sie lediglich Fragen gestellt bekommen – was die Bedeutung des Kontexts für das kindliche Verstehen unterstreicht. Alles in allem ging Piaget in seiner Forschung auf eine Weise vor, die den kognitiven Verhaltens- und Kommunikationsstilen von Kindern vollkommen fremd ist. Und dies ist keineswegs eine neue Erkenntnis. Manches davon ist vielmehr schon seit über einem halben Jahrhundert bekannt. Margaret Mead wies schon 1932 darauf hin, dass der Animismus kein inhärentes Merkmal kindlichen Denkens ist und dass Kinder nichtlogische magische Vorstellungen von Erwachsenen zumeist ablehnen (Mead, 1932).

5 Vgl. Margaret Donaldsons *Children's Minds* (Donaldson, 1978) für eine schrittweise Darstellung, wie Kinder klassische piagetsche Entwicklungsaufgaben erfolgreich lösen, wenn diese sinnvoll, verständlich und für sie bedeutsam formuliert bzw. gestaltet werden.

6 siehe Gelman (1978) und Gelman und Kremer (1991).

7 Eine detaillierte Ausführung der kindlichen »*Theorie des Denkens*« bietet Astington (1993); Astington, Harris et al. (1988); Harris (1989); sowie Wellman (1988, 1990).

8 Zur Anwendung der Theorie komplexer adaptiver Systeme auf die kindliche Entwicklung siehe: Thelen (1989, 1992, 1996); Thelen und Smith (1994); sowie Smith und Thelen (1993).

9 Zum Nachweis, dass Kinder mit fünf Jahren nicht nur Piagets »formale Operationen« durchführen können, sondern ebenso Piagets »invariante Sequenz« beim Erwerb kognitiver Fähigkeiten widerlegen, siehe Parsonson und Naughton (1988).

10 Elkind (1976, S. 88). Elkind hatte wesentlichen Einfluss darauf, wie die Kinderpsychiatrie die Entwicklungsfähigkeiten von Kindern sieht (Elkind, 1968, 1973, 1974, 1976, 1981, 1982).

11 John Allen Paulus, Mathematikprofessor an der Temple University, hat in seinem Buch *Innumeracy* (Paulos, 1988) festgestellt, dass nur auf der Grundlage statistischer Wahrscheinlichkeit jedes Jahr etwa sechzigtausend Amerikaner einen prophetischen Traum haben werden, der sich bewahrheitet. Während unwahrscheinliche Vorkommnisse in der Welt verbreitet sind, so betont er, sind sie im Leben eines einzelnen Individuums doch außerordentlich selten. Wenn also einem Individuum ein ungewöhnliches Ereignis widerfährt, kann diese Erfahrung mit einer gewaltigen psychologischen Wirkung verbunden sein. Und so selten unwahrscheinliche Ereignisse im Leben eines jeden gegebenen Individuums auftreten mögen, so auffallend häufig kommen sie im Leben der Menschen vor, die psychiatrische Hilfe suchen. Es bedarf für ein Kind oder eine Familie nur eines unwahrscheinlichen Ereignisses, um die Linie zwischen statistischer Normalität und dem Ungeheuerlichen oder Absonderlichen zu überschreiten.

12 Einen kurzen Überblick über die Rolle vorhersagbarer und strukturierender Erfahrung in der Behandlung von Traumata gibt Donovan

(1991a und 1991b). Eine ausführliche Beschreibung der Rolle von Erfahrung in der Behandlung traumatisierter Kinder geben Donovan und McIntyre (1990), dort besonders »The Model of Inescable Shock« (S. 61–64) und »The Role of The Therapeutic Space in Modifying the Trauma Response« (S. 139–143).

13 Wir waren so verwundert, dass unsere Kollegen es für selbstverständlich ansahen, dass selbst ihre kleinsten Kinderpatienten Raum und Zeit genauso erlebten wie sie selbst, dass wir »The Therapeutic Space«, das 6. Kapitel von *Healing the Hurt Child*, mit dem Hinweis darauf begannen, wie unterschiedlich diese Erfahrung tatsächlich ist. Viele Pädagogen und Therapeuten erkennen nicht, dass die Erfahrungswelt der Kinder von heute sich drastisch von den Zeiten vor dem Fernsehen oder vor den Videospielen unterscheidet. Lehrer und Kindertherapeuten, die noch keine 45 oder fünfzig Jahre alt sind, haben von der Zeit keinen Begriff, als die Kontinente noch weit voneinander entfernt waren und Naturkatastrophen und Schulschießereien noch nicht per Technicolor und Stereo-Sound ins eigene Wohnzimmer transportiert wurden.

6. »Hör endlich zu!«

1 Donovan (1996b, 1997).

2 Eine formalere – jedoch realistische und nicht pathologisierende – Beschreibung der Dissoziation:
Dissoziation ist ein normatives Merkmal des menschlichen kognitiven Verhaltensstils. Als solches bezieht sie sich auf die Tatsache, dass Emotionen, kognitive Prozesse und komplexe Verhaltensrepertoires erfahren und/oder ausgeführt werden können, ohne dass das Subjekt eine bewusste Wahrnehmung davon hätte. In seiner konzeptuell-paradigmatischsten Form hat die Dissoziation eine offensichtliche evolutionär-adaptive Funktion, denn sie befreit den Organismus von der adaptionsbehindernden Notwendigkeit, jede extero-/propriozeptive Erfahrung und evaluative und/oder prozedurale Entscheidung bewusst zu begleiten und erlaubt dem Organismus damit, sich in simultanen, parallelen autonomen oder semiautonomen Handlungen in einem breiten Bereich von Aufgaben mit einem Minimum von Interferenzen innerhalb der verschiedenen Aufgaben zu engagieren.
Dissoziation erlaubt die Aufteilung von Erfahrung und Tätigkeit innerhalb oder zwischen kognitiven, affektiven oder kinetischen Bereichen. Im allgemeinsten Sinn erlaubt und befördert Dissoziation die Entwicklung und Verfeinerung hochkomplexer kognitiver und verhaltensbezogener Fähigkeiten und Fähigkeitsrepertoires, wie z.B. Lernen und soziale Kognition, und ermöglicht dem Subjekt damit, eine immense und verschiedenartige Menge von inneren und äußeren Daten zu verarbeiten (Donovan, 1996b).

3 Wir haben dieses Konzept zum ersten Mal auf der New Traumatology

Conferece vorgestellt, die wir mit dem University of South Florida College of Medicine organisierten, welches sich auch an der Finanzierung beteiligte. Siehe Donovan (1996b).

4 siehe Putnam (1989, S. 6–8).

7. Das eine weiß man, das andere nicht

1 Wir haben diese Ideen in komprimierter Form in dem Kapitel »Normative, Pathological and Therapeutic Dissociation« in *Healing the Hurt Child* (Donovan und McIntyre, 1990, S. 74–75) vorgestellt.

8. Wie wir die ADHS-Falle vermeiden können

1 Eine detaillierte Aufzählung aller verbreiteten kindlichen Verhaltensmuster, die Experten als Zeichen für Verhaltens- oder Lernstörungen ansehen, siehe: Silver (1989).

2 Anders als es sich das schablonenartige Gleichheitsmodell der Pädagogik und Kinderpsychiatrie träumen lässt, ist das wirkliche Leben höchst divers! Als Beispiel für zwei Kollegen, die sich in vielem widersprechen, nur nicht in Bezug auf Diversität, siehe: Lewontin (1982) und Wilson (1992).

3 Nicht nur modulieren naive Mütter regelmäßig den biologischen Verhaltenszustand ihrer Babys mit großer Sensibilität (Donovan, 1997), Ähnliches leisten auch Hundezüchter und -trainer bei ihren Schützlingen. Eine weise, sensible, realistische, respektvolle und Probleme lösende Methode zur Hundeerziehung enthält *The Art of Raising a Puppy* von den russisch-orthodoxen Mönchen von New Skete (1991). Die Brüder von New Skete, deren Berufung es ist, deutsche Schäferhunde zu züchten und auszubilden, haben ein tiefes Verständnis für das Temperament, mit dem jeder neugeborene Welpe ausgestattet ist, und sie haben ebenso einfache wie praktische Techniken entwickelt, um es zu ermitteln. Doch anders als die meisten Eltern und Kinderexperten bleiben die Mönche von New Skete dabei nicht stehen. Sie kategorisieren die Welpen nicht nur nach einem Temperamentsschema und belassen es dabei für das ganze Leben. Vielmehr wissen sie, wie man das Temperament als Stärke nutzt und wie man darauf aufbaut. Außerdem wissen sie, wie veränderbar das Grundtemperament sein kann – wenn der Trainer, ähnlich wie Mutter oder Vater, bereit ist, sich genug Zeit zu nehmen, um diese kleinen Wesen, ihre angeborenen Fähigkeiten und ihre Kommunikations- und Beziehungsverhalten zu verstehen. Die Mönche zeigen bei der Aufzucht und Ausbildung der Hunde ein sehr praktisches Verständnis für die grundlegende Wichtigkeit von Strukturen, Regeln und Grenzen sowie auch Einsicht in die überragende Bedeutung der Konsequenz und Kontinuität im Verhalten des Trainers. Es ist ein trauriges Merkmal unserer gegenwärtigen Gesellschaft, dass nur wenige Eltern- und Erziehungsbücher – in der Tat nur sehr wenige psychologische Bücher über Kinder – ein gleiches realistisches Ver-

ständnis für Kinder aufweisen, wie die Mönche von New Skete es für Hunde haben. (Einen kurzen Überblick darüber, wie sehr die Mönche der Kinderpsychiatrie, Kinderpsychotherapie und der Spieltherapie voraus sind, gibt Donovan (1997b und 1997c.)

9. Wer hat hier das Sagen?

1 Es gibt Hunderttausende von Kindertherapeuten auf der Welt. Die vorherrschende Sicht im Bereich der Kindertherapie/Spieltherapie ist, dass das *Spiel selbst heilend wirkt* und dass die Kinder sich irgendwie selbst heilen, wenn sie in Anwesenheit eines Kindertherapeuten spielen. Siehe Ablon (1996), Barnes (1996), Gil (1991), Gurney (1983), O'Connor (1991), Jernberg (1973a, 1973b) sowie Tanner und Mathis (1995).

10. »Beschließe, dein wahres, wunderbares und gutes Selbst zu sein!«

1 Siehe den Abschnitt über »Parental Hypocrisy« in Kapitel 5 von *Healing the Hurt Child* (Donovan und McIntyre, 1990, S. 97).

11. Wütend, böse und traurig

1 Zur Funktion von Metaphern in der menschlichen Kognition siehe: Keller (1978, 1985); Lakoff (1972, 1987); Lakoff und Johnson (1980, 1998); sowie Johnson (1987).

2 Zur integrativen Funktion von Emotionen siehe: Damasio (1994). Wir behandeln *Traurigkeit* anders als andere Autoren. Zum Beispiel schreibt David Goleman in *Emotional Intelligence* (Daniel Goleman, 1994), dass die »Hauptfunktion der *Traurigkeit* [ist], bei der Anpassung an einen schwerwiegenden Verlust zu helfen, wie etwa bei dem Tod eines nahe stehenden Menschen oder bei einer großen Enttäuschung«. Golemans Definition der Traurigkeit begrenzt sie vollständig auf ein *inneres* Phänomen. Wie sehen in *Traurigkeit* ein soziales zwischenmenschliches Phänomen, ein Phänomen, das Reaktions- und Beziehungsstile definiert, und behandeln sie auch so. Das macht es uns leichter, Erwachsenen zu helfen, potenzielle Traurigkeit zu erkennen – oder wann Traurigkeit angemessen ist –, was es für die Erwachsenen wiederum leichter macht, die emotionalen und verhaltensbezogenen Reaktionen bei sich und ihren Kindern zu verändern und zu modulieren.

12. Strukturen, Regeln und Grenzen

1 Luke (1978). Viele Jahre lang wurde Lukes Artikel von der Medizin ignoriert. Heute ist es Standardpraxis, bei plötzlichem Kindstod nach gemeinsamem Schlafen in einem Bett zu fragen.

14. Die ersten drei Lebensjahre, schlechte Gene und eine »normale« Entwicklung

1 Siehe Black und Greenough (1986), Black, Isaacs et al. (1990), Donovan (1996a), Greenough (1987, 1996), Greenough und Black (1992), Greenough, Black et al. (1991b).

2 Siehe Thelen (1984, 1989, 1992, 1995, 1996); Thelen und Smith (1994); sowie Thelen und Ulrich (1991).

3 James Lytle, außerordentlicher Professor für Pädagogik an der Universität von Pennsylvania und Vorsitzender der Bildungsstudie des Council of Great Cities, stellt fest, dass Ihr Kind, wenn es einmal in den Bereich der Sonderschulpädagogik geraten ist – außer im Fall einer Sprech-, Hör- oder Körperbehinderung –, nur eine 1,5-prozentige Chance hat, je wieder in die Gruppe der Normalkinder zurückzukehren und kaum einen High-School-Abschluss erreichen kann. Lytle (1988) und persönliches Gespräch (1988). Siehe auch unsere Erörterung dieses Problems in: Donovan und McIntyre (1990), S. 172f.

4 Barkley und Cunningham (1979); Buhrmester, Whalen et al. (1992); Charles und Schain (1981); sowie Swanson, Cantwell et al. (1991, 1992). Den besten Forschungsüberblick geben Breggin (1998) und McGuinness (1989, 1995a, 1995b). Da medizinische Stimulanzien »funktionieren«, indem sie das Reorganisierungspotenzial des Hirns dämpfen, kann eine frühe »Behandlung« alle möglichen Arten des adaptiven Potenzials verhindern. Vgl. Sherman (1998) zur Behandlung (oft mit multiplen Medikationen) von Medicaid-Kindern unter drei Jahren – und sogar unter einem Jahr. Vgl. Zito (1995) zur Frage, welche Auswirkung eine jahrzehntelange Medikation mit Stimulanzien auf die Hirnentwicklung hat.

5 Siehe Gleick (1992, S. 15–16, 25). Gewiss hat bereits irgendjemand Richard Feynman als »bedeutenden Lernbehinderten« bezeichnet. Schließlich gab es eine große Diskrepanz zwischen seinem IQ und seinen akademischen Leistungen – ein Definitonsmerkmal der »Lernbehinderung«. Doch nichts konnte weiter von der Wahrheit entfernt sein. Feynman verachtete die Schule, er sah in ihr eine furchtbar trockene, uninteressante »intellektuelle Wüste«. Wie ein anderer vermeintlich »lernbehinderter« Wissenschaftler – Thomas Edison, dessen Mutter ihn in der 3. Klasse vor einem tyrannischen Zwergschullehrer rettete – war Feynman in der Schule nicht gut, weil er schlicht Besseres zu tun und zu denken hatte. Man stelle sich das Schicksal von Stephen Hawking – dem Lucasian Professor der Mathematik in Cambridge, eine Position, die einst Sir Isaac Newton innehatte – vor, wenn er heute zur Schule gehen müsste! An den Rollstuhl gefesselt, unfähig, sich zu bewegen, und ohne Sprech-Synthesizer – er leidet an amyotropher Lateralsklerose (ALS), einer fortschreitend sich verschlimmernden Erkrankung des Nervensystems –, würde Hawking als geistig schwer behindert erscheinen. Feynmans »Entwicklung« wurde mit zunehmendem Alter besser; Hawkings hingegen wurde schlechter – doch an keinem Punkt ihres außerordentlich kreativen Lebens spiegelte ihre Entwicklung ihre eigentliche Identität oder ihr genuines Potenzial.

6 Bryan (1983, insbesondere die Kapitel 4–6).

7 Koplewicz (1996, S. 55).

8 Siehe Zametkin, Nordahl et al. (1990).
9 Das wissenschaftliche Establishment, die pharmazeutischen Konzerne, Selbsthilfegruppen, Lobbygruppen, Behörden und Geldgeber sind alle miteinander verbandelt und zitieren sich und verweisen gegenseitig aufeinander. Siehe Zametkin, Nordahl et al. (1990) sowie Zametkin und Rapoport (1987) zum bildgebenden Material und AACAP (1997); Cantwell (1996); Koplewicz (1996); Hallowell und Ratey (1994); Phelen (1996); sowie Ratey und Johnson (1997) zur vermeintlichen Signifikanz der Bilder. Eltern suchen in all diesen Quellen vergeblich nach einer kritischen Analyse.
10 Siehe Lou, Henriksen et al. (1984); Lou, Henriksen et al. (1989).
11 Siehe Hallowell und Ratey (1994) und Barkley (1995) zu den Behauptungen sowie McGuinness (1989, 1995a, 1995b) zur kritischen Analyse. Siehe auch AACAP (1997); Anonymus (1989); Lou (1984, 1989); sowie Wallis (1994)
12 Siehe »Confidence Wanes in Search for Genetic Origins of Mental Illness«, *The Psychiatric Times* (März, 1989).

15. Eine Mahnung an Lehrer und Therapeuten

1 Das fundamentale Problem, das sich aus unrealistischen Ansichten über kindliches Verhalten ergibt, ist, dass sie – buchstäblich – mit Kindern nicht das Geringste zu tun haben. *Child and Adolescent Psychiatry: Modern Approaches* (Rutter und Hersov, 1985) illustriert dies schlagend. Während man in diesem berühmten Buch über 1700 Verweise auf den älteren Herausgeber findet, sucht man vergebens nach Kindern, weil es auf den 960 Seiten keine einzige Fallgeschichte gibt – noch nicht einmal in dem Kapitel »Individual and Group Psychotherapy«.
2 Stevenson (1992a, 1992b); Stevenson, Chen et al. (1993); sowie Stevenson und Stigler (1992).
3 Harold Stevenson, persönliches Gespräch, 1991.
4 Tobin, Wu und Davidson (1989).
5 White (1993).
6 Siehe Ratey und Johnson (1997) zu der neuen Mode »sanfter« psychischer Störungen.
7 Stevenson (1992a, 1992b); Stevenson, Chen et al. (1993); sowie Stevenson und Stigler (1992).
8 Siehe Bronner (1998).
9 Vgl. Kapitel 1 von *Healing the Hurt Child* (Donovan und McIntyre, 1990) für eine Diskussion all der von Erwachsenen erdachten Denk- und Verhaltensvoraussetzungen, die ein Kind erfüllen muss, um als »Kandidat« für eine Kinder-Psychotherapie in Frage zu kommen.
10 Siehe die Kapitel 6 und 8 dieses Buchs und Donovan (1996b).
11 Hodgins (1987).
12 Die Version 3.0 findet sich bei Putnam (1997, Anhang 2, S. 354–360).

Die Items dieser Checkliste spiegeln entweder normale kindliche Verhaltensweisen (die wir als stark beeinflussbar ansehen) oder Verhaltensweisen, bei denen sofort eingegriffen werden muss – keine »Entwicklungs-Psychopathologie«, die über Monate oder Jahre dokumentiert und behandelt werden muss.

13 Siehe »The Therapeutic Space«, S. 110–43 in: Donovan und McIntyre (1990).

14 Zu Freuds Ansichten über die Todesvorstellungen von Kindern siehe Freud (1953/1900, S. 254).

Anhang: Elternfragen zu den »Fünf Minuten«

1 Zu den besonderen Herausforderungen, die sich bei Zwillingen ergeben, siehe Bryan (1983, 1984).

Deutsche Übersetzung der Comics

S. 13: Calvin, hör auf, so im Haus herumzurasen!! / Was habe ich dir gerade gesagt? / Keine Ahnung – hast du denn nicht zugehört?
S. 20: Essen ist fertig, Calvin. Komm zu Tisch. / Ich sehe fern. / Nein, das tust du nicht! / Doch, ich sitze hier direkt vorm Fernseher! / NEIN, das tust du NICHT! / Ach so. Stimmt. Ich sitze am Tisch.
S. 26: Ich werd dich in der Sportstunde in den Boden rammen, Zwerg. / **Jetzt** geht's noch, du Obermacker, denn wenn du erst mal erwachsen bist, kannst du nicht mehr ohne jeden Grund über Leute herfallen. / Ja, ich glaube, du hast Recht. / So hatte ich das nun überhaupt nicht gemeint.
S. 35 oben: Ich geb's auf. Wie oft **musst** du mir denn noch sagen, dass ich brav sein soll?
S. 35 unten: Du lieber Himmel, bist du schmutzig. Ab in die Badewanne. / Ich beuge mich dem Buchstaben des Gesetzes, wenn auch nicht seinem Geist. / **ICH WILL WASSER LAUFEN HÖREN!** / Mist.
S. 36: Ich habe Hunger. Kann ich was zu essen haben? / Klar. Nimm dir was. / Im Kühlschrank sind Äpfel und Orangen. / Obwohl wir beide deutsch reden, sprechen wir wohl verschiedene Sprachen.
S. 38 oben: Mr. Wilson sagt, ich bin ein Fältig. Was ist ein FÄLTIG?
S. 45: Weißt du, wo die Babys herkommen? / Nööh. / Ich frage mich, wie man das wohl herausbekommt! / Lass' mich mal hinten in deinen Kragen sehen. / Du kommst aus Taiwan.
S. 46: Papa, wie machen Menschen Babys? / Die meisten Menschen gehen einfach in den Kaufhof, kaufen den Bausatz und folgen den Bauanweisungen. / **Ich komme aus dem Kaufhof?** / Nein, **du** warst ein Sonderangebot bei Aldi, fast genauso gut wie die anderen, aber viel billiger. / Schatz, was erzählst du Calvin jetzt schon wieder?
S. 71: Calvin, wie erklärst du dir diese Arbeit? Sie ist miserabel! / Ich hatte nicht dafür gelernt. / Was soll das heißen, du hast nicht dafür gelernt? Warum nicht? / Ich hab's vergessen. / Du hast es **vergessen?** Wie konntest du das vergessen? / Was? He? Wo bin ich? Wie heiße ich? / **Fang nicht mit diesem Amnesie-Zeug an!**
S. 112: Als Diktator habe ich die einzige Stimme in der Regierung! / Ich werde keinen Widerspruch dulden! / Ich allein entscheide, was gut ist! Ich allein … / Zeit für's Bett, Calvin. / Können wir darüber nicht abstimmen?
S. 177: Beachte mich gefälligst!

Bibliographie

Ablon, S.L. (1996). »The therapeutic action of play.« *Journal of the American Academy of Child and Adolescent Psychiatry* 35(4): 545–47.

Adams, P. and I. Fras (1988). *Beginning Child Psychiatry.* New York, Brunner/Mazel.

American Academy of Child and Adolescent Psychiatry (1997). »Practice Parameters for the Assessment and Treatment of Children and Adolescents with Attention-Deficit/Hyperactivity Disorder of the AACAP« @www.aacap.org/members only. Washington D.C., American Academy of Child and Adolescent Psychiatry.

American Psychiatric Association (1987). *Diagnostic and Statistical Manual, Third Edition (Revised).* Washington, D.C., American Psychiatric Association.

Andreason, N.C. (1984). *The Broken Brain: The Biological Revolution in Psychiatry.* New York, Harper & Row.

Anonymous (1989). »Confidence Wanes in Search for Genetic Origins of Mental Illness.« *Psychiatric Times,* March.

Astington, J.W. (1993). *The Child's Discovery of the Mind.* Cambridge, Mass., Harvard University Press.

Astington, J.W., P.L. Harris, et al., eds. (1988). *Developing Theories of Mind.* New York, Cambridge University Press.

Barkley, R.A. (1995). *Taking Charge of ADHD: The Complete Authoritative Guide for Parents.* New York, Guilford Press. (Deutsch: *Das große ADHS-Handbuch für Eltern.* Huber, Bern 2002).

Barkley, R.A. and C.E. Cunningham (1979). »Stimulant drugs and activity level in hyperactive children.« *American Journal of Orthopsychiatry* 49(3): 491–99.

Barnes, M. (1996). *The Healing Path with Children: An Exploration for Parents and Professionals.* No location specified, Viktoria, Fermoyle & Berrigan Publishing.

Bettelheim, B. (1977). *The Uses of Enchantment: The Meaning and Importance of Fairy Tales.* New York, Vintage Books. (Deutsch: *Kinder brauchen Märchen.* dtv, München 1980.)

Black, J.E. and W.T. Greenough (1986). »Induction of pattern in neural structure by experience: Implications for cognitive development.« In *Advances in Developmental Psychology.* Vol. 4, edited by M.E. Lamb, A.L. Brown, and B. Rogoff, 1–50. Hillsdale, N.J., Erlbaum.

Black, J.E., K.R. Isaacs, et al. (1990). »Learning causes synaptogenesis,

while motor activity causes angiogenesis, in cerebellar cortex of adult rats.« *Proceedings of the National Academy of Sciences* 87: 5568–72.
Brainerd, C.J. (1973a). »Judgments and explanations as criteria for the presence of cognitive structure.« *Psychological Bulletin* 79: 172–79.
Brainerd, C.J. (1973b). »Neo-Piagetian training experiments revisited: Is there any support for the cognitive-developmental stage hypothesis?« *Cognition* 2: 349–70.
Brainerd, C.J. (1974). »The concept of structure in cognitive-developmental theory.« Paper presented at the annual convention of the American Psychological Association, New Orleans, La.
Brainerd, C.J. (1977). »Response criteria in concept development research.« *Child Development* 48: 60–366.
Brainerd, C.J. (1978). »The stage question in cognitive-developmental theory.« *Behavioral and Brain Sciences* 2: 1173–213.
Breggin, P.R. (1998). *Talking Back to Ritalin: What Doctors Aren't Telling You About Stimulants for Children.* Monroe, Maine, Common Courage Press.
Breton, J.-J., L. Bergeron, et al. (1993). »Do children aged 9 to 11 understand questions from the DISC-2?« Paper presented at the annual meeting of the American Academy of Child and Adolescent Psychiatry, San Antonio, Tex.
Breton, J.-J., L. Bergeron, et al. (1995). »Do children aged 9 to 11 understand the DISC Version 2.25 questions?« *Journal of the American Academy of Child and Adolescent Psychiatry* 34(7): 946–54.
Bringuier, J.-C. (1977). *Conversations libres avec Jean Piaget.* Paris, Éditions Robert Laffont. (Deutsch: *Jean Piaget – Ein Selbstporträt in Gesprächen.* Beltz, Weinheim, Basel 2004.)
Bringuier, J.-C. (1980). *Conversations with Jean Piaget.* Chicago, University of Chicago Press.
Bronner, E. (1998). »U.S. high school seniors among worst in math and science.« *The New York Times,* February 25: A3–11.
Bryan, E.M. (1983). *The Nature and Nurture of Twins.* London, Ballière Tindall.
Bryan, E.M. (1984). *Twins in the Family: A Parent's Guide.* London, Constable.
Buhrmester, D., C.K. Whalen, et al. (1992). »Prosocial behavior in hyperactive boys: Effects of stimulant medication and comparison with normal boys.« *Journal of Abnormal Child Psychology* 20(1): 103–21.
Cantwell, D.P. (1996). »Attention Deficit Disorder: A review of the last 10 years.« *Journal of the American Academy of Child and Adolescent Psychiatry* 35(8): 978–87.
Cantwell, D. and L. Baker (1987). *Developmental Speech and Language Disorders.* New York, Guilford Press.
Changeux, J.-P. (1985). *Neuronal Man.* New York, Pantheon.
Charles, L. and R. Schain (1981). »A four-year follow-up study of the ef-

fects of methylphenidate on the behavior and academic achievement of hyperactive children.« *Journal of the Abnormal Child Psychology* 9(4): 495–505.

Damasio, A.R. (1994). *Descartes' Error: Emotion, Reason, and the Human Brain.* New York, Grosset/Putnam. (Deutsch: *Descartes' Irrtum.* List, Berlin 2004.

Davies, P., ed. (1989). *The New Physics.* New York, Cambridge University Press.

Donaldson, M. (1978). *Children's Minds.* New York, W.W. Norton.

Donovan, D.M. (1991a). »The disappearance of the child from child psychiatry.« Grand Rounds, Department of Psychiatry, National Children's Medical Center, Washington D.C., December 13, 1991.

Donovan, D.M. (1991b). »Traumatology: A field whose time has come.« *Journal of Traumatic Stress* 4(3): 433–36.

Donovan, D.M. (1992). »Traumatology: What's in a name?« *Journal of Traumatic Stress* 6(3): 409–12.

Donovan, D.M. (1996a). »A new model for 21st century traumatology: Why the field needs the greenoughs and thelens of Science.« Paper presented at the New Traumatology Conference, Clearwater Beach, Fla.

Donovan, D.M. (1996b). »A new model of dissociation and dissociogenesis: Putting the child back into ›childhood antecedents‹.« Plenary address delivered at the New Traumatology Conference, Clearwater Beach, Fla.

Donovan, D.M. (1997a). »Why memory is a red herring in the recovered (traumatic) memory debate.« In *Recollections of Trauma: Scientific Evidence and Clinical Practice,* edited by J.D. Read and D.S. Lindsay, 403–15. New York, Plenum Press.

Donovan, D.M. (1997b). »Letter: The play therapy controversy – Therapeutic play.« *Journal of the American Academy of Child and Adolescent Psychiatry* 36(1): 3–4.

Donovan, D.M. (1997c). »Letter: The play therapy controversy continues.« *Journal of the American Academy of Child and Adolescent Psychiatry* 36(10): 1322–33.

Donovan, D.M. and D. McIntyre (1990). *Healing the Hurt Child: A Developmental-Contextual Approach.* New York, W.W. Norton.

Elkind, D. (1968). »Jean Piaget: Giant in the nursery.« *New York Times Magazine* 6 (May 26): 27–32.

Elkind, D. (1970). *Children and Adolescents: Interpretive Essays on Jean Piaget.* New York, Oxford University Press.

Elkind, D. (1973). Measuring young minds: An introduction to the ideas of Jean Piaget. In *Jean Piaget: The Man and His Ideas,* edited by R.I. Evans. New York, Dutton.

Elkind, D. (1974). *Children and Adolescents: Interpretive Essays on Jean Piaget.* New York, Oxford University Press.

Elkind, D. (1976). *Child Development and Education: A Piagetian Perspective.* New York, Oxford University Press.

Elkind, D. (1981). »Child development research and early childhood education.« *Young Children* 1: 2–9.

Elkind, D. (1982). »Piagetian psychology and the practice of child psychiatry.« *Journal of the American Academy of Child and Adolescent Psychiatry* 21(5): 435–45.

Freud, S. (1953/1900). *The Interpretation of Dreams.* London, Hogarth Press. (Deutsch: *Die Traumdeutung.* Fischer, Frankfurt 1991)

Gelman, R. (1978). »Cognitive development.« *Annual Review of Psychology* 29: 297–332.

Gelman, S.A. and K.E. Kremer (1991). »Understanding natural cause: Children's explanations of how objects and their properties originate.« *Child Development* 62(2): 396–414.

Gil, E. (1991). *The Healing Power of Play: Working with Abused Children.* New York, Guilford Press.

Gleick, J. (1987). *Chaos: Making a New Science.* New York, Penguin.

Gleick, J. (1992). *Genius: The Life and Science of Richard Feynman.* New York, Pantheon.

Goleman, D. (1994). *Emotional Intelligence: Why It Can Matter More Than IQ. New York, Bantam.* (Deutsch: *Emotionale Intelligenz.* dtv, München 1997.)

Greenough, W.T. (1987). »Experience and brain development.« *Child Development,* 58: 539–59.

Greenough, W.T. (1996). »A history of neuroplasticity research.« Paper presented at the New Traumatology Conference, Clearwater Beach, Fla.

Greenough, W.T. and B.J. Anderson (1991). »Cerebellar synaptic plasticity: Relation to learning versus neural activity.« In *Activity-Driven CNS Changes in Learning and Development,* edited by J.R. Wolpaw, J.T. Schmidt, and T.M. Vaughan, 627. New York, New York Academy of Sciences.

Greenough, W.T. and J.E. Black (1992). »Induction of brain structure by experience: Substrates for cognitive development.« In *Developmental Behavioral Neuroscience,* edited by M. Gunnar and C. Nelson, 155–200. Hillsdale, N.J., Erlbaum.

Greenough, W.T., J.E. Black, et al. (1991). »Experience and brain development.« *Child Development* 58: 539–59.

Gruber, H.E. and J.-J. Vonèche, eds. (1977). *The Essential Piaget.* New York, Basic Books.

Gurney, L. (1983). »Client-centered (nondirective) play therapy.« In *Handbook of Play Therapy,* edited by C.E. Schaefer and K.L. O'Connor, 21–64. New York, Wiley.

Hallowell, E.M. and J.J. Ratey (1994). *Driven to Distraction: Recognizing and Coping with Attention Deficit Disorder from Childhood Through Adulthood.* New York, Random House. (Deutsch: *Zwanghaft zerstreut.* Rowohlt, Reinbek 1998.)

Harris, P.L. (1989). *Children and Emotion: The Development of Psychological Understanding.* Oxford, Basil Blackwell.
Heidegger, M. (1961). *An Introduction to Metaphysics.* New York, Pantheon. (Deutsch: *Was ist Metaphysik?.* Klostermann, Frankfurt 1998.)
Hodgins, D. (1987). »You can't help me until you know what I can't do.« Paper presented at the annual meeting of the National Association for the Education of Young Children, Chicago.
Horgan, J. (1993). »The new eugenics.« *Scientific American* 286(6): 123–31.
Huang, I. and H.W. Lee (1945). »Experimental analysis of child animism.« *Journal of Genetic Psychology* 66: 69–74.
Hubel, D.H. and T. Wiesel (1962). »Receptive fields binocular interaction and functional architecture in the cat's visual cortex.« *Journal of Physiology* (London) 160: 106–54.
Jernberg, A. (1973a). »Therapy technique.« In *The Therapeutic Use of Child's Play,* edited by C. Schaefer. New York, Aronson.
Jernberg, A. (1973b). *Theraplay.* San Francisco, Jossey-Bass.
Johnson, M. (1987). *The Body in the Mind: The Bodily Basis of Meaning, Imagination, and Reason.* Chicago, University of Chicago Press.
Keller, E.F. (1978). »Gender and Science.« *Psychoanalysis and Contemporary Thought* 1: 409–33.
Keller, E.F. (1985). *Reflections on Gender and Science.* New Haven, Conn., Yale University Press.
Klingensmith, S.W. (1953). »Child animism: What the child means by ›alive‹.« *Child Development* 24: 51–61.
Koplewicz, H.S. (1996). *It's Nobody's Fault: New Hope and Help for Difficult Children and Their Parents.* New York, Times Books/Random House.
Kotulak, R. (1996). *Inside the Brain: Revolutionary Discoveries of How the Mind Works.* Kansas City, MO, Andrews, McMeel.
Lakoff, G. (1972). »Hedges: A study in meaning criteria and the logic of fuzzy concepts.« In *Papers from the Eighth Regional Meeting,* Chicago Linguistic Society.
Lakoff, G. (1987). *Women, Fire and Dangerous Things: What Categories Reveal About the Mind.* Chicago, University of Chicago Press.
Lakoff, G. (1990). »The Invariance hypothesis: Is abstract reason based on image schemas?« *Cognitive Linguistics* 1: 39–74.
Lakoff, G. and M. Johnson (1980). *Metaphors We Live By.* Chicago, University of Chicago Press.
Lakoff, G. and M. Johnson (1998). *Philosophy in the Flesh: The Embodied Mind and Its Challenge to Western Thought.* New York, Basic Books.
Lewontin, R.C. (1982). *Human Diversity.* San Francisco, Scientific American Books.
Lou, H.C., L. Henriksen, et al. (1984). »Focal cerebral hypoperfusion in children with dysphasia and/or attention deficit disorder.« *Archives of Neurology* 41: 825–29.

Lou, H.C., L. Henriksen, et al. (1989). »Striatal dysfunction in attention deficit and hyperkinetic disorder.« *Archives of Neurology* 46: 48–52.

Luke, J.L. (1978). »Sleeping arrangements of sudden infant death syndrome victims in the District of Columbia – A preliminary report.« *Journal of Forensic Sciences* 23(2): 279–383.

Matthews, G.B. (1980). *Philosophy and the Young Child.* Cambridge, Mass., Harvard University Press.

McGuinnes, D. (1989). »Attention deficit disorder: The emperor's clothes, animal ›pharm‹, and other fiction.« In *The Limits of Biological Treatments for Psychological Distress: Comparisons with Psychotherapy and Placebo,* edited by S. Fisher and R. Greenberg, 151–87. Hillsdale, N.J., Erlbaum.

McGuinnes, D. (1995a). »Ritalin and the cocaine connection: The impact of methylphenidate on the central and peripheral nervous system. Part I: Animal research.« University of South Florida, unpublished manuscript.

McGuinnes, D. (1995b). »Ritalin and the cocaine connection: The impact of methylphenidate on the central and peripheral nervous system. Part II: Human research.« University of South Florida, unpublished manuscript.

Mead, M. (1932). »An investigation of the thought of primitive children, with special reference to animism.« *Journal of the Royal Anthropological Institute* 62: 173–90.

Modgil, S. and C. Modgil (1982). *The Taming of Piaget: Crossfires and Crosscurrents.* London, National Foundation for Research.

Mogar, M. (1960). »Children's causal reasoning about natural phenomena.« *Child Development* 31: 59–65.

Monks of New Skete, The (1991). *The Art of Raising a Puppy.* New York, Little, Brown.

Nash, J.M. (1997). »Fertile minds.« *Time,* February 19: 149.

Nass, M.L. (1956). »The effects of three variables on children's concepts of physical causality.« *Abnormal Social Psychology* 53: 191–96.

O'Connor, K.J. (1991). *The Play Therapy Primer: An Integration of Theories and Techniques.* New York, Wiley-Interscience.

Parsonson, B.S. and K.A. Naughton (1988). »Training generalized conservation in 5-year-old children.« *Journal of Experimental Child Psychology* 46: 372–90.

Paulos, J.A. (1988). *Innumeracy: Mathematical Illiteracy and Its Consequences.* New York, Hill and Wang.

Phelen, T.W. (1996). *All About Attention Deficit Disorder.* Glen Ellyn, Ill., Child Management, Inc.

Putnam, F.W. (1989). *Diagnosis and Treatment of Multiple Personality Disorder.* New York, Guilford Press.

Putnam, F.W. (1997). *Dissociation in Children and Adolescents: A Developmental Perspective.* New York, Guilford Press.

Ratey, J.J. and C. Johnson (1997). *Shadow Syndromes.* New York, Pantheon.

Rutter, M. and L. Hersov, eds. (1985). *Child and Adolescent Psychiatry: Modern Approaches.* Oxford, Blackwell.

Saussure, F. de (1972–1916). *Course in General Linguistics.* La Salle, Ill., Open Court.

Sherman, C. (1998). »Some Michigan Medicaid babies treated for ADHD.« *Clinical Psychiatry News* 26(7): 6–7.

Siegel, L.S. and C.J. Brainerd, eds. (1978). *Alternatives to Piaget.* New York, Academic Press.

Silver, L.B. (1989). »Psychological and family problems associated with learning disabilities: Assessment and intervention.« *Journal of the American Academy of Child and Adolescent Psychiatry* 28(3): 319–25.

Smith, F. and J.H. Dougherty (1965). »Natural phenomena as explained by children.« *Journal of Educational Research* 59: 137–40.

Smith, L.B. and E. Thelen (1993). *A Dynamic Systems Approach to Development: Applications.* Cambridge, Mass., MIT Press.

Spitzer, R. (1989). *DSM-III-R Casebook – A Learning Companion to the Diagnostic and Statistical Manual of Mental Disorders, Third Edition, Revised.* Washington, D.C., American Psychiatric Press.

Stevenson, H.W. (1992a). »Learning from Asian schools.« *Scientific American* 276(6): 70–76.

Stevenson, H.W. (1992b). »CON: Don't deceive children through a feel-good approach.« (R.W. Reasoner, executive director, California Center for Self-Esteem, Mountain View, Calif. »PRO: You can bring hope to failing students.«) *The School Administrator* April: 23, 25, 27, 30.

Stevenson, H.W., C. Chen, et al. (1993). »Mathematics achievement of Chinese, Japanese, and American children: Ten years later.« *Science* 259 (January 1): 52–58.

Stevenson, H.W. and J.W. Stigler (1992). *The Learning Gap: Why Our Schools Are Failing and What We Can Learn from Japanese and Chinese Education.* New York, Summit Books.

Swanson, J.M., D. Cantwell, et al. (1991). »Effects of stimulant medication on learning in children with ADHD.« *Journal of Learning Disabilities* 24: 219–27.

Swanson, J.M., D. Cantwell, et al. (1992). »Treatment of ADHD: Beyond medication.« *Beyond Behavior* 4(1): 13–22.

Tanner, Z. and R.D. Mathis (1995). »A child-centered typology for training novice play therapists.« *International Journal of Play Therapy* 4(2): 1–13.

Thelen, E. (1984). »Learning to walk: Ecological determinants and psychological constraints.« In *Advances in Infancy Research,* edited by L. Lipsitt and C. Rovee-Collier, 3. Norwood, N.J., Ablex.

Thelen, E. (1989). »Self-organization in developmental processes.« In *Sys-*

tems and Development, edited by M. Gunnar and E. Thelen. Hillsdale, N.J., Erlbaum.

Thelen, E. (1992). »Development as a dynamic system.« *Current Directions in Psychological Science* 6: 189–93.

Thelen, E. (1995). »Motor development: A new synthesis« *American Psychologist* 50(2): 79–95.

Thelen, E. (1996). »A complex adaptive systems approach to the development of cognition and action.« Paper delivered at the New Traumatology Conference, Clearwater Beach, Fla.

Thelen, E. and L.S. Smith (1994). *A Dynamic Systems Approach to the Development of Cognition and Action.* Cambridge, Mass., MIT Press.

Thelen, E. and B.D. Ulrich (1991). »Hidden skills: A dynamic analysis of treadmill stepping during the first year.« *Monographs of the Society for Research in Child Development* (Serial No. 223) 56(1).

Tobin, J.J., D.Y.H. Wu, D.H. Davidson (1989). *Preschool in Three Cultures: China, Japan and the United States.* New Haven, Conn., Yale University Press.

Volkow, N.D., Y. Ding, J.S. Fowler, et al. (1995). »Is methylphenidate like cocaine?« *Archives of General Psychiatry* 52: 456–63.

Waldrop, M.M. (1992). *Complexity: The Emerging Science at the Edge of Order and Chaos.* New York, Simon & Schuster.

Wallis, C. (1994). »Life in overdrive.« *Newsweek,* July 18: 44–50.

Wellman, H.M. (1985). »The child's theory of mind: The development of conceptions of cognition.« In *The Growth of Reflection,* edited by S.R. Yussen, 169–206. New York, Academic Press.

Wellman, H.M. (1988). »First steps in the child's theorizing about the mind.« In *Developing Theories of Mind,* edited by J.W. Astington, P.L. Harris, and D.R. Olson. New York, Cambridge University Press.

Wellman, H.M. (1990). *The Child's Theory of the Mind.* Cambridge, Mass., MIT Press.

White, M. (1993). *The Material Child: Coming of Age in Japan and America.* New York, Free Press.

Wilson, E.O. (1992). *The Diversity of Life.* New York, W.W. Norton.

Wingert, P. and B. Kantrowitz (1997). »Why Andy couldn't read.« *Newsweek,* October 27: 56–64.

Zametkin, A.J., T.E. Nordahl, et al. (1990). »Cerebral glucose metabolism in adults with hyperactivity of childhood onset.« *New England Journal of Medicine* 323: 1361–67.

Zametkin, A.J. and J.L. Rapoport (1987). »Neurobiology of attention deficit disorder with hyperactivity: Where have we come in 50 years?« *Journal of the American Academy of Child and Adolescent Psychiatry* 26: 676–86.

Zito, J.M. (1995). »Pharmacoepidemiology meets epidemiology.« *Newsletter of the American Academy of Child and Adolescent Psychiatry* July–August: 32, 34.

Danksagung

Besonderen Dank schulden wir Ronni Parker und Anne Sullivan, die uns über Jahre hinweg ermutigt und geduldig daran erinnert haben, dass es Eltern sind – und nicht Pädagogen und Therapeuten –, die höchstwahrscheinlich unser Buch lesen werden, sowie Michael May, dessen Freundlichkeit und moralische Unterstützung uns in schwierigen Zeiten ein Labsal waren.

Wir danken Barbara Bradbury, David Butler, Marienne Dierking-Reese, Christine Evans, Paul J. Evans, Sidney Goetz, Miriam Toll Goetz, Betty Gorman, Sarah Gorman, Myrna Johnson, Donna Jo Leake, Julie McNichols, Ann Motten, Matthew Parker, Amy Smith, Melinda Techler, Richard Theriault, Merry White und Kim Whitener für ihre Kommentare zu dem Buch in den verschiedenen Stadien seiner Fertigstellung, sowie William Silverstein für die »Lauf«-Illustration in Kapitel 14. Besonderen Dank schulden wir Chris Noto, der uns darauf hinwies, dass Bill Watterson ein verwandter Geist ist und dass es von Vorteil wäre, Calvin einen Beitrag zu unserem Buch leisten zu lassen.

Ebenfalls besonderen Dank schulden wir Diane McGuinness, ohne die wir wohl nie unsere wunderbare Agentin Jennie McDonald von Curtis Brown, Ltd., kennen gelernt hätten, die nicht nur an das glaubte, was wir zu sagen hatten, sondern auch engagiert ein langes und komplexes Projekt zum erfolgreichen Abschluss führte. Schließlich tragen wir vielleicht unsere größte Dankesschuld gegenüber William Patrick ab, unserem ersten Lektor bei Henry Holt and Company, dessen Vision, Verständnis, Geduld und außerordentliche editorische Fähigkeiten aus *Alles klar?!* ein viel besseres Buch gemacht haben und uns eine lebendige Lektion in gutem Schreiben waren.

Unbeschadet des oben Gesagten möchten wir aber vor allem den vielen Eltern und Kindern Dank sagen, mit denen wir in den ganzen Jahren gearbeitet und von denen wir so viel gelernt haben.